一個69屆初中生的文革十年

趙旭 著

目次

第一章　風蕭蕭大年三十
與父母一同插隊落戶積石山

　　我是1969年大年三十與父母親一起被甘肅省送變電工程公司兩個軍工押送往甘肅省臨夏縣劉集公社團結大隊（那時積石山縣還未成立，現屬甘肅省積石山保安族東鄉族撒拉族自治縣劉集鄉團結村）第一生產隊的。那天彤雲密布，黑沉沉的天颳著冷颼颼的西北風，蘭州的冬季本來就嚴寒，而今年則格外地冷，黃河結冰，大地封凍，地面上很多地方都裂著口子。這一天灰濛濛的蘭州城飄著紛紛揚揚的雪花，天地一片混沌彷彿進入了一個迷宮，雪花飛舞從大卡車的車廂裡擠進來，車廂前面裝著我家生火的爐子、煙筒、煤塊等破爛簡單的一些家具，車廂中間拉開一塊破毛氈，一床舊被子蓋在上面，我和父親、母親、妹妹、弟弟、還有我的同班同學史寶林、王繼援都將腿伸進被子，擠坐在大卡車的上面。

前排中間為作者趙旭，左邊前為史寶林，
後為王繼援。

這時，全國上下紅色風暴席捲大地，蕭殺的空氣裡人人自危，清理階級隊伍要將十種人趕出大中城市遣送回原籍。這是文化大革命中一個重要步驟。我父親是右派分子當然是逃不過這一劫的，而且限定時間必須在大年三十以前讓這些階級敵人全部離開蘭州城，不能讓他們和其家人在蘭州過年。在遣送之前，因為我是蘭州第四中學69屆初中畢業生馬上面臨畢業分配，班主任老師岳維宗很喜歡我，他主動找了學校，學校先讓我聯繫能否有個親戚掛靠落腳，這樣就可以解決我的生活問題在蘭州等待分配工作。岳維宗老師找我談後，我就連夜去找外祖父和外祖母商量。

這時候親戚朋友個個自身難保，像我們這種家庭就像一泡臭狗屎家家戶戶唯恐躲避不及，紛紛都和我們家劃清界限，就連那些和我一樣大或比我小的親戚家裡的小孩都已經和我們不聯繫了。而我的外祖父鄧春膏和外祖母竇香蘭是非常疼愛我的，這也是僅有的與我們家聯繫的親戚了，所以我是抱著唯一的希望去找他們的。記得我小的時候，我們家裡有一個破舊的風琴，外祖父每次到我家來就去彈風琴，讓我印象最為深刻的是他彈西北地區非常流行的〈尕老漢〉：

一個（嘛就）尕老漢，

喲喲——，

七（啊）十七（來嘛），

喲喲——，

（我們）再加上個四（啊）歲（者葉子兒青），

八（呀）十一（呀嘛）喲喲。

……

外祖父的聲音高亢嘹亮，加上他詼諧幽默的姿態，每每讓我們一家人看到此情此景而感到特別溫馨。

那個時候各種名目繁多的政治運動一個接著一個，能夠笑一笑的時候

是很少的，可我們一家人看到外祖父手舞足蹈的樣子都笑了，那憨態可掬的姿態笑得我們前仰後合。這一幕情景一直深深地印在我的腦海裡，讓我想起外祖父就記起那難忘的笑聲，想起外祖父就記起他平時不曾展示活潑可愛的一面。外祖父本來就話語很少，後來的日子裡外祖父越來越顯得沉默寡言了。尤其他在1957年因為談了中國的教育要向美國學習、要有包容性這些觀點後，被打成了右派分子，他的話就更少了。以後的日子裡全國的知識分子都不敢說話了，可外祖父時不時還會說出一些大實話，他面對全國各個報刊都攻擊以色列為猶太復國主義、美帝國主義的幫兇等等。他說道，以色列這個國家不容易，猶太民族被希特勒屠殺了那麼多，這個民族所遭受的苦難太多太多，它是我們人類共同的災難。這個話放在現在沒有什麼，可在那個年代裡又成了階級敵人的新動向。那個時候我們一家和全國知識分子一樣就是這樣戰戰兢兢地活著，隨著黃河邊上的老水車一圈圈地轉動著歲月的木輪，蘭州的春天也添了許多的雪壓冰封，外祖父後來因蘭州市房屋改造給國家捐獻了蘭州市西關十字下溝一帶的鄧家花園「亦園」，搬到了蘭州黃河北面廟灘子的西李家灣。

那段時間外祖父經常在雨後帶我到西李家灣的山上去撿「地耷菜」，我們一邊爬著山，一邊滿山滿窪地在地上、草叢中去拾這種地錢真菌苔蘚類植物。這個山上有很多螞蚱，草叢裡、山坡上到處都是，走一走就會跳出一個螞蚱來，我跑過去抓了螞蚱就在外祖父的跟前炫耀，外祖父看了後只是微微地笑一笑。外祖父告訴我，「任何時候都不能放鬆自己的學習。只有勤奮的人，才能擺脫困境，改變命運」，「做人要誠實，對人要寬容」，雖然這些話是在不經意間點點滴滴說出的，可是在我幼小的心靈中卻扎下了根，而且隨著年齡的增大它在慢慢地生長。因為在那個知識越多越反動的年代裡，它撥開了我眼前的迷霧，讓我堅定了信念認清了自己前進的方向，也知道了怎樣處事如何做人。

那是1966年文化大革命剛開始時，北京紅衛兵抄了外祖父的家。這些紅衛兵首先在蘭州市政府造反派處摸底，掌握了蘭州市的一些有名望的

人家。然後北京紅衛兵到這些人家裡進行抄家，今天這家人被抄家時發現了蔣介石的委任狀，明天那一家又發現了刻著「蔣中正」三個字贈的短劍，天天有人被打死的消息傳來，讓家家如坐針氈，使人人心驚膽戰。外祖父和外祖母他們已經聽到了北京紅衛兵抄家的恐怖消息，他們萬萬沒有想到這些紅衛兵白天到外祖父家周圍踩點，偵察了外祖父家周圍的環境。到了夜深人靜時北京紅衛兵來了，整整拉了兩大卡車紅衛兵。他們從圍牆上爬上來，進到院裡後再從裡面開了大門。幾個紅衛兵走到房屋跟前，大聲吆喝瘋狂地用腳踹著房門，外祖父和外祖母從小讀書學習從來沒有經歷過這種事情，以為打劫的土匪闖進了家門。兩位老人在床上戰戰兢兢不敢出聲。這時一個為首的紅衛兵大聲喊道：「快開門！我們是毛主席的紅衛兵。」外祖父和外祖母聽到是紅衛兵來了，更是驚得不知所措。他們哆嗦著雙手把門打了開來，紅衛兵小將蜂擁而入，有抱起大花瓶往地上摔的，有揮舞著木棒橫掃家裡的罈罈罐罐的，七、八個紅衛兵將外祖父和外祖母從床上拉起，押到院子裡推搡著跪下。然後一個紅衛兵揮舞著手中的彈簧鞭，鋼鞭落在外祖父的身上發出沉悶的聲響。外祖父是個讀書人，他不知道眼前的紅衛兵是些什麼人物，只見那些年輕的男男女女穿著綠軍裝，胳膊上戴著紅衛兵袖套，腰間紮著寬皮帶，頭上戴著草綠色的軍帽。

　　這一天外祖父的好友于右任、張大千、徐悲鴻等各種名人字畫都不翼而飛，他在各種場合珍貴的照片也被付之一炬。外祖父的話雖然不多，可他在那個全民瘋狂的年代之所以有那麼清晰的認識和博大的胸懷，與他的家庭和其個人經歷、以後不斷的學習是分不開的。鄧家的遠祖從南陽跟隨明代鄧愈大將軍征西到青海省西寧，遂落戶於青海省循化縣起台堡。現在青海省循化縣還有鄧家的漢藏兩族後裔。先祖鄧西連生有五個兒子，四子也就是外祖父的父親鄧宗於清末遷來蘭州定居，考入甘肅文高等學堂，畢業後考上北京京師文高等學堂。鄧宗讀書期間接受孫中山的革命思想，毅然加入同盟會，畢業回到蘭州後，在甘肅省教育廳任科長，創建蘭州女子師範學校，擔任校長。鄧宗思想開明，不重男輕女，男孩女孩一視同仁，

子女們都受過良好的教育。

　　外祖父鄧春膏是鄧宗的大兒子，1917年考入了北京大學哲學系。當時正值反對舊道德、舊文化，提倡新道德、新文化，鼓吹民主與科學的新文化運動深入發展的時期。外祖父接受時代的感召，課餘悉心閱讀《新青年》、《新潮》、《每周評論》等宣傳新文化的進步刊物，思想產生飛躍。當他讀了魯迅的《狂人日記》，產生了強烈的共鳴，揮筆上陣，討伐吃人的封建舊禮教。當他看到報載湖南趙五貞女士在花轎中用自殺決絕，行動反對包辦婚姻的消息後，當聽到好友羅芍洲為反抗包辦婚姻，承受不住家庭和社會的輿論壓力鬱鬱而逝的噩耗後，不禁熱淚奔流，寫下隨感錄〈是淚是血？〉，發出質問：「我不明白我國人受著這樣痛苦的人，也不止他們兩個。為什麼他們這樣奮鬥，別的不是袖手旁觀，就是死力阻止呢？難道這還是十七層地獄嗎？」他呼籲：「有志的青年，不要氣餒，放著膽子去改革，去造光明。須知將來的光明，就是他們的血和淚洗出來的。」

　　1919年旅京甘肅學生已達90多人，他們大多數讀書不忘國家大事，積極參加了「五四」運動。5月4日，外祖父與其他旅京甘肅學生加入北京學生隊伍，集會天安門、火燒趙家樓，反對簽定《巴黎和約》，要求取消「二十條」，高呼「外爭國權、內懲國賊」的口號，實行總罷課。6月1日

圖左：
甘肅學院院長鄧春膏。
圖右：
鄧春膏（坐地左一）與五四運動釋放甘肅籍學生。

北洋政府連下兩道命令，替曹汝霖等竭力辯護，取締愛國活動，命令學生立即復課。6月3日，外祖父等旅京甘肅學生和北京學生組成演講團，走向街頭進行愛國演講宣傳。他們懷藏小紙旗，分散到達預定地點，突然佩上演講員徽章，挑起演講團旗幟，慷慨陳詞，宣傳救國的道理。軍警急忙驅散聽眾，逮捕掌旗的、演講的，兩個軍警挾一個學生，押往警察署，後轉北京大學法科監禁。外祖父與王自治、張明道都是北京大學學生；張心一、王和生是清華學校學生；馮翰英為工校學生，田昆山是中國大學學生；他們七名甘肅籍學生被捕。監禁期間，北京學生聯合會總幹事、北京大學學生張國燾等去看望慰問。在各界人士的營救下，他們七人與其他被捕學生無罪釋放，受到了同學們的熱烈歡迎。當時他們七個被捕學生合影留念。我們家裡原先就有外祖父等北大學生在「五四」運動中被抓後放出來的合影。外祖父在北京大學學習期間，辦校報、組團社，北大的精神和自由開放的學術風氣影響了他的一生。外祖父北大畢業後1922年7月考取了留美官費生，獲美國斯丹佛大學（編按：Stanford University，台灣譯名為史丹佛大學）文學學士、碩士學位。後又考入美國芝加哥大學教育哲學博士，1927年獲教育哲學博士學位。

從美國留學回來後，外祖父先後擔任蘭州大學前身——蘭州中山大學、甘肅大學校長，甘肅學院院長等職。

1936年5月，外祖父為了抵制國民黨教育部壓縮甘肅學院系科、縮小規模的訓令，憤而辭去院長職務。後任中華民國甘、寧、青監察使，為人清廉，兩袖清風，在西北乃至全國都有很好的口碑。外祖母竇香蘭，在蘭州大學的前身中山大學中文系畢業，是甘肅第一代女大學生。外祖父的弟弟鄧春霖，美國奧窪爾大學（編按：University of Oregon，台灣譯名為奧瑞岡大學）獸醫學博士。外祖父的姊姊、我的姑奶奶鄧春蘭自幼讀書，文靜好學，思想開放，不纏足、不戴戒指、耳環，不願做閨中小姐，雖家庭優裕，仍要服務社會，從事教育工作。鄧春蘭在「五四」時期，受民主、科學兩大旗幟的影響，接受「男女平等」、「婚姻自由」、「男女同校」

的新潮流思想，於1919年5月19日給北京大學校長蔡元培上書，請求北大開放女禁，招收女生，幾經周折後，終於衝破女禁進入北大哲學系和兩個弟弟一同到北京求學。其餘還有八個女生也被招收到了北大，這是北大第一批女大學生，也是中國第一批男女同校的女大學生。

我將外祖母竇香蘭從小就叫奶奶，不僅因為我們趙家的奶奶在我出世前就早早去世，主要是外祖母一直疼我愛我，給我好吃的，對我講故事，還教我怎樣做人如何做事，所以我的意識裡外祖母就是奶奶。

奶奶於1912年9月出生在甘肅省蘭州市榆中縣一個知識分子家庭，屬鼠的，是個虔誠的基督教徒。奶奶小時候的蘭州交通閉塞，教育落後，人們一般都認為女子無才便是德，不贊成女孩子上學讀書，可是，奶奶的父親竇奮武思想開明，重視教育，對他的四個兒女一視同仁，供他們上學讀書。他的大兒子竇振國北大醫學院畢業，小兒子竇振威清華大學生物系畢業；而他的兩個女兒，奶奶和她的姊姊竇香菊都上了蘭州中山大學（蘭州大學前身）國文專修科，她們都是蘭州第一批八個女大學生裡的佼佼者。

奶奶和外祖父鄧春膏走到一起是兩個開明知識分子家庭珠聯璧合的結果，她那時不僅支持蘭州中山大學校長的外祖父籌資金辦大學、發展甘肅的教育事業，她自己也先後在甘肅省女子職業學校、蘭州市第一實驗小學、蘭州市清華小學、蘭州市華林小學任教當老師。1947年春上，外祖父鄧春膏被任命為甘、寧、青三省監察使，于右任先生設宴歡送外祖父的第一句話就是，「到蘭州工作要關心人民的疾苦。」而于右任先生對奶奶又特別叮囑：「香蘭回去以後，一定要參加工作。」所以，以後的日子裡奶奶不僅在家裡是外祖父的好後勤，還擔任過西北圖書館的編輯，當過蘭州市團結公司的會計。

奶奶是一個虔誠的基督教徒。小時候我經常去奶奶家，我發現她是個非常重感情的人，基督的聖靈在她的身上不時發出愛的光芒。由於她的影響後來我也成了一個基督教徒。她經常在我的跟前流露出她對美國侄子竇宗儀的思念。她說在重慶的時候，外祖父曾經給竇宗儀介紹工作，並鼓勵

他到美國去求學奮鬥，可是，這一去竟是那麼地遙遠，讓她經常夢魂牽繞日日掛念。奶奶思念她遠方的親人，也愛她周圍的每一個人和她的學生，她為人謙虛、平易近人、循循善誘、深入淺出的教學，使她在學生的心目中留下了深刻的印象，人們都稱她是一個很好的老師。

　　奶奶去世後是我和表弟康英到太平間給她整容的，那天雖然已近晚上十二點鐘了，太平間裡鐵架床上躺的都是大人的屍體，地上則排滿了小孩的屍體，可是我一點也不害怕，我知道有奶奶的地方什麼人也不能把我怎樣。第二天早上有很多奶奶基督教會的朋友來給她送行，奶奶安詳地躺在畫有紅十字架的棺木裡，她好像睡著了，伴隨著牧師領唱的優美動聽音樂，我好像看到她在簇擁的鮮花裡緩緩上升。我當時想，有一天我還會在天堂裡見到親愛的奶奶，因為有全能慈愛的上帝在那裡注視著我們。

圖左：
外祖母竇香蘭。
圖右：
外祖父鄧春膏和
外祖母竇香蘭，
前排右一為作者
趙旭。

第二章　我小時候的右派狗崽子記憶

　　那是一個天氣晴朗的日子，天空是深藍色的，藍得像一塊璀璨的藍寶石，蘭州的南北兩山上都飄浮著淡淡的雲彩，奔騰的黃河就從這兩山之間滾滾而過。班主任岳維宗老師急匆匆找我談話後，我連夜就去了外祖父家，將學校的意見告訴了兩位老人，問他們能不能給我提供住宿和生活接濟，讓我在蘭州等幾個月我馬上要面臨分配工作了。外祖父和外祖母聽了我的話面面相覷，他們不知說什麼好。他們自從被北京紅衛兵抄家後，在打、砸、搶的風暴裡整日生活在驚恐之中。當時，紅衛兵們將外祖父從屋子裡拉到院子裡，跪在冰冷的土地上。這些「革命小將」認為外祖父是舊官僚、是右派分子，揮舞著彈簧鋼鞭劈頭蓋頂在他的臉上身上瘋狂地抽打。一個讀書習字做學問的老人怎能招架住如此凌厲打罵，外祖父被彈簧鞭抽打在臉上、身上，血肉橫飛、棉花飛舞，他只有用手護著頭躲避紅衛兵的彈簧鋼鞭。就在這時另外一些翻箱倒櫃的紅衛兵搜出了外祖父在「五四」時被從監獄釋放出來的照片，和他與楊虎城將軍的合影，北京紅衛兵才手下留情不至於像其他被抄了家的人被當場活活打死。但抄家後留給兩個老人心理上的陰影一直消散不去，他們每日裡聽到的都是這個人跳進了黃河、那個人上吊自殺了，加之此時每天大喇叭裡吼叫著無產階級專政、千萬不要忘記階級鬥爭，自身難保的他們自然就顧不了我了。這樣我只有兩條路：一是到甘肅省天水地區清水縣和我1968年插隊的姊姊一起去插隊落戶，一是跟著父母到我的老家甘肅省臨夏縣劉集公社團結大隊去。我選擇了後者。我的班主任老師岳維宗告訴我，「你不去我們蘭州四中的知青

點甘肅省清水縣可能對你不利，那我就在學校革委會給你開一張插隊落戶的證明，你是一個插隊知識青年以後對你可能會好一點。」這樣我就帶著蘭州四中革委會給開的一張到甘肅省臨夏縣劉集公社團結大隊插隊落戶的證明，隨著我的父親、母親到了我在夢裡都沒有去過的一個陌生地方插隊落戶。

我是三歲上成為一個右派狗崽子的。那年甘肅省電業局為了完成上級下達的右派名額任務，第一個想到的就是我的父親趙恒民（趙永綱）。因為父親是南京金陵大學電機系畢業的，這在知識分子極少的大西北就很扎眼了，再加上他是計畫科的副科長兼基建科代理科長。當時的計畫科就相當於現在的計畫處，分管的是甘肅全省的電力計畫工作，計畫科和基建科裡是甘肅省電業局知識分子比較集中的地方。1957年年初首先是大鳴大放、開門整風。當時，甘肅省電業局和全省、全國一樣，通過廣播、報紙、牆報等各種新聞媒體，大肆宣傳、積極動員人們大鳴、大放、大辯論，並反覆強調「知無不言，言無不盡；言者無罪，聞者足戒」，切切實實地幫助共產黨反對主觀主義、宗派主義和官僚主義，並召開座談會請來知識界、文化界、新聞界、教育界、宗教界各種人士暢所欲言。我父親和剛解放時的一大批知識分子一樣那時對共產黨的政策深信不疑，對中國共產黨充滿了希望，當看到中國共產黨要開門整風，要實現民主的舉措後大為興奮，他想中國有希望了，被封建專制了幾千年的中國人民終於遇到了英明的偉大領袖。他每天拿著中央的文件讓科室裡的人員給黨提意見，幫助共產黨開門整風。剛開始人們還在觀察，到了後來人們就暢所欲言了，反右運動開始後這一切都成了父親的罪名。是他動員甘肅省電業局的知識分子給共產黨提意見反黨反社會主義的，而且他是有自己獨立思想的知識分子。可我對父親的這一切是不知道的，我只知道父親是反黨反社會主義的右派分子。

據我母親說，父親被打成右派分子後，幼兒園裡很多小朋友整天對著我喊，「旭旭的爸爸是右派，旭旭的爸爸是右派！」於是，我就揮舞著小

右邊站立者為幼兒園裡的趙旭。

左：同學韓全全；右：趙旭。

拳頭大聲對著他們喊：「我爸爸不是右派，我爸爸不是右派！」

到了上小學時，我的夢中時常會出現一片蔚藍色的天空，天空如大海，清澈透明，映出自由飛翔的銀色海鷗，和引吭高歌的金色黃鸝，一首悠揚的曲兒唱出滿天的星斗，柔美如鮮花怒放，鏗鏘似鐘鼓齊鳴。一次寫作文時我不經意流露出我想長大後駕著飛機翱翔在祖國的藍天，然而，由於父親是右派分子，學校少先隊輔導員一本正經地對我說道：「你知道什麼叫癩蛤蟆想吃天鵝肉嗎？一個人要有自知之明，再不要異想天開了，你現在最大的問題是你如何真正的脫胎換骨，怎樣與你爸爸澈底劃清界限。」此話像一瓢冰涼刺骨的冷水劈頭蓋臉潑灑在了我的頭上，讓我稚嫩的身體在寒風中打了個激靈。那年「六一」兒童節上，我果然就成了班上少數幾個沒有戴上紅領巾的小學生之一。全班大多數同學整整齊齊地排著隊，讓老師給戴紅領巾，而我和另外兩個同學則孤零零地站在台下。我的眼睛含著淚水，我不知道我為什麼會被這樣對待，我只知道我父親是右派。這件事情對我打擊很大，它給我幼小的心靈早早地蒙上了一層灰色的陰影，讓我平生第一次遇到了人生的坎坷，使我早早地體驗到了封建王朝株連九族政策的嚴酷。

那時候，很多同學故意在我跟前冒著怪聲唱：「右派，右派，是個老妖怪……」，此時的我已沒有了辯解，也沒了抗爭，可我的心在顫抖，

「右派」兩個字像一把尖刀深深扎在我的心裡，讓我流淚，使心滴血。

電影《千萬不要忘記》上映時，我正在蘭州電力小學讀小學三年級。我記得此時已經不像前幾年生活緊張時那麼餓得頭暈眼花了，母親在父親發了工資後會給我們做好吃的，改善一下一家人的生活。全校老師和同學們一起去看這部電影，看了電影後學校裡就請老工人給我們憶苦思甜，於是我就把南霸天、周扒皮和大地主劉文彩和憶苦思甜聯繫了起來，所以我小時候知道我們家是富農成分後就有一種天生的自卑。看了《千萬不要忘記》想到人的思想是和吃穿的好壞聯繫在一起的，貪圖享樂就是資產階級。

那是文化大革命剛開始的時候，那天蘭州的天空像扯裂了底的破篩子淅淅瀝瀝地連續下了幾天小雨。一天中午，姊姊踉踉蹌蹌披散著被雨打溼的頭髮從學校跑了回來，一進門她衝進裡屋撲在被子上放聲大哭了起來，母親不知發生了什麼事情站在被姊姊反扣的門外喊著，可姊姊過了好大一會兒才止了哭聲，哽咽著將門打了開來。原來，這天姊姊到學校去後，班上的紅五類同學把他們這些黑五類狗崽子趕到教室的牆角，狗崽子們都低著頭，紅五類們則一邊跺著腳，一邊大聲唱著「老子英雄兒好漢，老子反動兒混蛋，……」。他們一邊唱，一邊將墨水朝狗崽子們身上潑去。唱完歌，紅五類們讓滿身滿臉流著黑紅墨水的黑五類同學表態與家庭一刀兩斷，可姊姊生性倔強，瞪著眼始終不說要與父親劃清界限。這下可不得

姊姊趙彤。

了，激怒了的紅五類像一群發了瘋的獅子撲上來揪著她的頭髮又打又罵，發洩了一陣怒氣後將她連踢帶揉轟出教室門外。母親一邊默默地聽著姊姊的訴說，一邊將姊姊的溼衣服扒了下來，把自己身上的衣服套在姊姊的身上，母親的兩條胳膊緊緊地將渾身哆嗦的姊姊摟在懷裡，她的臉貼在姊姊發青的面頰上，淚水如泉湧般狂瀉在姊姊的臉上。

其後的日子裡，首先是父親被造反派鬥爭、遊街，接著母親被揪了出來被批判、打罵。造反派們揪著母親的頭髮，搧著母親的耳光。我們家被抄家後，家中的上萬冊中外名著和科學書籍，以及《辭海》、《辭源》全被造反派拿了去，我只是在煤堆裡藏了一本我正在看的線裝本《東周列國志》。抄家的那天，父親脖子上掛著右派分子趙恒民的牌子，脊背上背著從我們家裡抄的那些書籍，嘴裡唸著「我是右派分子趙恒民，低頭認罪，罪該萬死。」而那些造反派們得意地笑著，一個個眉飛色舞，好像他們獲得了多麼了不起的戰利品一樣。

我們家原先住在蘭州市七里河區火星街甘肅省送變電工程公司家屬院的三樓上，這時被造反派趕到樓下人們養雞的一間不到八平方米的土房裡。我那時不明白這是為什麼，不知道為什麼會發生眼前的一切。我的眼裡含著淚水，懷裡時常揣著一把彈弓，兜裡裝著幾顆鋼珠和石子，我是要保護我父親母親的。我的彈弓打得非常準，幾乎是百發百中，我那時想誰要敢欺侮我父親母親，我就用彈弓教訓他，讓他也嘗嘗彈弓的滋味。

在這期間，有一夥比我大的孩子跑到我們家裡來欺侮我們。那天我聽到喊聲，在玻璃窗口看到了那些大孩子們手裡提著木棍，站在我家樓下大喊大叫，於是我脫得精光，只穿了一條小褲衩拿著擀麵杖衝下樓去。誰也不會想到一個不要命的孩子反倒打退了那些比他大的幾個孩子。這下不得了，大人們第二天就上綱上線說我在父母的支持下進行階級報復，對父親母親進行了更為殘酷的鬥爭。那天早上我去上學，從單元門出來時，單元門和整個大樓外貼滿了大字報，大字報上無中生有地寫道：「打倒官僚地主小姐鄧光清！」「打倒反革命特務分子鄧光清！」我不知道這些罪名是

怎麼給母親栽贓的。只是自那以後母親繼父親也被甘肅送變電公司專政隊關進了牛棚，而且一關就是一個多月，在這些日子裡我們弟兄姊妹突然間成了無依無靠的孤兒，驚恐的我們不明白世界為什麼成了這樣，只知道我們連飯都吃不上了，成了沒有雞媽媽關愛的小雞了。母親1949年解放時才是個純潔得像出水芙蓉一樣不滿十八歲的在校女學生，她哪來的那麼多說不清道不明的誣陷。母親從牛棚回來後，每天早上就去掃大街，早上上學時我往學校走的路上都可以碰見母親揮舞著掃帚。

母親掃的是整個火星街道，火星街的路邊上是蘭州第一毛紡織廠的大門，這個大門上用泥雕塑了劉少奇、鄧小平、王光美跪著被五花大綁了的雕塑像。早上天已麻麻亮了，蘭州第一毛紡織廠的大門前的燈光很是刺眼，我看見劉少奇、鄧小平、王光美就像真的人一樣跪在那裡。母親小心翼翼地從大門前掃過去，她也不明白這些國家領導人到底犯了什麼罪行。我那時更是不知道劉少奇、鄧小平、王光美怎麼去反對毛主席的？學校組織我們已經到甘肅省臨洮縣參觀了多次，每次去路邊，樹上都是被用草繩捆著的泥塑劉少奇、鄧小平和王光美，可那些塑像都沒有蘭州第一毛紡織廠的大門前的這三個塑像這麼栩栩如生。可我們在臨洮縣的階級鬥爭展覽中，看到了一個個現行反革命分子的日記和圖片，我不清楚這些人是怎麼反黨反社會主義的，可我當時想這些反革命分子的鋼筆字寫得怎麼這麼漂亮。父親的鋼筆字也寫得剛勁秀麗，我當時想是不是所有反黨反社會主義的人寫字都是這麼好，這個想法只是在腦海裡一閃而過，我是不敢說的。

汽車還是在土路上瘋狂地疾駛，他們要將我們一家在年前趕出蘭州城，今日裡我和父親母親連在蘭州那個養雞房裡過個年的權利都沒有了，他們要在大年三十這一天將我們一家押送到農村裡去了。

第三章　來到了我的家鄉崖頭坪

　　大卡車飛快地向前衝去，我們坐在車廂裡，車子每顛一下我們就被高高地彈起。因為司機也要過年，他們沒有想到大年三十卻要攤了這麼一樁晦氣的差事，所以無名的火氣只有發洩到我們這樣一些連豬狗都不如的右派分子及其家屬的身上。

　　大卡車過了山坳口的七道子梁就出了蘭州城，它更加瘋狂了像一匹脫韁的野馬一路狂奔向前衝去，我們一家則在風雪交加的車上緊緊抓著車幫不敢有絲毫的鬆懈。西北風呼嘯著攪著漫天的雪花朝我們臉上身上打來，路旁被雪霧遮蔽的田野被厚厚積雪覆蓋，白茫茫一片，草木凋零了，山嶺死寂了，匆匆而過的村莊隱隱有裊裊的青煙都化在赤裸裸的山野當中。風在疾馳的卡車帶動下，打著響亮的呼哨，從荒涼的原野上吹過。冰冷的雪屑從我們的領口擠進，我們只有將脖子縮起來，把身體儘量壓低躲避疾馳而來的風雪。

　　大卡車先將我們拉到了甘肅省臨夏縣政府的所在地韓家集。當卡車臨近韓家集時，我就聞到了一股熟悉的漚麻香味。我在八歲暑假時曾經被母親送上長途公交車（編按：台灣稱公車），到韓家集和祖父住了一個多月。我非常喜歡這種清香的味道，也愛看那滿山的翠綠和涓涓的流水。給我印象最深的是，我那次是獨自一人第一次出遠門，坐上長途公交車要過洮河的擺渡船才能過洮河，可在洮河邊下了車往船上去時，由於貪吃岸邊賣的熟雞蛋，船載著我所坐的公交車離開了岸邊，我看見身下奔騰的洮河翻滾著波浪，心裡焦急萬分，恨不得從岸邊一躍而起跳到船上，但最後還

是眼睜睜望著離岸的船遠去而無可奈何。好在我坐的公交車司機呼喊下一輛車的司機，讓我坐下一輛車到達了韓家集，是祖父在車站上接了我去了他的住處甘肅省臨夏縣政協委員會的。

我記得那時韓家集這地方，由於「三自一包」政策正在調整「極左」年代大饑荒造成的蕭條貧困的面貌，每逢趕集人頭攢動，人來人往，賣各種牲畜、交易各種農產品、出售各式各樣農具的農民臉上掛著笑容，被束縛了很久的人們在集市裡來回穿梭都顯得異常興奮。農民們交易牲口時，先將牲口的嘴巴掰開看是幾歲牙口，然後從皮襖裡伸出一隻手兩個袖筒對在一起，他們互相在袖筒裡捏著對方的手指頭，表示自己出的價錢。我看到那種互相一來一往的暗語，臉上表現出來那種誠實而帶有農民狡詐的表情是那麼矚目，給我留下了很深的印象。在祖父縣政協大院門前有一條小溪，小溪上面每隔一段就有一個石磨坊。這裡溪水潺潺，綠柳成行，白色的浪花在小溪上跳躍奔跑。每當紅日高照，我就和堂弟趙共和光著屁股在小溪裡洗澡玩水。溪水雖然有些冰涼，水流也急，可我們玩得很是快樂。我們在不太深的激流裡往不遠處漂去，雖然那時我不會游泳，可並不減我對清澈甘甜水的喜愛。

押送我們的大卡車進了縣城後就放慢了速度。天上的雪花紛紛揚揚飄著，街道上幾乎不見行人，可在混沌一片的街道上我首先看見了我的祖父。這時雲層越來越低，整個天空都是白茫茫、灰糊糊的，暗黑的天空同雪海打成了一片，昏暗的天空冷風攪動著漫天飛舞的雪花，我看見被造反派揪出來掃馬路的祖父，頭上身上落滿了白雪，他正拿著一把掃帚在寒風中掃著馬路。風雪卷著枯枝敗葉，雪花飛揚中掃馬路的祖父低著頭專注地掃著馬路，他知道掃了的馬路一會兒就會被雪花覆蓋，可掃馬路不純粹是為了清潔衛生，主要是讓他這個被揪出的階級敵人經受寒風的考驗。祖父低著頭，他此時做夢也沒有想到，他引以為豪，在甘肅省電業局工作的工程師兒子會在這裡與他見面。因為在祖父的心裡，他的兒子永遠是他的驕傲。他的兒子從小學習優秀，品德高尚，上私塾時記憶力超群，到了城

裡不論是小學、中學、大學在班級裡都是數一數二的學生。祖父曾經告訴我，父親在南京金陵大學電機專業讀書期間，經常寫信給祖父，父親的字寫得非常俊美，飄逸秀麗的信每次都是五、六頁，他好像有說不完的話要對祖父講。父親談學習論人生，尤其在抗日戰爭國難當頭時，響應國家的號召，十萬青年十萬兵毅然參加青年軍保家衛國。就是在甘肅省電業局裡工作，也是出類拔萃的工程師，被提拔為甘肅省電業局計畫科副科長兼基建科代理科長（基建科沒有正科長），負責甘肅全省的電力計畫和基建立項工作。

　　文化大革命開始後，祖父被臨夏縣的造反派揪了出來，造反派們將祖父押到鬥爭會上，對他這樣一個七十多歲的老人拳打腳踢。他們用噴氣式飛機將祖父的雙手扭到身後，揪著祖父的頭髮押上鬥爭台。造反派們搧著祖父的耳光，冷不丁用拳頭打著祖父，祖父的一個耳朵就是被一個姓賈的造反派搧耳光給打聾的。風雪中的祖父抬起了頭，他長長的鬍鬚上掛滿了雪花，他看見了緩緩迎面過來的大卡車，因為在這小小的縣城，大雪天一家人坐在敞篷的卡車上是那樣地扎眼。祖父認出了我們，我們也在卡車上看見了滿臉風霜的祖父。祖父慢慢地朝我們走了過來。我看見父親眼裡含著淚花花，他像一個飽受委屈的孩子見到了他的爸爸。父親從車上下去抓住了祖父的手。祖父將頭昂了起來，他堅毅的面龐似乎告訴父親，孩子不要流淚！祖父悄悄對父親說道：「永綱去吧，天塌不下來。沒有過不去的坎，留得青山在不愁沒柴燒。」父親點了點頭，他在祖父的眼神裡得到了鼓舞。他明白祖父對他的叮囑，說道：「阿大，你也要多保重啊！」這裡的阿大是甘肅臨夏地區方言，就是爸爸的意思。父子倆在這極度嚴寒的環境裡，互相短短的幾句囑咐和問候，濃縮了多少深深的情意。雪越下越大，風攪著雪花發出嗚嗚的呻吟，祖父和父親兩個雪人兒手抓著手還在車下面街道旁站著。

　　這時帶隊的四川人軍工罵了起來，「媽了個巴子，有完沒完，狗拉稀屎沒完沒了。」這兩個軍工沒有想到，在這裡又多了一個插曲，他倆以為

到了甘肅省臨夏縣手續一辦就可繼續上路了。可是小縣城臨近節日放假，找不見辦事的工作人員，最後還是讓守門的一個老漢將辦事人員從家裡叫來才辦了手續。汽車啟動了，祖父披著一身白白的雪看著我們的卡車緩緩地走了開來，他朝我們揮了揮手，朦朦朧朧的雪霧裡他的身影完全被大雪遮蔽了。

自從文化大革命開始以後，甘肅省送變電工程公司完全被復轉軍人掌控了。這些復轉軍人以自身出身優越的條件，紛紛造反起家，他們打倒過去走資本主義道路的當權派，搞臭當年單位豎立起來的勞動模範標兵，上躥下跳，積極奪權。有一次我走到蘭州西站甘肅省送變電工程公司的大門口，正好看見一些軍工將甘肅省送變電工程公司黨委書記吳聯義押了出來，一個軍工強拉著給吳聯義戴上了用紙糊的高帽子。沒想到高帽子剛戴到吳聯義的頭上，吳聯義從頭上一把拽下高帽子幾下給撕扯了。這個舉動乾脆利落讓造反派們措手不及，造反派們沒有想到吳聯義吃上豹子膽了，竟然敢去撕扯他們做的高帽子。這下可不得了幾個軍工上去，抓住吳聯義的胳膊擰到了身後，一個軍工拿出彈簧鞭在吳聯義的身上頭上抽了起來，吳聯義的臉上青一塊紫一塊，額頭上和嘴角邊流著血，可他仍然倔強地將頭高高昂起。

還有一個工人勞模馬金海，人長得高大魁梧。馬金海在過去的日子裡由於在送電線路上能夠吃苦耐勞，而且帶領一起的送電工人風餐露宿，跋山涉水，被多次評為電力行業的勞動模範。文化大革命開始後，馬金海就成了劉少奇修正主義在甘肅省送變電工程公司的典型代表。鬥爭馬金海的時候，這些軍工使出了各種殘酷的手段，因為馬金海不僅業務能力厲害而且深得送電工人的喜愛，他們要殺雞給猴看。造反派們點燃了大火盆。馬金海脖子上挎著一個大鐵錨，這是送電線路上固定電線桿用的，他的前面是熊熊燃燒的火苗，脖子上吊的大鐵錨將他的頭顱壓了下來。馬金海前也不是，後退有造反派們的鋼鞭等著他。這樣沒幾天馬金海已被折磨得生不如死，可鬥爭會下來以後還要讓他幹超強度的體力勞動。而今日裡押送我

們的就是甘肅省送變電工程公司這樣兩個冷血的軍工，這些人看到像父親這樣的所謂階級敵人，眼睛裡就冒火，就有一種無名的火氣。父親被打成右派分子以後從甘肅省電業局下放到送變電線路進行改造，輾轉來到甘肅省送變電工程公司，成了這裡的一隻超大的「死老虎」。甘肅省送變電工程公司牆上貼著籮筐般大字的標語：「只許左派造反，不許右派翻天。」這句標語針對性很強，它讓父親看到這條標語就如芒刺在背。

大卡車又開始瘋狂了。出了韓家集大卡車揚起的塵土和飄灑的雪花攪在一起，兩個押送我們的軍工坐在駕駛室裡，好像卡車上坐的不是人，而是一些沒有生命的東西，他們無視著車上人的存在，將車開得似乎要跳了起來。我和父親母親緊緊抓著大卡車的護欄，兩個送我的同學也將我們牢牢地抓住，恐害怕車的瘋狂會將我們帶入萬劫不復的深淵。可卡車不僅讓我們上下跳動，還讓我們左右搖擺，我們一會兒倒向左面，一會兒又倒向右面，由於我們抓得緊，雖然大卡車顛簸，可我們並沒有從車上掉了下來。

甘肅省送變電工程公司在文化大革命一開始就是復轉軍人一霸天下，他們在這裡耀武揚威、殺氣騰騰。這些復轉軍人在部隊裡就被極左的思想洗了頭腦，轉業後到了單位上遇上崇尚穿綠軍裝的文化大革命，他們就有一種不知天高地厚的感覺。打罵被揪出來的所謂牛鬼蛇神，欺壓同事，霸占女職工，他們有一種老子天下第一的自來紅。這種情況不僅甘肅省送變電工程公司是這樣，全國其他地方只要復轉軍人比較集中的單位，打人罵人胡作非為的大多都是這些人。這些人打死了人就誣陷說這個牛鬼蛇神畏罪自殺，不但不負法律責任，還將罪名扣在死者的身上。這種情況蘭州有、北京有，全國各個地方都是普遍存在的。

我們住在蘭州市七里河區火星街甘肅送變電公司和蘭州修造廠家屬院，我們家在三單元，四單元有一個蘭州修造廠姓李的技師，此人被打成現行反革命後被造反派活活打死，死後單元門上貼了很多大字報，說這個技師是「自絕於人民，自絕於黨」，是畏罪自殺。他的屍體被扔在了荒郊野外，由於屍體沒人領，被野狗撕扯，聽說最後是讓要飯的人給掩埋了。

那個時候牛鬼蛇神的屍體家人是不敢認領的，也有為了與階級敵人劃清界限而六親不認的。那個時候蘭州天天都有人自殺，有上吊在樹上的，有自殘後斃命的，有從高樓上跳下來的，更多的則是一躍而跳進黃河的。黃河沒蓋子，穿過蘭州城，給絕望自殺的人們提供了方便，有些人只是別人給貼了一張大字報就在漆黑的夜晚跳進黃河自殺了。西北師範大學附中有一個階級敵人自殺後，他的兒子為了表示與他這個父親劃清界限，在造反派們批判畏罪自殺的死屍時，他的兒子突然分開眾人，走到他父親的屍體旁邊，狠狠地朝屍體踢了幾腳以表示大義滅親與父親澈底地劃清界限。

我父親改造的甘肅送變電公司，這裡的軍工們逼迫牛鬼蛇神們老老實實交代問題，他們的花樣是多樣的，敲骨拐、拔斷筋、老虎凳、釘竹簽。蘭州市每天都有跳樓跳黃河自殺的牛鬼蛇神，一個個心如死灰的人從天而降、順水而流，可這些軍工他們是不怕牛鬼蛇神們自殺的，他們不擔心牛鬼蛇神們自絕於人民自絕於黨，死了的牛鬼蛇神還要將他們批倒批臭。由於這些軍工心狠手辣、敢作敢為，甘肅送變電工程公司從文化大革命一開始，革命委員會的大權就落到了這幫人的手裡。有一次父親和走資派、反革命及眾多牛鬼蛇神被從甘肅省送變電工程公司的牛棚裡拉出來，父親的脖子上吊著打了紅叉「右派分子趙恒民」的鐵板大牌子，這個大牌子是用細鐵絲吊在他的脖子上的。他的手裡拿著一個鑼，一邊敲，一邊呼喊著「我是右派分子趙恒民，老老實實，低頭認罪，拒不交代死路一條」。此時的我緊跟在遊街隊伍的後面，我的懷裡始終揣著一把彈弓，我看著父親向前走去，我心想誰要敢動我父親一指頭我就用彈弓去打他。

我們一家所要去的地方，是我的祖先居住的積石山下。我的家鄉積石山是一塊美麗、神奇而又古老的土地。據傳說，在古老的年代這裡萬物在大地上生長著歡騰著，突然，一聲震耳欲聾的巨響，驚散了歡樂的人群和奔走的野獸，甘肅、青海交界處一塊藍天塌了下來。人們都惶惶不可終日，紛紛請求女媧神補天安地，拯救萬民。女媧答應了人們的要求，將天下青藍色的石頭搬運到天塌的地方，也就是甘肅省臨夏縣和青海省循化縣

的交界處，開始煉石補天。經過七七四十九天，女媧補好天穹，補天剩下的大石頭堆成一座又高又大的石山。這大石山上堆積的石頭跟天穹顏色一樣，青藍青藍的，而且隨著日出日落，不斷地變化著深淺不同的色彩。後來人們就把這座大山叫積石山。

我家鄉的積石山實際上在地理上稱為小積石山，因過去青海省南部的阿尼瑪卿山亦稱積石山，故為區別稱小積石山。它是祁連山延伸部分，是甘肅省臨夏回族自治州境西界中南段自南而北走向排列，海拔4636米的達力加山、4309米的雷帝山、4123米的五臺山、3356米黑大山及其山峰的總稱。小積石山南起土門關，北至黃河邊，全長50餘公里，總面積320平方公里。主要部分在現在劃分的積石山縣，是積石山縣的主要山脈。如果說，小積石山像一把木梳脊，那麼積石山縣其他山丘都是梳齒，而梳齒空隙就是一條條的大小河流。

積石山這地方人傑地靈，遠的不說，就是現當代就出現過全國農業經濟學家張心一，西北地區的五馬馬步芳、馬步青、馬鴻逵、馬鴻賓、馬仲英等都是積石山人。我的家鄉叫崖頭坪，由於回、漢、撒拉、東鄉、保安、土、羌、維吾爾等多民族雜居，為了各民族的團結所以稱為團結大隊，崖頭坪地處小積石山的北面，在大河家往山方向的南面，沿著劉集河往下就是奔騰不息的黃河。崖頭坪這地方既不在積石山根下的山區，又不在滔滔的黃河岸邊，是在山與河中間開闊的地方，這裡陽光充足，土地肥沃，平展展的大水田地化解了完全靠天吃飯的風險。

大卡車在劉集公社團結大隊第一生產隊的河灘裡緩緩停了下來。我的鼻孔裡鑽進了一股撲面的漚麻香味。這裡叫麻園子，可能是這裡種植織麻布的麻而有了這麼一個名字。麻園子跟前是通往大河家的公路。從黃河南面岸邊的大河家坐擺渡船到黃河北走一段路就是青海省的官亭鎮。從崖頭坪往上翻過積石山就是青海省的循化縣。也就是十世班禪的出生地，也是母親的祖先鄧家居住的地方。循化縣也可從大河家沿黃河南岸往西邊走直接到達。離麻園子公路邊不遠是一條從積石山峽谷流下的劉集河。這條河

枯水季節只有溪流般的清水在流淌，到了秋天雨水季節河灘裡巨浪滔滔，特殊年間還有大石頭被洪水沖得翻滾著，發出轟隆隆震耳欲聾的聲響。這條小河上有很多水磨房。麻園子的對面山上是陽窪大隊，沿著公路往上走斜對面是高趙家，是保安族集中居住的一個村莊。

大卡車一停穩，一個軍工將父親一把從車上拽了下來，他在父親的腿彎處猛地蹬了一腳，父親沒有站穩一下跪在了地上，但父親仍然將頭抬了起來。另一個軍工在父親頭上狠狠一擊，將父親的頭使勁往下壓著。我看到此情景就往前衝去，我的同學史寶林和王繼援趕快將我衣裳拽住。這時我看見一個二十五、六歲的年輕人急匆匆跑了下來，這就是我們團結大隊的黨支部書記趙生榮。趙生榮身材瘦小，但短小精悍，面容清秀，兩眼炯炯有神。雖然趙生榮只是個初中生，但在農村幹部裡已是出類拔萃有文化的人物了。

我看見父親跪著，那個將父親從車上拽下的軍工朝父親身上踢了一腳，惡狠狠地瞪著父親。然後從褲兜裡掏出遣送父親的介紹信念了起來。念完遣送介紹信，這位軍工厲聲喝道：「右派分子趙恒民聽著，你已經被押送到甘肅省臨夏縣劉集公社團結大隊第一生產隊讓貧下中農監督勞動改造，只許你規規矩矩，不許你亂說亂動，老老實實地改造你的反動思想才是你唯一的出路。聽見了沒有！」我看見父親木然地望著眼前的一切，他沒有吭聲。兩個軍工本想憑自己的威嚴，讓父親配合他們說「聽見了」，可父親沒有出聲讓他們有點惱怒和尷尬，若是過去他們的拳腳又要上來了，他們怎能忍受一個右派分子對他們的蔑視，但此時他們也有點不耐煩了。可能他們押送的任務到此也已經結束了，嘴裡嘟囔了一句後就悻悻然上了車離了開來。

我們本想將我的同學史寶林和王繼援叫上到上面喝杯水住上一晚上再走，可我的家在哪裡？我們都不知道今後的下落是什麼。而且一路上兩個軍工兇神惡煞般的面孔，讓史寶林和王繼援也沒有了停留一晚上的念頭，於是我的這兩位在我和我們全家落難的時候一路送我而來的同學，卻連一

口水也沒喝就隨車回了蘭州。

　　當大卡車屁股上揚著塵土飛快地離開後，我看見大隊書記趙生榮將父親扶了起來，一起下來的人們將我們的簡陋的家具一人一件幫拿著就往村裡走去。散亂的人群既有看熱鬧的，也有幫拿東西的，站在崖邊上的一些人，不知道這一家人是從哪裡發配來的犯人，因為父親十五歲的時候就離開了這裡到外面上學工作，大多數人是從來沒有見過我們一家人的。我懷裡抱著生爐子的煙筒跟在人群後面，我根本不知道我們一家人為什麼突然來到了這裡，也不知道今後我們的日子怎麼過。對於十四歲剛過的我來說，眼前的一切來得太突然了，我隨波逐流把命運完全交給了未知的世界。我跟在人群的後面，看著這些盯著我們嘿嘿發笑的人們，他們感到從蘭州城來的這一家人到底是怎麼樣的人呢？日出而作日入而息的人們從來沒有見過發配到這裡的犯人，祖祖輩輩的崖頭坪人第一次看見這樣被押送到這裡的一家人。人們已經習慣了平淡的日子，對於外面的世界基本上是不知道的，忽然看見有人被打著跪在河灘裡他們就感到很好奇。至於老一輩的人他們對我的父親還有一點印象，他們還能叫出父親的乳名，可對於我們這樣一些和他們說的不是一種腔調的後輩人，完全被他們看成了另一種不同於他們的異類。

第四章　滿目淒涼崖頭村

　　我的家鄉崖頭坪村是一個美麗的地方。這裡往南遠望有雄威的積石山，朝北往大河家下去就是滾滾奔騰的黃河。天空明朗，大地翠綠，山坡上是成群的牛和羊，田地裡飄蕩著悠悠的麥香。村莊裡林木蔥鬱、渠水潺潺，牛羊滿坡、土地肥沃，加之民風淳樸，多少年來回、漢、撒拉、東鄉、保安、土、藏、羌等各族人民生活在這裡其樂融融。然而，解放以後的土地改革、互助組、合作化，後來又迎來了人民公社、大躍進、食堂化，讓人們逐步失去了土地、財產和往日的歡樂、自由，加之越來越嚴重的大饑荒讓富足安詳的鄉村餓殍遍野、易子相食，人們就惶惶不可終日了。

　　全國大規模的農民飢餓始於1959年，1954年的統購統銷，當時的「三定」，即定產、定量、定徵購。「三定」的繩子勒到農民的脖子上以後，開始逐年不斷地拔高徵購糧食的標準。加上全國上下施行戶口管理，人們不能自由流動，農民逃荒要飯都要被抓了回來，這就埋下了餓死幾千萬人的禍根。從1958年開始，大躍進運動要一步登天進入共產主義，全國全民實施的「三面紅旗」把中國推向了瘋狂的境地。然而這些不切實際的冒進很快破滅了人們的幻想，使得農村自1958年的10月至1963年5月全國各個地區發生了不同程度的大饑荒。這次大饑荒的慘烈程度，中外歷史上實屬罕見。其延續時間之長、肆虐面積之大、死亡人數之多、起因之奇特，堪稱世界之最。而人們說得最厲害的「三年災害」，或者「三年困難時期」，指的是中國從1959年至1961年期間，由於大躍進運動以及犧牲農業發展工業的政策，所導致的全國性的糧食和副食品短缺危機。而我的家鄉

和全國一樣，三年災害時農業生產遭到嚴重破壞，各族人民也經歷了非常可怕的饑荒挨餓。

對於三年災害，生在那個年代的每一個中國人都是難以抹去的記憶。我記得那個年代的我，生活在吃著供應糧的蘭州市，可我這個正長身體的男孩子飯量特別大，時時都有一種強烈的飢餓感。那時候我好像大多數時間都沒有吃過一次飽肚子，當母親偶爾做一次好吃的，我就像餓瘋了一樣拚命去吃，每次都因為吃得太多而被撐壞了肚子。在那些日子裡，平日裡飢餓的我和一些同學去撿著吃一些菜葉子或捋榆樹葉及榆錢來吃，由於為了填飽肚子吃得比較雜，這樣肚子裡就長了很多蛔蟲。那個時候母親過一段時間就拿來寶塔形狀甜甜的打蟲藥給我們打蟲，我們親切地稱它為寶塔糖。寶塔糖拿在手上就是一個小小的寶塔，我每次從母親的手裡接過寶塔糖來好像豬八戒捧著人參果，饞涎欲滴，愛不釋手，我先用舌頭舔一舔，然後迫不及待地就讓它滑進了我的肚子裡。可是吃了寶塔糖的我第二天就會屙下擰成疙瘩幾百條的蛔蟲來，當這些蛔蟲疙瘩從我的肛門裡出來後，我虛脫得大汗淋漓，屁股眼裡還有一條條蠕動的蛔蟲。我襯著紙將那些蛔蟲揪出來，提上褲子站起後兩眼發黑，眼前就會出現五顏六色的星星。而和我一般大的一些小朋友，很多人屙屎時就會脫肛，大人們就將孩子脫出來的半截腸子用手揉進孩子的肛門裡。記得那年有個同學給我指一個我們上學時經常路過菜地邊的一個窩棚，這個窩棚裡有一個守蔬菜地的農民，我們每次路過這裡都可以看見的，有時候他還叫我們過去給我們拔個蘿蔔吃。可是這個守蔬菜地的農民用地裡的一個胡蘿蔔誘姦了一個飢餓的女學生而被法辦了。這個同學告訴我後，我感到非常吃驚。不管那個女學生是自願或不自願，在那個年代這種事情是很可憎的，然而我原先對那個農民印象是好的，因為他曾經給我們拔著吃過這地裡的蘿蔔。

那個年代不僅我們學生挨餓，老師同樣也是吃不飽肚子的。我上初小時在蘭州市黃河北面的蘭州朝陽村小學上學，當時我們二年級的班主任是個面目清秀的女老師，她教學嚴謹，管理有方，在我們班同學當中威信很

高。然而這麼一個好老師有一天突然不來學校教我們了。後來得知她是因為偷吃了學生書包裡的饅饃而被學校開除了，聽到這個消息後同學們都很震驚，我頭腦裡長時間形成她高大完美的形象也瞬間崩塌了，可我想不通她是那麼愛護學生的一個好老師，她怎麼去做那種卑鄙齷齪的事呢？隨著年齡的增長，我對這個老師理解了，尤其我到了農村挨餓以後這個老師在我心裡正面的形象又高大了起來。我想她可能是一個養育孩子的母親，當她把所有吃的給了孩子後，飢餓的手讓她做出了這種事情，她是迫不得已的，她若有一點辦法她是不會這樣做的。

城裡人餓得慌，可我到了農村後發現這裡的農民比起城裡人就更被餓得太可怕了。那個時候糧食被吃完了，家裡養的羊雞豬被吃盡了，生產隊裡的馬牛騾驢都被吃掉了，人們為了吃上一點東西，完全瘋狂了，欺上瞞下，暗偷明搶。聽崖頭坪的人們對我說，縣上和公社的領導說大隊生產隊壓產瞞產，上面過一段時間就派人來下到生產隊裡搜查農民家裡的糧食，搞得崖頭坪家家戶戶那時沒有一點存糧。可上面還是不相信，挖地三尺也要把人們僅有的一點吃的給搜刮了去。在那三年災害期間農民最淒慘的是1960年，麩料沒有了，野菜吃光了，就連村裡的榆樹皮都被剝了個淨光。沒有了吃食的人們開始吃觀音土，吃了觀音土又屙不下屎。社員們告訴我，他們是在麥子灌了漿和洋芋秧根部長出一個個胖乎乎的洋芋（編按：台灣稱馬鈴薯）時就開始偷生產隊裡的莊稼吃的。有去搓麥子地裡的麥粒的，有去刨挖地裡的洋芋的，就是大白天在生產隊勞動，都要順手搓一把麥粒籽扔進嘴裡。

我們崖頭坪村相對周圍一些村莊要好一些，雖然餓死了很多人，可還沒有聽說有人吃人的現象。然而周邊一些村莊到了地裡沒有莊稼、一點沒有吃的食物後，人們只有到外面挖吃死人，尤其這裡的山區一帶，好多人吃人肉吃瘋了，連家中逝去的親人也不放過。為了保住家裡的男孩根苗，活著的女孩先成了下手的對象。那個時候若是有個外鄉人來逃荒，立馬就成了多個人緊盯的對象。我初到農村時，這裡滿目淒涼，死寂的村莊

讓人時時都有一種說不出來的恐懼。我當時感覺經常吃不飽，可是村上的人們說：「現在好多了，前幾年要想吃個筷子上能黏上饊飯的飯想都不敢想。」劉集公社辦公所在地在劉家集集鎮，我到劉家集街道上去辦事，人們悄悄對我說哪個人在三年饑荒時吃人肉吃紅了眼睛，哪個人吃人肉吃得見了胖一點的人就流口水，看人的眼神都感到怪怪的。我聽到這個話就感到毛骨悚然，心想這些人為啥要吃人呢，人肉難道就比饊饊香嗎？

我們趙家在三年災害時，我的尕爺和叔叔都被活活餓死了。我們家在那個時候家庭境況在甘肅省蘭州市和臨夏地區是相對比較好的了，祖父是甘肅省臨夏縣政協委員，父親雖是右派分子沒來農村前還有點生活費，可是這樣在那個時候家裡還是有兩個人餓死了。

尕爺趙廷祺是祖父最小的兄弟，是我的太爺趙懷俊在甘肅省永昌縣當縣長時娶的武威女人生的兒子，祖父和尕爺是同父異母的兄弟。尕爺趙廷祺字太然，生於1922年，甘肅省積石山縣人。我太爺去世後，尕爺趙廷祺的母親——也就是我的尕太太，是一位甘肅省武威縣的涼州女人，她將她全部的希望寄託在兒子的身上，辛辛苦苦和家人在甘肅省永登縣秦王川廖家槽務勞著十幾畝沙田地把他撫養大。尕爺到了八歲時尕太太將尕爺趙廷祺送到甘肅省積石山縣大河家與其侄兒，也就是我的父親趙永綱一起由我太爺趙懷俊和祖父趙吉堂給教國文、算術等課程，後送進蘭州師範簡易師

趙廷祺，攝於1956年。

範學習並畢業。因為尕爺趙廷祺從小學習優秀，而且對知識有一種特別的渴求，1944年由甘肅省教育廳將其保送進江蘇省的國立社會教育學院教育系（當時正在抗戰時期，江蘇省的國立社會教育學院在四川重慶）。尕太太當時雖然寡居在家，也給尕爺趙廷祺早早娶了妻子，但為了滿足兒子上大學的心願又將他送到大學進行深造。1947年下半年趙廷祺在大學畢業前夕，和班上同學一起在台灣台中中學實習教語文，並兼指導圖書館工作，1948年回江蘇母校寫成論文，獲教育系學士。尕爺趙廷祺是永登縣一中最優秀最有名望的語文教師和教務主任，是一位難得的優秀人才。他國文基礎扎實，有學識，口才好，為人直爽，很受學生和學校老師們的敬重。可他在1957年就因為到台灣台中中學實習一事，污蔑他到台灣接受特務訓練，被打成右派分子後餓死在了甘肅省酒泉夾邊溝農場。

關於尕爺的去世，母親經常在家裡唸叨，她說：「你尕爺在你滿月的時候來我們家，你一見到他就大哭不止，那就是個不好的兆頭。」我說為什麼？母親說，老人們都說，小孩子可以看到「不乾淨」的東西。我對此總是不理解，但這句話時時觸動著我的心。在夾邊溝農場飢餓的時候尕爺給我們家裡發來求救信，父親和母親接到信後給尕爺寄去了一些炒麵和糧票，可糧票當時在夾邊溝根本無法換來糧食。尕爺於是又給我們家寫信求救，因為父親是右派分子被單位專政，不能去夾邊溝農場看望尕爺，這樣只有二十多歲的母親去到夾邊溝看尕爺了。為了壯膽，母親1960年領著我這個才不滿六歲的男孩，準備到夾邊溝農場去看尕爺。母親當時蒸了一帆布包的包穀面窩窩頭，拉著我的手就到蘭州西站去坐火車。然而在那個大饑荒年代，蘭州市到處都是逃出來要飯的飢民，樹窩子裡經常可以看見倒地斃命的死人，火車站往新疆逃命的人特別多，站臺上站滿了人，火車停下來後，人們為了活命往新疆跑，有從車門上擠著上的，有從車窗爬著往裡鑽的，我和母親拚力去擠一直上不去。由於我和母親三天沒有上去火車，夾邊溝我們沒有去成。後來我們就收到了夾邊溝農場寄來的尕爺死亡通知書。

尕爺在夾邊溝去世的這件事影響了我的一生，剛開始我去瞭解和尕爺一同到夾邊溝農場去的人。接著又去採訪夾邊溝農場的一些倖存者。為了尋求真相，我自費到全國各個地方去找夾邊溝農場的倖存者，一直在為夾邊溝農場的冤魂而奔走採訪。可是，這些人被整怕了，這些人的家人也被株連九族的政策弄得不敢接觸我，有些人和我在電話上說得好好的，可當我坐上飛機去採訪他，他突然被家人阻攔不讓與我見面。可我還是瞭解清楚了尕爺的遭遇，知道了夾邊溝農場的一些鮮為人知的內幕。

　　三年災害時餓死的還有我父親唯一的兄弟趙永統。趙永統叔叔他們一家生活在家鄉崖頭坪村，剛解放時他到蘭州來讓我父親給他找個工作，我父親給他聯繫了多個單位但沒有辦成。於是我父親讓他這個兄弟先回去學習木工，然後以木匠的身分在蘭州找工作，這在剛解放時的蘭州是個便捷的出路，可他沒有聽我父親的勸說。在大躍進崖頭坪村吃食堂時，剛開始確實紅紅火火了幾天。可是這樣的好日子沒過上幾天人們就開始吃不飽了。那時候崖頭坪人們吃大鍋飯等不及開飯的哨子響，每次排隊吃飯趙永統叔叔總是到了後面就餓得發慌。我們趙家在土改時被定為富農成分，是土改前勤勞節儉殷實的農戶人家，在這時就成了被歧視受壓迫的對象。雖然家中沒有富農分子，但在食堂打飯時只能喝些菜水湯湯，飢餓難耐的叔叔就在這時候從家鄉逃了出去，他到臨夏縣城韓家集去找我的祖父趙吉堂。當時沒有長途公交車，他是用兩隻腳往臨夏縣城走的。祖父趙吉堂當時在臨夏縣韓家集任縣政協委員，每月都給叔叔一家寄去糧票和人民幣，叔叔一家可以說在農村是比較好的農民人家。可是，到了饑荒年間糧票已經成了廢紙，是沒有辦法購買糧食的，一家人沒有吃的，叔叔只有去找祖父了，可他沒有走到祖父的跟前，走到半道臨夏縣白原一個山坡上就倒了下去，再也沒有爬了起來。叔叔去世後，嬸嬸帶著孩子們再嫁，我們一家到崖頭坪村時，叔叔一家已沒有一個人在這裡了。

　　崖頭坪村當年辦食堂時的食堂管理員趙永瑞是我們第一生產隊的，他是我的本家叔叔。此人個子不高，能說會道，是個非常聰敏能幹的人物。

解放前趙永瑞走南闖北，閱盡人間滄桑，為人處世很有一套。他告訴我，食堂剛辦起來時人們確實高興，今天的尕油香（用清油炸油餅子），明天的雞蛋麵片子，後天的臊子麵，人們放開肚皮吃，個個紅光滿面，好像突然間共產主義降臨人間了。那個時候誰也不擔心，心想國家讓辦食堂，國家肯定有國家的長遠打算。可這樣的日子沒過多少時間食堂裡就沒有糧食了。剛開始人們以為沒有了糧食國家會給供應的，可是人們想錯了，想得太天真了，因為往上面吹牛皮報了高產量，上面以為下面糧食根本吃不完。所以當人們要救濟糧的時候，首先公社這一關就通不過，因為高產量是他們報的，他們不能自己打自己的臉。公社、縣上掩蓋人們沒有了吃糧的事實，基層大隊生產隊又變不出來糧食，於是公社大隊就想辦法讓做一些代食品。

趙永瑞說當年他做了麩子麵做的手動酥，榆樹葉拌面做的瓊瓊飯，總之五花八門，琳琅滿目，讓人看得眼花繚亂。在食糧越來越少的情況下，公社推出了一種「增量法」，所謂「增量法」就是將一斤糧做成重二到三斤的食品。在包穀面裡增加一些水和麥稈粉，弄成稀糊糊的「發糕」。趙永瑞做了，而且他做得有模有樣，公社就專門組織各大隊的領導和食堂管理員到崖頭坪團結大隊食堂來取經學習，來的人每人首先領了一個厚厚的大鍋盔，這就讓已經餓了肚子來的人們興奮不已，崖頭坪團結大隊食堂也就成了遠近有名的典型食堂。

在那個餓肚子的特殊年代，食堂管理員決定著人們碗裡吃食的多少，他的勺把子底下有打得飯食的稠稀，是當時最有權勢的人物，這樣他也風流瀟灑了一個時期，可就是因為這個原因他被一些人嫉恨，四清運動時嫉恨他的人給他們家升了成分，原來的中農家庭變成了富農家庭，他也被戴上了富農分子的帽子，成了四類分子階級敵人。

我到農村時已是1969年了。三年災害後隨著「三自一包」政策的實施，農民們可以自己養雞養羊養豬了，還可以買賣一些農業用具，自留地也多了一點，這樣農民的生活比起三年災害時已經好了許多。可是，文化

大革命開始後，批判劉少奇的「三自一包」，自留地收緊了，農民養豬羊雞等家畜都成了走資本主義，當然馬牛驢騾等大牲畜就更不要說讓農民家庭養了。當時，只有生產隊可以養馬牛驢騾等大牲畜，可是經過三年災害，我到農村時生產隊裡已沒了大牲畜，僅有的兩頭瘦弱的灰驢給各家馱糧食磨面，已無力再種田了，於是犁地、種田拉杠子的活計就全靠人了。我雖然才十四歲剛過，可我是一個小夥子，而且我從小長得個子高大，在這裡自然就成了最好的拉杠子犁地、種田的勞動力了。

太陽高高地掛在天上，周圍白雲繚繞，遠處的積石山和天空一樣發藍，但它的顏色要深一點，這樣就可以看到山的逶迤蜿蜒。陽光灑下來了，落在大地上泛著一層白光。每日裡我撅著屁股，將繩子套在肩膀上，把腰弓成個蝦米狀，一會兒拉犁，一會兒拉耙地的耙子。初來時爭強好勝的我那種拚勁，拉得耙子和犁杠呼呼生風，生產隊長蹲在地邊吸著煙，看著我撅著屁股拉犁的樣子心裡就樂開了花。因為崖頭坪這地方人多地少，本來一個人就攤不了多少地，我們一大家子到了這裡，生產隊被動地接受了我們家這麼大的一個包袱，很多人家就心生不滿，認為城裡人將這麼大的一個負擔甩給了農村生產隊。可今日裡看到我拉杠子犁地、種田這麼賣力，就覺得這一家人不全是到這裡白吃飯讓人養活的廢物了。因為，生產隊長他看到生產隊裡多了一個像牲口一樣可以隨便使喚的小夥子。

我剛開始拉杠子犁地、種田時，使出全身力氣向前衝，雖然快了一時，但到了下午就越來越感到力不從心了。我走在鬆軟的土地上，兩腳抬起時感覺格外吃力。但我仍然咬著牙往前走，我不願人們說我們一家人占了他們的便宜。這時的生產隊長叫趙福祥，國字臉，八字眉，被太陽晒得黑裡透紅的皮膚，他是個心直口快很善良的一個人。雖然有時也用沙啞的聲音吼叫著，但生產隊裡人們對他還是很尊敬的。因他是我們趙家的「永」字輩，「永」字輩和我父親同輩，我就稱他「福祥爸」，「爸」是叔的意思。我記得當年福祥爸嘴裡銜著羊腿骨做的旱煙鍋，羊腿骨前面是銅頭煙鍋子，他紫紅色的臉龐，被煙熏得黃黃的牙齒，他將煙渣子壓到煙

鍋子裡後，用一根點燃了的火繩放到煙鍋子裡猛吸幾口，然後再交給老四爺吸，兩人就這麼一人一口的吸唔著，臉上露出滿意的神態。福祥爸告訴我：「拉杠子犁地、種田不能這樣猛，要穩穩地走，這樣才能走得遠，走得持久，你那樣拚命地往前衝，到了後面你就走不快了。一個人勞動不是看你一時走得有多快，主要看你能走多久，能走多遠。」我聽了這富有哲理的話心裡就暖暖的，我初來這裡時的恐懼和憂慮都被這句話消融了。

現在回想起來，農民們雖然文化程度不是很高，但很多話都富有哲理，能給人以啟迪。就是一些農民罵人的話，現在想起來都是那麼風趣幽默，飽含著人生的經驗。說起這個趙隊長還是我的救命恩人呢。有一次晚上生產隊給麥田澆水，上面渠道被水沖垮了，生產隊長趙福祥帶領我們七八個人一同去查看渠道。那晚我們走得很急，風颯颯地從耳邊吹過，天上的月牙兒雖說只有半邊，可它好像能知道我們心中的焦急。山峰、田塍、屋宇、草垛被蒙在潔白朦朧的輕紗薄綃裡。我們到了水沖垮渠道的地方，只見渠道垮塌的地方泥水往山水溝裡流去，轟隆隆的水聲震耳欲聾，發出悶騰騰的聲音在黑魆魆的夜晚顯得格外令人心悸。我當時拿著一把鐵鍬，急不可耐就要從垮口上跳過去，趙福祥隊長一把將我拉住說道：「別急，我先看看。」他伸開臂膀用鐵鍬在對面渠沿上一搗，被水涮空了的渠道轟然垮塌了。我們趕緊往後跑，垮下去的渠道有一間房子那麼大，我看到這個情景倒吸了一口冷氣，打了個愣怔！心想多虧我沒跳過去，否則我將會和這泥漿一同流到深不見底的陰溝裡去的。然而，就是這麼一個好生產隊長，剛開始說得了心口疼的病，實際上是胃疼，在我到了農村不久後，就罹患胃癌去世了。

雖然，趙福祥隊長離開我已有五十多年的光景了，可這個「福祥爸」的音容笑貌在我的記憶裡依然是那麼清晰，我好似還可聽到他那沙啞爽朗「哈哈哈」的笑聲和那將旱煙渣子放到羊角巴裡吸旱煙的神態。「福祥爸」去世後，後面的生產隊長對我們這個階級敵人家庭就開始隨便打罵了，除了給我們一家人分配生產隊裡最累最苦最髒的活計以外，平時勞動

對我的父親、母親隨便加以訓斥，不時還要開鬥爭會對父親、母親進行批判鬥爭。

拉杠子犁地做了不多時間我就開始扶杠子犁地了。我為什麼接手這麼快呢？因為扶杠子犁地是技術活，我在拉杠子犁地休息時就抓住犁來學習。我學得很認真。從小生活在城市裡的我，到了農村我突然感到兩眼茫茫，我們什麼都不會，一切都是從頭開始。農村裡天上飛的地下跑的過去我從來沒有見過，我對好多事情都感到新鮮好奇，我不甘心就這樣落在別人後面，我要儘快嘗試學會每一樣技術活。在種田時犁鏵要擺到什麼位置，犁地時犁鏵要插到什麼深度，每次犁鏵破土要多厚，這都有一定的講究。剛來時我覺得農村裡土裡刨土裡吃有什麼難學的東西呀？可慢慢我才知道隔行如隔山，三百六十行行行出狀元，我去請教每一位比我強的人，我向每一個農村裡的農民進行學習，由於我自覺地學習，時間不長我不僅學會了扶二牛抬杠老式犁的犁法，還學會了新式的轉頭犁的犁法。

這個時候生產隊裡新添了一匹黑色的公馬，這對於好長時間沒有大牲畜的生產隊來說確實是個非常好的兆頭。公馬也俗稱為「二馬」，這匹二馬一身發光的黑毛，蹄圓腿長，鬃毛飄逸，頭高高地昂著，當牠鳴叫時耳朵豎立，胯下的兩個卵子緊貼著肚皮。當牠閒暇時，拴在馬槽前牠就會將粗大的生殖器拍打著自己的肚皮。在飼養圈背糞的大姑娘小媳婦見了就羞紅了臉，這時男人們乘機就會開一些黃色的玩笑，惹得人們「哈哈哈」笑個不停，給沉悶的空氣平添了許多意外的歡樂。當人牽著牠的韁繩，這匹馬就會死命往後拽，還不時用後蹄出擊，人們就對牠心生畏懼了。時間長了全生產隊沒有一個人敢接觸牠，這樣生產隊長就讓我去牽馬犁地。我牽這馬時，黑二馬好像知道我是牠的朋友一樣，乖乖地站在我的面前。我輕輕地撫摸著牠的前額，牠不僅沒有像對待其他人一樣咬人，還閉著眼睛享受著我對牠的撫摸。

我牽著黑二馬犁地時，不似其他人對牠又喊又叫大聲呵斥，而是隨著牠來讓牠配合我一同完成勞動的任務。休息的時候我拿著家裡帶來的饅

餅給牠吃，並拉著牠到泉眼處去飲水。別人到了黑二馬的跟前牠就又踢又咬，根本無法靠近，可牠卻對我是那樣的溫順友善。有時候牠勞動一段時間後，脖子上流出汗來，我用我的衣裳給牠輕輕擦乾，並抱著牠的脖頸讓散發出的汗香味進到我的鼻孔裡。勞動完後我就將牠身上的所有束縛卸掉，然後放開手讓黑二馬自由活動。這時候黑二馬故意在我跟前撒起了嬌，牠用頭顱蹭著我的身體，然後躺在地下打起了滾。打完滾站起來將土抖動下來，然後走到我的跟前。我也在此時摸一摸牠的頭顱，牠好像一個溫順的孩子，讓我把籠頭給牠戴上。

有一天下工後太陽成了一個巨大的紅色輪子往遠處的積石山邊落去，那蜿蜒起伏的群山，好似被紫褐色的顏料塗抹了一直延伸到天邊。黑二馬這天站在我的身邊等著我，好像要讓我跳到牠的脊背上。我從來沒有騎過馬，可我還是沒有拒絕牠的盛情，我站到一個高坎上跨到了牠的馬背上，這是沒有馬鞍的光屁股馬。黑二馬揚起頭來長長地嘶鳴一聲，牠的嘶鳴是那樣雄武，然後邁著碎步慢慢跑了起來，我雙手緊緊抓住馬韁繩附在牠的光馬背上。馬背上滲出的汗漬散發出一絲幽幽的草香。到了一片開闊地時，我用腿子一夾，輕輕地拍了牠一下，黑二馬好像知道我的用意一樣飛快地跑了起來。我們在大草灘上奔馳著，只聽耳邊風聲呼呼地吹著，我和黑二馬一同向前衝去。我這個右派狗崽子，從小到大多少個日子裡被人們像看異類動物一樣，就連一起玩耍的小夥伴們都要對我隨意欺侮，今日裡十五歲的男孩要像這裡的壯年農民一樣幹著最髒最苦最累的活兒。可今日裡我整個兒放鬆了。自從我到了這個世界上，莫名其妙地成了一個右派狗崽子，天生下來就成了一個讓人鄙視的黑五類。可是今日裡我的好朋友黑二馬牠不歧視我，牠更不會嫌棄我是什麼右派狗崽子。我緊緊摟著牠的脖頸，感受著牠給我的溫暖。我的心在怦怦跳動，我的眼裡閃動著淚花花，我張開雙臂大聲地呼喊著，「啊嘿嘿！啊嘿嘿！」

我的叫聲向遠方衝去，黑二馬循著我的聲音跑得更加歡快。黑二馬就這樣跑著，牠好似今天也特別高興，像一隻展開雙翼的神鷹，向大草灘深

處跑去。我伏在牠光光的脊背上，我用我的臉頰緊緊貼著牠的脖頸，我可以感受到牠身上的溫暖和那均勻的呼吸。我的下巴貼在牠的鬃毛上，牠的身上這時散發出濃烈的青草芳香和汗水的氣味。多麼好的一匹神駒啊，你可以馳騁疆場，你可以走遊四方，可是命運卻將你落到了這麼一個偏遠的生產隊，生產隊裡沒有你嚮往理想的那種條件，你哪怕是千里神駒到了這裡只能去馱糞，只能去犁地種田，上天沒有給你馳騁疆場的廣闊天地，你只能和眾多牲畜一樣默默在農田裡耕耘。

黑二馬的命運是這樣難以改變，環境決定你的發展空間，那麼一個右派狗崽子的命運在這荒僻的農村能夠改變嗎？人窮志短的我心在掙扎，一方面是我不甘心命運的不公，另一方面我又覺得一個人的力量太微弱了，我看不到東方的晨曦裡那顆明亮的星星。

第五章　點燃我希望的書籍

　　當我和父親母親被遣送到農村來以後，外祖父鄧春膏給我寄來了一大箱子書籍。這裡有各種文史哲的書籍和馬列的原著，也有數理化的文本。外祖父在信中告誡我，「千萬不能虛度時光，不重視知識的日子是不會長久的，按實際水平來說你才是個小學畢業生，不能讓時光白白流走。」這句話時時在我心中迴盪，尤其在我迷茫無助的時候讓我驚醒，在那個知識無用的年代成了我心中一盞指引我前進的明燈。雖然我不知道今日的學習在以後能否發揮什麼作用，但外祖父的話起碼讓我懂得學習總比不學習好。隨後的日子裡，我始終默默牢記著外祖父對我的教導，不論日子過得多麼困苦，無論時局如何變幻，我一直念誦著它，咬緊牙關堅持看書學習。

　　自從外祖父給我來信後，我在生產隊勞動之餘就擠時間讀書學習。過去我家裡有《三國演義》、《石頭記》、《水滸傳》、《東周列國志》、《復活》、《簡愛》、《老人與海》、《牛虻》、《鋼鐵是怎樣煉成的》、《辭海》、《辭源》等等，還有父親讀過的數學、物理、化學和電力方面將近幾百種各類書籍兩萬餘冊，可我只是簡略地讀過不多的幾本。自從造反派抄家後，家裡已沒有了書籍，城裡的家家戶戶都沒有了這些所謂封資修的書籍，可到了農村後這裡有些人家反倒有很多城裡正在批判的一些所謂禁書。

　　我當時最喜歡的是《三國演義》。這本從別人手裡借來的《三國演義》是清代金聖歎批注的文本，沒有標點符號。書的主人告訴我，這書是他從一個有錢人家得到的。至於他怎麼得到的，我沒有問過他，因為自

1949年以後以貧富評判善惡，有錢人家發生了大的變動，土改時一些農村的菁英一夜之間失去了土地，家裡的財產到了另一部分人的手裡；四清運動時又有一些人家被補劃了地主富農成分，過去的富裕中農，此時成了富農；過去的富農，這時升格為地主；過去的破落地主，直接成了地主；由於成分升格，過去的人民內部矛盾，現在轉化成了剝削階級的敵我矛盾，家裡的一些財產又被生產隊或大隊沒收和分給了貧下中農。文革時農村的地主富農就更慘了，家裡的財產基本上就全成了別人家的了。社會的動盪讓很多原先一貧如洗的人家突然間翻了身。這樣一些書籍易手就不算什麼新鮮事了。

我第一次讀《三國演義》時有很多不認識的字，我就跳過讀下去，讀完後又讀第二遍、第三遍，第二遍、第三遍讀時我就一邊查閱字典一邊讀。到了讀第四遍時我就開始做筆記。此時我才發現，《三國演義》這本書真是百讀不厭，而且每讀一遍有一遍的收穫。這時我已將書中很多章節和〈隆中對策〉、〈出師表〉等文章背得滾瓜爛熟了，而對「王司徒巧使連環計，董太師大鬧鳳儀亭」、「諸葛亮舌戰群儒，魯子敬力排眾議」還有「馬謖據諫失街亭，武侯彈琴退仲達」等等故事更是熟爛於心了。父親告訴我，過去有很多茶館裡的說書匠都能背誦《三國演義》的。我想，別人能將此書背下來，我為什麼不能呢？於是，我就開始背誦《三國演義》了。每天下工回來，我到河灘裡小河中洗了澡，雖已是滿身疲憊，但我還是鑽進房屋一個人悄悄背誦《三國演義》。「話說天下大事，分久必合，合久必分。……」現在想起來那個時候記憶力真好，只要背誦的文章，讀上幾遍就可一字不差地背誦下來。

然而隨著日復一日的重複勞動，我從最初到農村時的好奇，到後來的迷惘，沒過多久就開始了失落。一年年時間的推移，我覺得我不管怎麼努力，和整天爬在地裡的農民比起來，我確實和他們有一定的差距，幹農活我是比不過他們的。而我自己學習文化知識能夠改變我的命運嗎？我看不到前途，我不知美好的前途在哪裡？在我周圍的人當中，出身在四

類分子地、富、反、壞家庭的每一個人，農村裡的人就把他們一樣看成四類分子。尤其在戀愛婚嫁時壁壘分明，貧下中農的子女絕對不會嫁到四類分子家裡去的。地富反壞右家裡的姑娘也不願意嫁到別的地富反壞右家裡去的。有一天我拿著母親的鏡子照了一下自己，一個被風吹日晒紫紅臉龐的農民站在我的對面，他穿著破棉襖，腰裡紮著一根草繩，蓬亂的頭髮下一雙憂鬱的眼睛還可看出他與本地人的不同。我想，每天在田間拉犁、耕地、背糞、除草、割麥、打碾，難道我的一生就只能在農村這樣度過嗎？

我從小就立志要當個科學家，上了小學後一直在班上和學校裡各門功課都是數一數二的。是狗崽子的出身和文化大革命打碎了我的科學夢。1966年那年我十一歲剛過，已邁入十二歲的年齡，這年是我小學畢業的時候。那年高音喇叭裡不斷播送著「千萬不要忘記階級鬥爭」、「階級鬥爭天天講，年年講，月月講」的論調，6、7月份，學校裡開始給老師們寫大字報。我們的語文老師陳希聖是個文文雅雅學究式的老先生，他學識淵博、教學認真負責，和一個叫王天仁的老師在這裡就非常扎眼。陳希聖老師小時飽讀私塾，古文基礎扎實，因為解放前在警官學校畢業就成了這次運動最大的鬥爭對象。此時滿校園都是「歷史反革命分子陳希聖」的字句，是那樣的刺眼。王天仁老師是個解放前的工商業者，不僅教學認真，而且師德非常良好，他給他所教的班級一位窮孩子買了條褲子，這時也被揭發了出來，說他一個資本家拉攏腐蝕工人階級的子弟。

記得那些日子裡，學校讓小學生們寫大字報，各班到教導處領紙張筆墨。小學生們肚子裡沒有多少墨水，大多數大字報一開頭首先是毛主席詩詞中的「金猴奮起千鈞棒，玉宇澄清萬里埃」，然後滿篇的胡言亂語、粗言髒話，可是這個時候這種語言卻非常時髦。剛開始寫大字報時同學們顯得非常興奮，爭先恐後揭發某些老師，可同學們又不知道怎麼去寫，個別老師就啟發指導同學們去把某些老師們平時講過的話，掐頭去尾給編寫出來。有一天，學生們把一位教唱歌的音樂女老師堵在一間教室裡，學生們從窗戶裡扔進石塊、垃圾，把墨水瓶打開，將紅、黑墨水潑灑到這位女老

師的身上。這位女老師長得不算很漂亮，但她非常注意穿著整潔時髦，這在我們一個不起眼的小學校裡就成了非常靚麗的一道風景，自然也就成了同學們想像的資產階級。

這天學生們剪了她的頭髮，給她剃了個陰陽頭，一半黑一半白，臉上塗滿了墨水。這位女老師渾身上下流淌著紅、黑墨水，平時嬌弱的她此時站在教室的角落驚恐得就像一隻不知所措的小鳥，她沒有辦法阻擋從各個方向飛來的各種髒汙，她沒有低頭，飛來的各種汙穢劈頭蓋臉落在她的身上和頭上。

我們69屆初中學生，1966年文革開始時是六年級小學生。1966年6月小學相繼停課，我們受的正規教育就到這時候為止了。小學不再管我們了，到了中學不是到工廠就是去農村，有時還讓解放軍來教我們拼刺刀和齊步走，沒有好好靜下心來學習過一個學期。我當時就用木頭自己製作了一把拼刺刀的木槍，解放軍還專門到我們小學來給我們教怎樣拼刺刀。我是稀里糊塗地從蘭州電力小學升到了蘭州第四中學初中部69屆三班的。

到了中學在我記憶中比較深刻的是，英語老師每堂課都教我們一些毛主席語錄，可我印象最深是她反覆讓我們讀的「Long live chairman Mao」，也就是「毛主席萬歲！」我們的植物老師是一個四川人，他一口濃重的四川口音，我現在記下的只有他教我們說的「細胞的構造」這一句

小學六年級時的趙旭。

話。可沒上幾堂課就讓我們去「學工、學農、學軍」，讓我們到蘭州當時的近郊馬灘公社勞動，到蘭州四中跟前蘭州市七里河區吳家園一個做磨面機輥子的車間進行生產。這些勞動由於都是住在農村和工廠，對我們這樣一些從小沒有離開過父母的孩子們來說，就覺得很新鮮刺激。

　　初次離開父母好似脫離了長久束縛的羈絆，就像自由飛翔在藍天下的小鳥一樣感到非常興奮。我們打著紅旗，排著隊唱著歌向馬灘方向走去。馬灘這地方是黃河蘭州段西固城下來黃河邊的一處淺灘地方，這裡由於在黃河邊上，水車裡打出的水將每一塊地都可澆灌，旱澇保收，不靠天吃飯，種著各種各樣的蔬菜和莊稼，這些蔬菜主要供給蘭州市民的生活。我們到了這裡，農民們是很不歡迎的，他們害怕我們傷害了蔬菜，只讓我們幹一些無關緊要的活計，地裡面的技術活根本不讓我們參與的，所以我們一天到晚無所事事。好在黃河邊上渠水潺潺，有很多小動物我們可以去抓，我們也可到黃河邊上去游泳嬉耍。我們班有個綽號叫「水牛」的，他很會做燒烤「田雞」。蘭州黃河岸邊的田地裡青蛙很多，我們就到大田裡捉青蛙，捉來青蛙讓他給我們做。可這做烤「田雞」是很殘忍的，在青蛙的腿腳處撕開一點皮，然後給青蛙活剝皮，剝了皮後再放到火上烤。可在這個火紅年代長大的孩子們，對這一切做得卻是那麼坦然。被活剝了皮的青蛙四肢和身上紫紅色的，可牠們還在蠕動奔跳，兩隻眼睛緊緊盯著我，我感到心裡是那麼害怕。可是，「水牛」用夾子夾了這些鮮紅蠕動的青蛙後，又放到火上烤。他一邊烤，一邊將烤熟的青蛙放進嘴裡，他吃得那麼香甜。「水牛」的舉動吸引了我們。剛開始我們從他的手裡搶被烤熟的青蛙，到了後來我們也學著自己燒烤青蛙吃。

　　這些日子的學工學農學軍，讓我們短暫地遠離了文化大革命的戰場，可是蘭州如火如荼的造反聲浪，不長時間後重新又把我們拉入了現實殘酷的鬥爭。我們蘭州四中揪出來的老師都是學校各類科目中的佼佼者。記得有一個英語老師叫梁儀，他的右手殘疾，用左手寫著一筆大氣舒展、瀟灑秀麗的中文和英文字。一個教物理的王越老師，腿部殘疾，每次被鬥爭時

一瘸一拐被一個初二的女學生攙扶上來。後來我才知道這個女學生敬佩王越老師的才華，她是自己陪著王越老師上鬥爭會的。在那個年代，被打成現行反革命人們唯恐躲避不及，可是她卻將王越老師扶著一同走到了批鬥台上。剛開始紅衛兵們推搡恐嚇阻攔這個女學生，不讓她上到批鬥台上去的，可是她以女性的堅韌堅持一定要陪王越老師。由於她的執著和深明大義，這個女同學和後來調到蘭州大學的王越老師結婚了，患難見真情兩個相愛的人終於走到了一起。還有一個物理老師臉黑瘦黑瘦的，他被學校紅衛兵打著，讓站在桌子上放的一把翻過來的凳子腳上，手裡還讓舉著一個裝滿了水的臉盆。我們看的人都感到非常驚險，可是這個老師手裡舉著一盆水，卻站在凳子腳上紋絲不動一直堅持將鬥爭會開完了。

有一天我們學校開批鬥大會，大會開始前我看見幾個高中的同學戴著紅衛兵的袖章站在我們邊上，當大會宣布將反革命分子某某某押上來，我看到這幾個站在我們邊上的高中同學，突然將坐在初二班上一個叫梁維武的男同學從座位上拽起，一面一個將這個同學的胳膊扭到身後，其中一個並且將這個男同學的頭髮揪了起來，他們是用坐噴氣式飛機的方法將這個所謂「現行反革命分子」男同學押到批鬥台上去的。這個男同學事先是不知道的。我看到這種情況當時驚了一跳，我不知道什麼時候我們中又有哪一個同學被揪了出來。每日裡我們看到蘭州四中的校園裡，被揪出來老師和學生衣服上口袋處縫著一個用黑布做的黑牌子，黑牌子上用白線縫著「現行反革命分子某某某」、「右派分子某某某」、「歷史反革命分子某某某」等等，他們彎著腰低著頭嘴裡唱著：「老老實實，低頭認罪，拒不交代，死路一條。老老實實，低頭認罪，拒不交代，死路一條。」

我當時不明白這麼好的老師怎麼都成了牛鬼蛇神反革命分子了呢？是不是真如人們說的，知識越多越反動呢？

蘭州的造反派此時分為三大勢力，「紅聯」、「革聯」和「紅三司」。「紅聯」是一個以蘭州鐵路局率先造反的「火車頭戰鬥兵團」為首的造反派組織，成立於1967年1月22日。我們家在蘭州西站附近，跟前就

是蘭州鐵路機械廠，是專門製造火車頭的工廠。記得那「火車頭戰鬥兵團」樂隊用大號吹著〈工人階級硬骨頭〉和〈團結就是力量〉，號聲嘹亮，鏗鏘有力，蘭州鐵路機械廠的工人們則邁著堅定的步伐、挺著胸昂著頭和著號聲唱著歌從人前走過，給我留下了深刻的印象。當時，大街小巷貼滿了紅聯的標語：「紅聯不倒，氣死老保；紅聯不散，氣死混蛋。」

「革聯」是原來甘肅省委支持，包括「蘭州市紅衛兵總部」等保守組織於1966年11月成立的造反派組織。「革聯」裡有蘭州各大專院校為首的造反派，有很多大學生，做事相對比較理性。1967年2月5日，「紅聯」在甘肅軍區支持下奪權後分裂。中央於5月中旬發表關於甘肅問題意見批評了甘肅省軍區並決定甘肅的支左改由蘭州軍區主持。被「紅聯」開除或後來自己造反殺出去的組織於1967年5月成立了「紅三司」，被中央認為是左派組織，受到蘭州軍區的支持，而「紅聯」被視為是犯了錯誤但可以團結的革命群眾組織。「紅聯」「革聯」和「紅三司」三派起先是糾纏混戰，從1967年8月起，「紅聯」開始聯合「革聯」與「紅三司」和蘭州軍區對抗。鬥爭的焦點是兩位領導幹部胡繼宗、裴孟飛。蘭州軍區和「紅三司」認為胡繼宗是中央肯定的幹部，理應進入革命委員會，而「紅聯」和「革聯」則堅決反對。

那時候「紅聯」和「紅三司」搞辯論不行，他們的理論水平比起「革聯」裡面的大學生就差多了，然而他們搞武鬥卻很在行，每次武鬥都凱旋而歸，尤其「紅三司」裡大多為中學生，容易衝動和被人利用。「革聯」經常被逼得靜坐絕食，可這種靜坐絕食的舉動，在「紅聯」和「紅三司」來看就非常可笑了。他們笑「革聯」都是些書呆子，他們想你還絕食呢，你餓死渴死就是活該。「革聯」主張文鬥反對武鬥，他們的口號是：「要文鬥，不要武鬥。」而「紅三司」則明目張膽打出標語：「槍桿子裡面出政權。」他們靠的是彈簧鞭加鐵棍，靠的是胡攪蠻纏不講理的理論。所以說，真是「秀才遇見兵，有理講不清。」

「紅三司」是在一部分造反派從蘭州長征到北京去告狀後，從「紅

聯」分裂出來,以紅色長征團為首、以中學生為主的造反派組織。「紅聯」、「革聯」和「紅三司」這三大組織從1967年開始到1968年解散,在甘肅各地進行了為期兩年多的奪權和派系鬥爭。他們造反起家,大批判、大鬥爭,橫行在甘肅各個地區不同的單位。在奪權和派系鬥爭中他們打砸搶燒,這些無謂的爭鬥和駭人聽聞的武鬥,給甘肅地區的經濟和人民的生活,乃至以後很長一段時間的人們道德和思想行為造成了難以估量的損失。這三大造反組織經常發生武鬥,在無數次的武鬥當中我親眼目睹了在蘭州西站附近發生的四次武鬥。一次是七里河橋的石頭戰。七里河橋是甘肅省博物館與甘肅省電力局之間一條由山洪溝塹隔開的一座水泥橋。這次石頭戰橋東面是被哈爾濱軍工大支持「革聯」為主的一方,橋西面是「紅聯」一方。哈爾濱軍工大支持「革聯」的一方排成整齊的方隊,而橋西「紅聯」的一方則是一些散兵游勇。記得那時我站在「紅聯」一方,「革聯」一方發起進攻時,整齊的方隊同時將鋪天蓋地的石塊用皮兜子發射過來,而西面的散兵游勇則用彈弓零星進行抵抗。雖然彈弓零星的抵抗比起鋪天蓋地的石塊陣勢要小得多,可那些眼睛看不見的鋼球和石塊更具殺傷力,「革聯」一方不時有人捂著出血的眼睛被人扶了下去。

七里河橋的石頭戰「革聯」的造反派們打得很有節奏,「紅聯」一方只是搖旗吶喊節節敗退。橋上面點燃著兩輛吉普車,吉普車上舔吐著火苗冒著濃濃的青煙,我和幾個十歲剛出頭膽大的小孩混雜在「紅聯」一方,不時向東面用彈弓打過去一些小石頭。後來當「革聯」一方發起衝鋒時,我們幾個小孩撒腿就跑,我也一口氣跑回了家。

第二次蘭州市西站建蘭路十字的一次武鬥。這次武鬥是「紅聯」「文攻武衛」的一輛輛汽車排成車隊遊行時,「紅聯」的造反派突然從一輛遊行的車上跳了下來,我親眼目睹了一個「紅聯」造反派手持紅纓槍長矛,緊緊追趕著向車上扔石塊的另一方一個造反派,快跑到那位造反派跟前時,那個手持紅纓長矛的「紅聯」造反派毫不猶豫將紅纓長矛從後面刺進了那位奔逃的造反派後脊背。

第三次看到的則是蘭州石油機械廠簡稱蘭石廠一座大樓上有一部分造反派，另一方造反派攻打這座樓房時，用炸藥包炸開了樓的鐵門衝了進去。

　　第四次則是解放軍支左後，蘭州市發生的比較大的一次武鬥。那時，「革聯」的老巢盤踞在甘肅省博物館的裡面。「革聯」裡有一個男播音員聲音很好聽，磁性的語言鏗鏘有力。因為「革聯」裡大專院校的學生比較多，寫出的批判稿有理有據，播音員每次播送出來，對人們衝擊很大，這就讓「紅三司」裡的人芒刺在背很不舒服，他們發誓要割了這個播音員的舌頭。這次攻打博物館，蘭州軍區給「紅三司」偷偷在攻打博物館時暗地裡發了槍，並且有些解放軍脫了軍衣直接參與了這次武鬥。然而「革聯」守衛的相當成功，一直攻打不下來。晚間攻打甘肅省博物館時，聽說解放軍一個連親自出馬了，他們換了便裝首先爆破了博物館的大鐵門。

　　我們一些男孩子聽見哪裡發生了武鬥都要跑去看，那天蘭州的天空剛剛昏暗了下去，夜幕還未完全降落下來，密集的槍聲就似過年放的鞭炮一樣開始響了，我們這些男孩根本不知道危險，個個興奮不已，都跑到警戒線外去看熱鬧。解放軍不讓我們靠近，我們只有遠遠地看著。可還是能聽見槍聲打著呼哨從頭頂和周圍飛過，後來聽說博物館被攻打了下來，裡面的人都成了俘虜，這些俘虜們都舉著手。我不知道那個播音員最後是否被割了舌頭，但那以後「紅三司」仗著有蘭州軍區的支持，揮舞著階級鬥爭的利劍，打砸搶燒殺確實讓人們膽寒了。尤其，長征團40團的團長趙江海更是讓人提起就心驚膽戰，被人們說得活靈活現。傳說他拿著手榴彈孤身一人闖入另一造反派開會的蘭州市七里河體育場讓全場大亂，然後隻身一人從七里河體育場輕易脫身。而蘭州水電學校的嚴小虎也被人們吹得讓人頭皮發麻。人們說，嚴小虎打起人來心狠手辣，牛鬼蛇神們見到這個活閻王而瑟瑟發抖。蘭州水電學校和周圍的504廠當時發生武鬥，蘭州水電學校造反派的學生用汽車內胎做成超大的彈弓，超大的彈弓將一枚枚鋼球發射到504廠的陣地，504廠則用真槍向蘭州水電學校射擊，那段時間被打死的屍體長時間放在教室裡都已開始發臭。

有一天我經過蘭州西站一個不起眼的單位，門上寫著一副對聯「廟小妖風大，池淺王八多。」對這個單位我不甚瞭解，可是這幅對聯直到如今還刻印在我的腦海裡。在那個年代這樣的事情舉不勝舉，每一個單位都有，每一天都不會安穩，我們這些十多歲的孩子就是生活在這樣的環境裡。

　　我今天想，我當時離開了蘭州市，離開了那個整日裡打砸搶燒殺的環境，對於我來說是好事呢還是壞事？其實「塞翁失馬，焉知非福。」幾千年前的老子早就說過：「禍兮福之所倚，福兮禍之所伏。」禍是造成福的前提，而福又含有禍的因素。也就是說，好事和壞事是可以互相轉化的，在一定的條件下，福就會變成禍，禍也能變成福。現在想起來老子說的這句名言，確實是很有道理的。

第六章　搞副業窯街煤礦揭山頂

　　我是在來到崖頭坪的第二年，也就是1970年去到甘肅省窯街煤礦搞副業的，這年我十五歲剛過，已是一個棒棒的小夥子了。我記得我是從十三歲上開始叛逆的，那時候母親不論說什麼我都和她頂嘴，母親本來就在文化大革命的漩渦中受人欺凌打罵，可我以為自己長大了在家裡不聽母親的話，這就讓母親非常生氣，而這種想脫離父親母親的束縛，不需要父親母親管了的強烈意願一直持續到了十六歲。

　　母親那時不讓我到黃河裡去游泳，可我說「毛主席說要讓我們到大風大浪裡去鍛煉，毛主席也到長江游泳了」。於是，我和一些同學一起相約結伴偷偷地到黃河裡去游泳，游完泳我們就在黃河邊的沙灘上跑，一直跑到出了汗我們才回家。這是因為在黃河裡游了泳，母親每次在我的胳膊上一劃就出現明顯的白色劃痕，就知道我在黃河裡游泳了，而出了汗後則顯現不出來。那時候我們到黃河裡游泳沒有一點害怕。我們從黃河南岸下水，由於在流淌的黃河裡，不似在游泳池死水裡游泳，游起來不太費力。我們游的是踩水加胳子，腳下是踩水，上面是用兩隻胳膊打水。由於上身離水面較高，黃河水拍打著胸脯，不易被黃河浪水嗆著。黃水滔滔，浪花四濺，我們在黃河水的衝擊下順水斜游到黃河的北岸。記得有一次我們頭頂著衣褲在黃河北岸的十里店上了岸，離黃河岸不遠是個果園，我們在這裡摘了梨和蘋果，還摘了一些還沒有完全成熟的棗子。我們放開肚皮吃了後，又脫下外面的長褲，將褲腳紮住，在褲腿裡裝滿梨、棗和蘋果，然後再往黃河南岸遊去。我們將裝滿水果的褲子搭在脖子上，一邊順水遊，

一邊打著尖厲的口哨。由於我們游的是踩水加膀子，雖然有水果搭在脖子上，可我們高高地仰起頭來，水浪拍打著我們高高挺起的胸膛，我們是那樣的自豪。

我們到黃河北岸去了幾次之後，有一天一個農民找到了我們學校，他是來給校長告狀的，說我們這些男同學偷了他們隊裡的水果，我記得校長把我們幾個男同學關在一間裝雜物的房子裡，後來放學後不知是校長忘記了，還是有意為之，那是一個秋天，到了晚上格外地寒冷，我們幾個同學踢打著房門又喊又叫，多虧家長找了校長，直到晚上兩點多才將我們放回了家。

文化大革命開始後，比我們高一點年級的同學們都到全國各地大串聯。我姊姊當時也去大串聯了，回來後她告訴我們毛主席坐著吉普車接見了他們，雖然因為人山人海她沒有看見毛主席，毛主席的吉普車一晃就過去了。可她的訴說激起了我們想出去大串聯強烈的願望。於是，我瞞著父親母親和同班幾個同學一起扒了火車往北京跑，惹得母親為我擔心四處尋找。那個時候我自以為已經長大，有同學叫我去打架，我覺得他信任我，馬上摩拳擦掌躍躍欲試，每次打架我都非常興奮，而且從來不計後果。人們說，叛逆期的孩子傻著呢，後來我當了教師，回想起我在這個年齡段確實是個不懂事的愣頭青，就對這個年齡段的學生有了一點寬容。到了農村後我就想離開父親母親，我認為我長大了，我要自己去到外面闖世界。所以大隊裡報名搞副業時，我就報了名。現在想起來當時自己的行為，確實讓父親、母親傷透了腦筋。

我報名要去的甘肅省窯街煤田北起河橋驛，南至海石灣北部，西到大通河西岸鼉塔、主卜、馬莊等處，礦源分布達36．2平方公里，主產區在窯街炭山嶺。窯街煤礦煤層厚、易點燃。特別是窯街的大塊煤在甘肅、青海兩省久負盛名。窯街塊煤烏黑閃亮，質細灰白，發火快、火力強。1949年中華人民共和國成立前，主要在炭山嶺、紅溝一帶私人廣為開採。據當地老礦工追憶，民國期間開採煤炭的有：後蘭山陶家洞、梁家洞、賀賀

洞、高家洞、上、下新洞、呼拉海、裕恒洞、黑窯洞等20餘家。

　　窯街煤炭開採是比較早的。據甘肅省《永登縣誌》記載。明代洪武年間公元（1368—1398年），窯街就有小窯開採，距今約有600餘年。1959年，八寶公社在炭山嶺辦起八寶煤礦，有職工60餘人，年產原煤1萬噸，主要生產塊煤，1965年停辦。從七十年代開始，窯街、紅古、河嘴、平安、河橋等鄉，在紅溝辦起小煤礦多處，年產約350萬噸，其中河嘴煤礦年產9萬噸。

　　我到了崖頭坪後，剛開始由於初來此地不知深淺，加上當時的生產隊長趙福祥樸實善良，我還是安心的。可是社會的大環境對我們一家被下放接受貧下中農監督改造的人，「千萬不要忘記階級鬥爭」就像一把達摩克斯利劍時時懸在我們的頭上。我雖然沒有像父親和母親一樣被拉到鬥爭會上去被批判鬥爭，可在農村所受的待遇與地富反壞右分子差別不是很大，壓抑的環境讓我抬不起頭來，叛逆的年齡讓我以為自己的翅膀已經硬了，時間長了我就有了牴觸情緒，我想離開這個家庭，我想到外面透一口新鮮的空氣。1970年春節過後，因為外祖父身體有病，我到了蘭州去看望我的外祖父和外祖母，在他們家裡住的時候正趕上「一打三反」運動。

　　記得那是1970年3月22日的清晨，寒冷的蘭州街道格外靜謐，人們和往常一樣匆匆行走在塵土飛揚的馬路上，突然，一輛架著機關槍的卡車拉著長長的警笛，「嗚——，嗚——，嗚——」，刺耳的嘯叫時起時伏，霎時間劃破了蘭州天空的寧靜，緊隨其後是全副武裝的軍人在卡車上押著一個個死刑犯。每輛卡車上四個反革命分子，他們被五花大綁後背上插著亡命牌，脖子上都掛著一個在其姓名上打著紅叉的大牌子。這些死刑犯的周圍擁著幾個膀大腰圓的軍人，後面有一個戴著白手套的軍人抓著細鐵絲將反革命分子的頭顱高高拉起。死刑犯們個個被勒得紫紅著臉，眼睛暴突，街道兩邊的人們看到此情此景都站了下來，摒聲靜氣地揚著頭，在肅殺的氣氛裡木然地望著眼前的一切。在這二十多個死刑犯裡，文革結束後我才知道有一個就是我們尊敬的甘肅師範大學歷史系教授張師亮，他是被誣為

現行反革命在蘭州被判處死刑執行槍決的。同時，押往刑場的還有原抗美援朝坦克兵、神槍手，後在蘭州大學歷史系上學時被劃為右派分子，在天水北道區馬跑泉公社勞動改造中，與北京大學新聞系的右派學生林昭和蘭州大學志同道合的青年一起辦地下《星火》刊物而被逮捕的張春元。還有因同情辦《星火》地下刊物的年輕人，為彭德懷鳴不平，對大量餓死人的現象極為不滿而被打成反革命逮捕入獄的原中共地下黨員、甘肅省漳縣原縣委副書記、中共武山縣委常委兼城關公社第一書記（大躍進時漳縣、甘谷縣、武山縣合併為武山縣）的杜映華。

我看到這個情景驚得目瞪口呆。我在蘭州的那些年，文化大革命時經常看到遊街示眾被拉去槍斃的反革命，也看到牆上張貼的槍斃反革命打著紅勾的布告，而這樣整批整批拉去槍斃的我還是第一次看見。回到家裡我告訴了奶奶，奶奶說，你趕快回去吧，蘭州這裡太可怕了！你們一家到農村苦是苦，可比這裡一天到晚提心吊膽要好多了，天高皇帝遠的農村可能是最能保護你們一家的地方。奶奶的話雖不多，可她說了一個事實，城市裡的階級鬥爭在這「一打三反」運動裡已經成了人人自危的一種紅色恐怖。

我回到崖頭坪後，大隊副業隊要求報名到窯街煤礦搞副業，於是我就第一個報了名，我要跟隨大隊副業隊到窯街搞副業去。父親、母親這時已經管不住我了，他們看著他們的兒子已經一天天長成了一個棒棒的小夥子。那些日子我顯得很激動，我巴不得馬上就離開這個家庭。我們是拉著架子車徒步往蘭州市窯街煤礦走的。我當時很興奮，拉著架子車就像一隻自由飛翔的小鳥朝天上飛去。

我們拉著架子車跑得飛快，到下坡時兩個架子車並在一起，後面拴上一根樹枝，一個人掌舵，一個人用腳踏著樹枝作為剎車。架子車在平路上我們放開讓它奔跑，到了下坡路上，一個人緊緊踩著樹枝讓速度放慢。我們還不時打一聲口哨，讓前後的架子車互相聯繫。當然也有兩輛架子車翻了車，但沒有發生人員傷亡的情況。路上渴了，我們就爬在路邊的水坑邊狂飲，水坑裡游動著一隻隻小蝌蚪，然而渴急了的我們已經顧不了那麼多

了。我用手將水面上漂浮的水草輕輕撥去，趕走游動的小蝌蚪，爬在水邊就咕嘟嘟地往肚子裡灌。不知什麼原因那麼不衛生的水，喝了後不僅沒有生病，連肚子都不疼痛。那天晚上我們住在了一個人家的羊圈裡。這裡羊尿的騷臭味幾乎令人窒息，可沒有辦法，這是最好的住宿地了，如果沒有房東的慈悲心，可能我們只能露宿在曠野道路旁了。我記得那晚只是住進去時聞到了騷臭味，也被周圍人們的腳臭味和「咚咚」如雷的屁聲震得有些吃驚，可當倒頭躺在麥草上一會兒就進入了夢鄉，因為一路拉著架子車奔跑太困乏了。第二天天還未亮，睡夢中就聽見副業隊長的叫喊聲，我們揉揉眼睛爬起來又往窯街煤礦趕路。我們都走得很快，拉著架子車兩腳生風徑直往前跑去，這時的我們都很興奮，大家在家裡挨餓受飢，此時想不管怎麼說，出了門錢能掙多少不知道，可是吃個飽肚子是沒有問題的。而對於我來說，好像剛從籠子裡逃出的小鳥，沒有束縛、沒有羈絆，我展開雙翅自由地開始飛翔。

　　清明節已經過了，甘肅和青海的天氣還是滴水成冰非常寒冷。然而大地已經開始復甦，路邊的樹木掛著綠葉，田間覆蓋著綠茸茸的麥苗，山坡上的草叢中花兒探出頭來，這裡有紅的、黃的、藍的、紫的，周圍的原野裡不時還有野雞被驚起向遠處飛去，春天像一個美麗的天使，吞吐著甜蜜的空氣醞釀著一個個新鮮的生命。我們在這迷人的芬芳中奔跑著，匆匆的腳步追趕著未來的夢想。

　　我們是第四天的下午才走到窯街煤礦四區的。到了蘭州窯街煤礦四區，我們大隊副業隊住進了煤礦附近的平房。這些平房坐落在一條山溝裡，長長的排成兩行，一行大約有十多間，跟前小火車行走的鐵軌一直通往對面黔黑的山洞，小火車就是從那裡運出一車車烏亮的煤炭的。而我們住的平房離我們揭煤礦頂的勞動地點也只有三、四里路程。那天下午我吃了第一次大鍋飯。這鍋很大，可供20多人吃飯。做飯的是第四生產隊一個叫尤素夫的回民。此人話不太多，人長得皮膚嫩白眉目清秀。這天鍋裡下的是一鍋厚厚的麵片子。我發現人們吃飯的速度都很快，我吃了一碗，

別的人已吃了三碗或是四碗了。我們一起的同伴吃飯是不嚼的，不論飯多麼燙口，或是半生不熟，只聽稀溜溜一聲響，半碗飯已進了他們的肚子裡。他們吃完馬上再盛一碗，當我吃完一碗飯，他們起碼已經吃了四碗飯了。我的第二碗飯還沒吃完，鍋裡的飯已經沒有了，根本不要想吃第三碗飯。尤素夫看我吃飯太慢，當我盛了第一碗後，他就給我舀出來一碗涼在邊上。可是，環境能改變一切，沒過多長時間，我的吃飯速度也加快了很多，但與那些農民兄弟比起來還是不能相提並論。

尤素夫在我們上工去後，就給我們蒸饅饅或是烙大餅，這些饅饅和大餅是我們早上上工時帶的。苦豆子又叫香豆子，崖頭坪人將苦豆子的葉子採摘下來，揉搓之後晒乾，拌點白酒存放，做饅饅時放些苦豆子，有一種特殊的香味。尤素夫的饅饅和大餅做得非常好吃，這種花卷饅饅和大餅裡面就夾著清油和苦豆子，這種苦豆子餅和市面上賣的沒有兩樣。尤素夫做饅饅和苦豆餅時做得很細心，那種特殊的苦豆葉子的香味，讓我吃得特別合口。搞副業時最大的好處就是能吃個飽肚子，這對於當時的農民來說就非常滿意了，另外還能收入一些額外的錢財，錢雖不多，可是多少有了買鹹鹽的錢款，收入多的還可以添件衣服和被褥，給家裡的女人和孩子帶去衣裳和鞋襪，這就讓農民們很滿足了，也就讓能出來搞副業成了農村農民極大的榮耀。多少有點錢的小夥子也成了女人們爭著獻寵的對象。

窯街煤礦挖煤有兩種方式，一種是在礦山上打了洞，礦工進入礦井下面挖煤的。另一種是揭了煤山上的土層，然後在露天裡直接採煤挖煤的。我們搞副業就是去揭挖窯街煤礦山上的土層。

在山頂揭煤礦的土層是很費力的。我推著架子車飛快地跑著，一車土推到山崖邊，鬆開車把手，用手拽住拴在架子車車軸上的繩子，架子車就往後仰去，一車土就倒了出去。我將此勞動活做得很熟練，每天都有勞動的定額，你追我趕，馬不停蹄地來回奔跑，一天下來好幾十方土就被我完成了。當然也有失手的時候，有時拉土車往後倒去，可不小心架子車和土一同從坡上滾下，我只有從坡上下去再將車子拉到山上來，這樣就會耽誤

很多時間，一天的定額就完不成。當然也有車毀的時候，如果這樣就更慘了，不僅完不成任務，損毀了架子車還要進行賠償，對於我們這些身無分文搞副業的人來說損失就太大了。

我從家裡出來時穿了一雙綠色的運動球鞋，不上半個月鞋底與鞋幫子就脫開了，我向別人要了麻繩將鞋縫了起來。可是沒過幾天鞋整個兒穿不成了，我沒有錢來買鞋，我只有赤著腳光著膀子推土，剛開始腳上起了泡，腳一踩到地上就鑽心地疼痛，可不走不行，完不成任務就要挨批評，被人瞧不起，沒想到心裡一著急反倒不疼了，過了段時間我就習慣了。我習慣了用赤腳踩鐵鍬，我習慣了不穿鞋就推著架子車飛跑，我習慣了光著膀子在炎炎赤日下面拚力地勞動。第一個月發工資錢雖不多，我買了一雙黃球鞋，由於吃飯不要錢，也沒有什麼好花的，我還給家裡存了點錢。我買的黃球鞋一直捨不得穿，我把它存放在我的行李裡，我還是一天到晚赤著腳光著膀子勞動，直到搞完副業回家時我才將這雙球鞋穿在了腳上。

在窯街煤礦搞副業的這段時間裡，讓我最為感興趣的是聽人們唱「花兒」。不知為什麼到了家鄉崖頭坪後，讓我最為感動的就是悠揚動聽纏綿的「花兒」，當我第一次聽到「花兒」的歌聲時，我彷彿在哪裡曾經聽過，它的旋律那麼優美，它的歌聲那麼純樸自然，每次聽到人們唱「花兒」，我都會被那天籟般的歌聲深深吸引。我們大隊搞副業來得人有回族、漢族、撒拉族、東鄉族，還有保安族。這些人都會唱「花兒」，而且「花兒」在這裡成了他們唯一娛樂的項目。枯燥、乏味的勞動之餘和勞動之後，「花兒」讓他們忘記了窮困和日子的艱難，讓他們忘記了勞累和心緒的煩惱，也讓他們對未來有了更多的憧憬，他們唱的時候歌聲一波三折、圓潤柔媚表現得那麼投入，那麼忘情。

「花兒」本是心上的話，不死是就這個唱法。

「花兒」一般稱為「花兒」或「野花兒」，又稱「少年」、「大山歌」、「山歌」、「野曲」等，在這裡「花兒」的名字最響亮，「少年」次之。「阿哥的肉」是「花兒」最原始的叫法。對異性的追求，是人類的

本能，也是這種情歌的核心。男女雙關的「阿哥的肉」的歌詠，將男女青年對異性的愛欲表露無遺。「花兒」流傳在青海、甘肅、寧夏的廣大地區以及新疆的個別地區，被譽為大西北之魂，是甘、寧、青地區非常流行的一種民歌。

「花兒」源於廣大人民群眾的生活之中，被一些文人墨客不斷加工，詞句多以比興為主，加上誇張、擬人、排比、設問、反問、對偶、借代等等修辭手法，讀起來朗朗上口，唱起來委婉曲折，悠揚動聽，深受西北地區各族人民的喜愛。然而這種民歌也被人們視為一種「山歌」、「野曲」，如同陝北的「信天遊」，內蒙的「爬山調」。這種不能登大雅之堂的「花兒」，在我的家鄉只能逢「花兒歌會」和山中砍柴、田裡鋤草時在山嶺野地和田間地頭吟唱，而絕不能進村入戶，若有人敢在莊子裡唱「花兒」就會被受到處罰的。可我剛到崖頭坪時不知道這個禁忌，有時走在路上進了家門，我的嘴裡還哼著「花兒」曲調，唱著「尕妹妹的個大門上，浪三浪啊，心兒裡跳得慌呀。想看我的個尕妹妹，好模樣，妹妹山丹紅花兒開呀……」剛開始人們只是偷偷地笑，讓我感到莫名其妙，後來有些年紀大的人就對我說，「旭旭，這個曲子在莊子裡是不能唱的。」

然而，出了門到了外邊搞副業，人們就無所顧忌了，他們在工地上唱，休息時唱，回宿舍的路上唱，回到宿舍後繼續唱，就是一個人閒來走著路還是唱。

> 中間的黃河（嘛）兩邊的崖，
> 峽口裡有兩朵雲彩；
> 雲彩（嘛）搭橋者你過（呀）來，
> 心上的花兒（哈）漫來。

我剛開始連這裡的方言聽起來都非常困難，只是聽著「花兒」特別入耳動聽，可對「花兒」裡唱得什麼內容更是一頭霧水，可是時間不長我

就學會了這裡的方言臨夏話，更是癡迷上了這裡的「花兒」。因為母親是學聲樂的，而且她給我遺傳了一副好嗓子，我在閒暇時就留意他們唱「花兒」，並在小本子上記錄了大量的「花兒」歌詞。有一天休息時，我們副業隊的隊長讓每人唱一曲「花兒」，不會唱的就自己裝車自己拉十架子車的土。由於懲罰措施嚴厲，逼得我不得不唱了。我那天唱了一曲：

園子裡長的是綠韭（耶）菜，
要叫（呀）割，
叫它（嘛）綠綠地長者；
尕妹是陽溝（嘛）阿哥是水，
要叫（呀）斷，
叫它（嘛）淡淡地淌者。

我由於從小在右派狗崽子的精神壓力下平時話很少，而且不苟言笑，可是今天我卻唱出了「花兒」，而且唱得那麼纏綿、那麼投入。雖然男女之間的愛情在我的心裡還朦朦朧朧，可今日裡我卻把男女之間建立的愛情像淡淡長流水，永遠不停息的韻味唱得入木三分。當我唱完人們一下歡呼了起來，他們說我唱得太好了，沒有發現原來「唱把式」就在他們跟前，非要讓我再來一首。於是，我就給他們再唱了一曲：

東山的日頭（嘛）背西（了）山，
三伏（呀）天，
脊背上晒下的肉卷；
一年裡三百（嘛）六十（呀）天，
實可（喲）憐，
肚子裡沒飽過一天。

我是唱者無意，可是卻引起了人們的強烈共鳴，不知是人們想到了家裡人還在挨餓受饑，他們從小就餓著肚子，還是我們一天在大太陽底下被晒得脊背上卷起了一層層的肉皮，總之，我唱了這首「花兒」後，人們一下子沉默了。自從這以後人們知道了我會唱「花兒」，而且唱起「花兒」來不亞於當地的「唱把式」，他們一有閒空就讓我給他們唱「花兒」。有時候他們為我幹活，替我完成勞動定額，專門讓我給他們唱「花兒」。由於情勢所迫我不得不再繼續蒐集「花兒」，我向一些當地的唱把式和我們一起搞副業的「花兒」歌手進行學習，我用小本子將蒐集到的「花兒」記錄下來。日積月累整整記了一大本子，到副業搞完回崖頭坪時我已經成了名符其實的一個「花兒」歌手。

　　出門在外搞副業後，我突然間覺得我真正地長大了。過去在父親、母親的跟前，什麼事都讓父親、母親操心，可是現在不是這樣的了。每個星期我要將我的衣裳整個兒進行換洗，破了的衣服我要自己用針線縫補。此時我突然想念起了我的母親，尤其到了夜深人靜時，母親美麗的面容就浮現在了我的眼前。從小到大我是聽母親的歌聲長大的。多少次從廣播上電視裡聽到一些歌曲，有些歌曲我從來沒有學過，可聽到這些歌曲的時候我竟然那麼熟悉，我能夠跟著這些樂調將它完完整整地唱出來，後來我想這可能是我在母親肚子裡聽母親唱歌時學會的。

　　小時候聽見母親的歌聲，那優美的旋律，那幽怨的曲調，曾使我幼小的心靈多少次受到強烈的震顫。母親的歌聲如行雲流水，似驚濤駭浪，像一股溫暖的春風伴我走過鄉間田園，帶我走進山巒深澗，把我引向那美麗的人生彼岸。

　　母親是學音樂的，可她一輩子卻敲著鍋碗瓢盆五線譜，撫養我們走過了無數的溝溝坎坎。我三歲那年，父親被打成了右派分子，母親因此受到了株連被逼迫退職，退出了她喜愛的音樂講堂。從此，一首首憂鬱蒼涼的歌聲伴我走過那段艱辛苦難的童年。記得我們家那時有個風琴，母親那時一邊彈著風琴一邊自己唱。她很愛唱《夜半歌聲》的主題曲，尤其喜歡唱

〈松花江上〉，這兩首歌曲被母親唱出來顯得格外地憂傷、悲憤。我們兄弟姊妹們知道母親的歌聲是與她的心情好壞聯繫在一起的，所以，母親唱〈花兒與少年〉：「春季裡麼就到了者，什麼花兒開，什麼花兒開」這些歡快的歌曲時，手舞足蹈，我們全家也喜笑顏開，說說笑笑；母親唱〈麻雀與小孩〉：「小麻雀呀，小麻雀呀」等悲傷的小調時，哀哀怨怨，我們知道母親又遇到不順心的事情了。在那些令人窒息的日子裡，母親臉上多了許多皺紋，那揪人心肺的歌聲使灰暗的天空總能透露出一絲光亮。

　　文化大革命的時候，母親繼父親之後也被關進了牛棚，那時她才三十多歲的年紀，恰是風華正茂的時候，然而無中生有、加油添醋、欲加之罪，她卻被打成了特務、反革命分子。記得那一天早上我是要到學校上學去的，可從單元門出來時，大字報已將整個單元門糊了個實實嚴嚴，我害怕弄破大字報招來麻煩，就從大字報底下鑽了出去，可出去往後一看只見鋪天蓋地的大字報上母親的名字赫然被打了紅叉，肆意誣衊的話語和惡毒的誹謗充斥著整個世界。

　　接下來的日子裡造反派們對母親隨意的謾罵和瘋狂的批鬥，噴氣式，高帽子，抽耳光，罰跪地，車輪般無休無止的批判鬥爭幾乎將母親置於死地。我看到母親臉上青一塊紫一塊的傷痕，我偷偷將一把彈弓揣在褲兜裡，母親和父親被拉去遊街時我就悄悄跟在後面。我要看看誰在打我的母親和父親，我準備要用鋼球去射那個打我母親的「壞人」。可是，這個陰謀被母親發現了，而這個發現純屬一個意外。那天中午放學後，一個造反派的兒子在路上罵母親是反革命，我聽到這話上去就與那個同學廝打了起來，此事立馬被造反派們上綱上線，上升到了階級報復，母親和父親也因此受到更兇殘的肉體和精神的折磨。母親從鬥爭會上下來覺得我的神情有些不大對頭，她從我的褲兜裡搜出了彈弓。母親拿著彈弓對我說道：「你想幹什麼？」我惡狠狠地說道：「他們再打您和爸爸我就打瞎他們的眼睛。」母親聽到這話愣了一下，她沒有想到她的兒子竟然會說出這麼狠毒的話來，她知道她的兒子百發百中打彈弓技藝的後果是多麼可怕。她一下

扯住了我的衣裳，接著就高高舉起了巴掌，可她懸著的手還是緩緩地放了下來。她瘋了般地拽著我說道：「你怎麼能這麼狠心呢。」我把脖子一扭說道：「他們把您打成了這個樣子，您還為他們說話。」母親聽到這話，一把將我攬在懷裡，抱頭痛哭。母親說：「旭旭，你是媽媽的好孩子。可你在任何時候都不能有仇恨人的心理，要學會對人的寬容。」我當時聽到母親的話哭了，我說，「媽媽我對不起您，讓他們又打您了。」母親撫摸著我的頭說道，「一個男孩子要學著堅強，怎麼能流眼淚呢？」

母親是這樣說的，她也是這樣做的，在那個人妖顛倒的年代裡，我在人前面沒有看見她流過一滴眼淚，而且不論是鬥爭會上或在馬路上掃大街進行改造，她始終昂著她那不屈的頭顱。

母親被關進牛棚的那些日子裡，父親早已關進了牛棚，我們弟兄姊妹四個人好像成了被拋棄的孤兒。父親被關進牛棚時，我們因為有母親並沒有感到什麼，因為父親過去的日子裡經常去勞動工地，我們早已習慣了沒有父親的日子。可當母親也被關進牛棚，吃飯喝水沒有了的時候，我們突然間覺得什麼都沒有了。我真想放聲大哭要我的母親。晚上我們要睡覺了，看看母親空蕩蕩的床，我們真有一種不知所措。母親在的時候，我們疏忽了母親的存在，疏忽了她的感受，疏忽了她深埋心底的愛意。當母親離開了我們，我們弟兄姊妹四人才知道有母親的日子真好。

反右運動時我們親戚朋友裡有多個右派分子，黃炎培的女兒黃路是我的姑舅奶奶，她是右派分子，黃路的兄弟姊妹裡也有多個右派分子。我的大姨夫是右派分子，我的外祖父是右派分子，我的丞爺是右派分子。文化大革命時，這些家庭都經歷了第二次衝擊和災難，母親的姊姊大姨娘鄧光秀因為大姨夫是右派分子，此時也被揪了出來。大姨娘過去是蘭州市有名的模範教師，被樹立為蘭州市教師中的標兵、李景蘭式的模範。可文化大革命起來後，大姨娘就成了修正主義豎立起來的樣板，她被揪出來後，造反派給她剃了陰陽頭，臉上塗抹了墨水，被打急了差點自殺。

我也想起了我的外祖父。外祖父在被打成右派分子後始終關心著國家

的前途和民族的命運，他悄悄對我說，「自由、民主、平等、博愛是世界的潮流，任何人也阻擋不了。」可是，一個人的力量太微弱了，在那個人妖不分是非顛倒的年代裡，他所倡導學術自由開放、人道平等的理念，都成了資產階級的餘毒，加上他是從美國讀書學習回來的，文化大革命開始後就都成了他的罪惡。他理解美國的民主和法制，他讚賞美國的教育和科學。他說，美國在19世紀三十年代大學生拉黃包車的比比皆是。所以，他這個將一生奉獻給祖國教育事業的人，就被造反、階級鬥爭不斷地批判，他也成了被造反派鬥爭批判的資產階級右派分子和反動學術權威。

這是我到窯街煤礦搞副業快三個月的一天。那天蔚藍色的天空飄浮著幾縷淡淡的白雲，白雲下面是起伏的光禿禿的山嶺，炎炎的太陽高懸在天的中央。紫外線很強的陽光炙烤著山頭、溝壑和平原，地面上像著了火，反射出悶騰騰的熱浪。我光著脊梁赤腳推著架子車在滾燙的土地上奔跑。我已是一個熟練的裝土、推車、倒土的壯勞力了。雖然這一天太陽酷熱，可我剛領到了本月發的工資，心情的愉悅讓我忘乎所以了。我一邊跑一邊唱，飛快地推著架子車奔跑著。我將土裝滿架子車，然後一路小跑到崖坎邊，猛地將拉繩一拽，借著架子車的慣性將土從架子車上倒出去。可我在中午快休息時，跑到崖坎邊由於跑得太快，架子車尾稍微往前傾了一點，我將繩子一拽，架子車和土往坎下猛地把我拽向前去，車子一下從崖坎上掉了下去。我雖然放開了繩索，可我還是和架子車一同從虛土坡上掉了下去。我看見我的架子車翻了幾個筋斗後一蹦三跳向深溝裡撞去，到了溝底架子車撞在一塊石頭上，車廂整個兒碎了。

我當時趄著滾燙的虛土就往深溝裡跑去，到了溝底看見架子車整個兒壞了，兩個輪子上的輻條彎的彎、斷的斷，兩個車輪子也被撞扁了，摔碎的車廂一部分木板已經脫離了架子車飛到了遠處。

我站在摔爛的架子車邊不知所措，若要從溝底將架子車背回宿舍，則要從溝底走將近半天的路程才能到達，可要從土坡上背上去，土坡確實太陡了，這能行嗎？

這時一塊的同伴朝我喊：「從溝底裡往宿舍慢慢背吧。」

我不想從溝底往宿舍慢慢走，我朝上看了一眼，刺眼的陽光讓我將手搭到了眼睛的上方，溝底往上邊溝沿的虛土坡竟是那麼的陡峻。在溝沿邊上人們還在一車車地往下倒土。這時一隻烏鴉從天上飛過，發出淒厲的叫聲。我用繩子將破爛的架子車捆了起來，然後和車輪一起牢牢地背在身上，我先是在土坡邊上一條小道往上走了大約土坡的三分之一，然後我趁著虛土開始往上攀爬。空身子的人踩在虛土上腳都要陷得很深，何況我背負著一輛架子車。我走兩步停一下，然後再鼓著勁往上走。當我選擇從這條路上走的時候，已經沒有退路了。一是拚命上去，二是就將脊背上的架子車再扔到深溝裡。大汗淋漓的我抬起頭朝天上看了一眼，深深地吸了一口氣。可是沒走幾步我的頭上滴下的汗珠子遮住了我的眼睛，我嘴裡喘著粗氣臉憋得發紫，我是拚著全身力氣一步步往上走的。快到坡頂的時候，我覺得身上的力氣已經完全被榨乾了，我幾乎將腳都抬不起來了。我呼呼地喘著粗氣，只覺天旋地轉，我快要撐不住了。就在這時我們一起來搞副業的兩個同伴從上面趟著土往下走來，他們兩個人，一個人在前面拉著我的手，一個人從後面用肩膀頂著架子車往上走。我突然感到身上一下輕鬆了許多，我也鼓足勁拚命往上走去。在他們兩人的協助下，我終於從土坡爬了上來。上來後我們副業隊的隊長說：「你應該從溝底裡走，這樣太危險，萬一連人帶車滾下去，怎麼辦？」

這一次事故，雖然沒有人員傷亡，可給我敲響了警鐘，任何時候都不能麻痺大意。由於損壞了架子車，我要求將我的工資扣除進行賠償，可在最後副業隊算工錢時，只是少量地給我扣了點錢，可我的心裡總覺得由於自己的疏忽給副業隊造成了損失，我必須原款進行賠償。

這次窯街煤礦搞副業歷時將近半年，雖然給家裡沒有掙來多少錢，可我學到了原來從來沒有學到的東西，我也有了自信心，我覺得我真正長大了，我可以像其他男子漢一樣，在這危難時候幫助父親、母親了。

副業結束我們從青海省往回走的，我們是經過青海省官廳鎮，然後

到了大河家臨津渡口。大河家臨津渡是黃河上游一個非常古老而有名的渡口，也稱黃河上渡、積石渡，在今甘肅省積石山縣大河家村鎮大河村。貧瘠的黃土高原和青藏高原過渡帶的河州地區，大河家是地圖上找不見的，臨津渡卻是連接著甘肅和青海交通命脈的地理樞紐，大河家的積石雄關是自古以來兵家必爭之地。歷朝歷代以來，都有官兵駐防。大禹「導河積石，至龍門，入滄海」就是在這裡開通大河家地區黃河水域，使氾濫成災的黃河水，從西向東流淌，源源不斷的黃河水是河西走廊上重要的交通工具。據記載隋煬帝西巡，即由此過黃河。歷史上多有使者、商隊或軍隊，由臨津渡河，進入青海境內，以官亭為首站。人們從大河家渡過黃河去青海、四川、新疆、西藏，到印度做生意。從上游砍伐的木材等貨物放在黃河上漂移，大部分貨物到大河家後，都是在臨津渡口卸貨的。臨津渡明朝時在渡口設官船二隻，水手20名。清代改為民渡，設官船一隻，一直延至中華民國。當年除有此官船外，人們過河水手還以牛皮胎、羊皮胎送其過河。水手們踩水加膀子，激浪飛馳，悠悠的「花兒」訴說著浪漫的情愫。

大河家臨津渡這裡地勢較平坦水流相對緩慢，然而這裡黃河看似平靜的水面下卻暗流湧動，漩渦縱橫，渡河靠的是人力戰勝水的浮力和水流的衝擊力，緩緩隨浪逐流，恰到好處地穿越黃河抵達彼岸。長期從事浪尖上生意的筏客子，對大河家黃河段的水情非常熟悉，他們之所以能夠浪遏飛舟、來回渡客，憑藉的是過人的膽量，靠的是個人的機敏智慧和頑強的意志力。

我們搞副業回來時，大河家臨津渡口是一個用鋼索運行的擺渡船。我的祖父曾經告訴我，他當年在大河家臨津渡口過黃河就是鑽的牛皮胎。這種牛皮胎是從牛身上囫囫圇圇剝下來的一張牛皮。從牛身上囫圇剝下牛皮後，用水泡腐爛然後脫毛用青鹽和硝鞣製而成，再釀以清油使其柔軟堅韌。這種牛皮胎過河，小牛皮胎一般鑽進一個人，大牛皮胎可以鑽進兩個人。祖父說，當年他和另外一個人鑽進牛皮胎後，裡邊黑乎乎的伸手不見五指，只能聽見水手呼呼往裡面吹氣，當牛皮胎鼓起後，水手就將牛皮胎

口用繩索紮緊。然後水手就將牛皮胎拖入水中，這時他隱隱約約可聽見外面水的聲音，隨即水手將牛皮胎推入激流當中，夾在腋下，奮臂擊水，同時雙腳蛙式蹬水，牛皮胎借助狂濤推湧之力，似離弦之箭向對岸衝去。祖父說，他當時躺在皮胎裡非常涼爽，還沒有在裡面待夠，不一會兒就到了黃河對岸。

臨津渡口黃河北面是青海省，黃河南面是甘肅省臨夏縣大河家。每天青海那面黑鷹溝裡的藏族女人背負著沉重的柴禾、而藏族的男人們大多拉著馬牛羊、拿著各種藥材到大河家這面進行販賣，換回茶葉、青鹽和糧食。而大河家這面的人坐了擺渡到黃河的北面，主要是要經過青海省官廳鎮，再到西寧、蘭州，或是從這裡去到新疆、西藏。

臨津渡口河面上是一條鋼索，一條大木船挽在這懸索上，黃河水衝擊著木船，一個舵手腰裡紮著麻繩，一臉嚴肅將水衝擊的船頭往對岸靠攏。舵手腰裡別著一個酒壺，他和誰也不說話，不時取下酒壺喝上兩口，然後一手把著舵，另一隻手扶著耳朵唱起了酸酸的「花兒」，他的聲音沙啞，唱得不是很優美，但他在「花兒」裡揉進去了一種淡淡的憂傷。

我們一行分了兩批將人和架子車裝到船上。黃河浪激，驚濤拍著船身搖晃著，我們站在船上我突然感到馬上就要到家了，就要見到我夜思夢想的父親、母親了。離開家的那一刻，我是那麼迫不及待，而今日裡我就要和父親、母親見面了，我又是那麼急不可耐。

用擺渡船過了黃河到了黃河南面就是遠近聞名的大河家。大河家是黃河南面一塊地勢平緩的小鎮，這裡有大塊大塊的水澆地，有南來北往的集市貿易街道。每逢趕集的日子，回、漢、土、藏族、撒拉、東鄉、保安等民族的人們在這裡以物易物，交換買賣。集市的木桿上拴著要出售的馬、牛、羊等動物，地上擺著小麥、燕麥、玉米、大豆等農作物，還有各種農業用具應有盡有。可是，自文化大革命開始以後，這裡什麼也沒有了，空空的街道似乎預示著這裡人們的壓抑和對美好生活的渴望。

大河家臨津渡口就在大河家黃河沿，沿著黃河往上就是著名的積石

關，它在黃河上游著名的積石峽中，是甘肅河州（現今甘肅省臨夏回族自治州）軍事要地之一，舊名為臨津關，依山傍河、扼控咽喉的宏偉關門，位於大河家公社約12里關門村附近的黃河邊上，設在地勢險峻「一面是黃河，一面是崖」的積石山峽谷東端，可謂「一夫當關，萬夫莫開」。明清兩朝，積石關成為西陲重鎮甘肅河州所轄二十四關中的第一關，長期派把總一員，兵50名守衛，直到清末，關防始終不懈。

我望著雄偉的積石關，心裡默默念叨：媽媽我就要到家了，您和爸爸知道嗎？您的兒子就要回家了。

我不知道世上有沒有心靈的感應，父親、母親他們能感覺到我就要回家了嗎？快要回家的這些日子，我幾乎天天都能夢見母親的眼睛，母親的眼睛真好看，每次我見到那雙含情脈脈的眼睛，我就有一種在母親懷裡溫暖踏實的感覺。

當我踏上大河家的熱土，一股淡淡的麥子的香味撲面而來，當風兒一陣一陣往鼻子裡吹來麻園子裡漚麻的那種味道，我感到是那麼愜意。我們都放開了步伐跑得飛快，雖然略有點上坡，可我們好像根本沒有感到有半點吃力。我看見路邊的懸崖上有一隻山羊朝我們正在張望，我揮了一下手，喊出了一聲帶有山野味道的吼聲。這吼聲傳得很遠，牠好似在告訴人們，我們回來了！我想母親若在附近她一定能夠聽到我一個十六歲男子漢的吼聲。

第七章　我的知識青年兄弟

　　我有三個姑奶奶。沒來農村以前，我只知道我外祖父鄧春膏的姊姊鄧春蘭。小的時候逢年過節母親就領我去姑奶奶家拜年，到了姑奶奶家大人們一起聊天，我就與姑奶奶的孫女在一起玩。直到我和父親母親來到了崖頭坪團結大隊後，這時我才知道這裡還有兩個命運截然不同的姑奶奶。

　　一個姑奶奶在離崖頭坪村不遠的王家村，此時稱為王家大隊。王家大隊的姑奶奶是我祖父的親妹妹。王家姑奶奶嫁給王家姑爺爺的時候，王家是很富裕的。可是，王家姑爺爺不愛讀書，吃喝嫖賭什麼事情都幹，於是好端端一個家就被他在解放前三年給完全敗掉了。這樣解放後按照解放前三年劃成分，自然就成了貧農成分，因為這個原因這就成了王家姑爺爺對人炫耀的資本了。他說，你們守住那些家產田地有什麼用，到頭來不全成了禍害，你看我吃了、喝了、嫖了、賭了、抽了，怎麼樣？本來的一個大地主我現在卻是貧下中農，你們羨慕不羨慕？而與王家姑爺爺命運截然不一樣的是我崔家姑奶奶了。崔家村也就是崔家大隊在積石山下，這裡有大片荒蕪的土地，崔家姑爺爺勤勞節儉，他將積石山下荒蕪的土地用火燒了地上的荒草，然後沒白天沒黑夜地開墾這些荒地。到了解放時他的脊背彎曲了，兩隻手蜷在一起也展不開了。由於他的勤儉持家他確實富裕了，騾馬牛羊成群，還有平展展的大片土地，由於家裡人種不完這些土地，他就雇了長工和短工，將家中一部分土地租給他們耕種。而將家中離家較近的一些大水田地自己來耕種。日月蹉跎過，風水輪流轉，這樣到了解放後土改時他家自然被劃為地主成分，他也就戴了一頂沉重的地主分子的帽子。

我們到了這裡後，每年秋收後分的糧食只能吃兩、三個月，春種以後家裡就沒有吃的口糧了。於是，父親就領我厚著臉皮到親戚處去借糧食。王家姑爺這裡是借不到糧食的，父親於是領我到崔家姑爺家裡去借。崔家姑爺爺人厚道此時已經去世了，他的兩個兒子一個叫全福，另一個叫全祿。我稱他們為全福爸和全祿爸。全福爸解放時才是個十四、五歲的中學生，可在崔家姑爺爺去世後，崔家大隊就沒有了階級敵人，這樣地主分子的帽子就戴到了全福爸的頭上。我們去借糧的時候，實際上各家各戶這時都沒有多少餘糧了，可是當我們到了他們家時，全福爸和全祿爸給我們吃最好的烙餅，還從他們家人的嘴裡省出一些，哪怕湊點洋芋也要給我們多多少少湊著借上一些，讓我們在那艱難的歲月裡，雖然只喝著些菜糊糊湯，可我們沒有到了完全斷糧的地步。

全福爸被鬥爭最多的是農業學大寨的那些年，「階級鬥爭一抓就靈」，崔家大隊的大隊書記是全福爸上中學時的同班同學。這個大隊書記為了表現他的大公無私和堅定的階級立場，根本不念同學之情，他讓全福爸幹農村最髒、最累、最危險的農活，每天還要戴著大牌子進行鬥爭，他批判全福爸的時候，時不時就突然用巴掌和拳頭打全福爸。所以全福爸被鬥爭時低著頭時時提防著他的突然襲擊。這個大隊書記除了階級立場鮮明以外，確實能夠吃苦耐勞，農田基本建設時，他親自用石頭砌田埂，而且一幹就是一整天。由於他的積極肯幹和這種心狠手辣的階級鬥爭方式，確實在當時大隊生產隊起到了打黃牛驚黑牛的震懾效果，大隊的地富反壞分子見了他就像老鼠見了貓一樣提心吊膽，社員們對他也是很害怕的，崔家大隊在他的鐵腕領導下，也就成了全公社的模範大隊，成了全臨夏縣農業學大寨的一桿紅旗。

1972年劉集公社分來了第一批插隊落戶的下鄉知識青年，公社就將知識青年點安排到了崔家大隊。這些知識青年大部分是甘肅省臨夏回族自治州的州府所在地臨夏市下放來的。知青點建在崔家大隊的地勢高處，兩排大瓦房，周圍有高高的圍牆，大門開在離人們吃的泉水不遠的地方。知青

點的蓋起，使崔家大隊有了一個突出的亮點，這與村裡農民破舊的房屋形成了鮮明的對比。這些知識青年的到來，也使沉寂的山村煥發出了新的光彩。

我與這些知識青年的來往純屬一次偶然。當時劉集公社在吹馬灘這個地方搞農田基本建設。吹馬灘就是現在積石山縣政府所在地。吹馬灘在積石山下，雖然地勢平坦，可滿河灘到處是埋在地裡的和地面擺放的大石頭。我當時也被大隊抽到吹馬灘進行公社的農業學大寨。我們住在吹馬灘農業學大寨工地的帳篷裡，每天天麻麻亮時我們已經拿著鐵鍬扛著鐵鍬到了工地上，我們用挖出來的大石頭砌成農田的地埂，然後將山崖上和山包上的土填到石頭地埂圈成的地裡，在填好的土上面撒上熟土，農民們再將糞拉來撒到地裡，然後用水澆透，就成了一塊塊平整出來的大水平梯田了。

吹馬灘的河灘裡到處都是一塊塊的大石頭，這些石頭紮在地裡突顯出來就沒有辦法改造成平展展的土地。於是，每天各個施工大隊到了收工後就開始用炸藥炸石頭。我也是放炸藥點炮的一員。有一天點了炮後，炸藥將石頭炸得滿天飛舞。一塊石頭在天上打著旋落下來眼看就要砸到一個農民的身上了，可是這個農民兄弟並不知道危險將要落到他的頭上。就在這短短的時間裡，我看見一個大個子知識青年跑了過去，他一把將那個農民推到了邊上，只見那塊石頭從天而降擦著農民的身體落了下來，將地上砸了很深的一個大坑。就是這件事因為我是親眼目睹者，公社領導下來調查後讓我將這件事情寫一篇通訊報導，並且讓我在公社農業學大寨的現場表彰大會上進行發言。這篇報導寫出後很快在甘肅省的省市報紙上發表了，我也作為親眼目睹的人員在表彰大會上進行了發言。由於我的報導事實充分，我又是親眼目睹者，而且這篇報導有理有據、語言修辭優美、事實充分、感人生動，在當時引起了強烈的反響。

我寫的這個知識青年就是我的好朋友吳維敏。我的個頭有一米八，可是我的這個朋友吳維敏比我還要高出半個腦袋，而且大手大腳長得很是強壯。自從我採訪了吳維敏寫了這篇通訊報導，並且在大會上進行了發言，

我與吳維敏的關係迅速升溫。我經常閒了就去他們的知青插隊點，他也有事沒事就往我家裡來。我們家成分是富農，我的父親又是右派分子，在當時親戚朋友紛紛與我們劃清界限，人們對我們一家人唯恐躲避不及，是沒有人敢到我們家裡來的。可是，吳維敏卻不管這一套，而且來的時候帶上幾個同學，手裡提著雞大搖大擺就往我家裡鑽。我當時想，這可能與他們家是幹部家庭有關。吳維敏的父親在部隊裡當師長，他父親到公社來時公社書記親自領著到各處轉悠，所以他根本不在乎這些大隊和生產隊的小領導。這就讓我們大隊生產隊的領導很為難。這怎麼可以呢？這是個右派分子家庭，又是富農成分，知識青年是接受貧下中農再教育，還是要受地富反壞右的影響呢？於是崔家大隊的領導就向公社反映，要讓知識青年提高警惕，不要受階級敵人的拉攏腐蝕。公社也給知識青年開會要讓他們警惕階級敵人的新動向，不要受階級敵人的蠱惑影響。

可吳維敏根本不管這一套，他照樣過幾天就到我家裡來。因為插隊知識青年受到國家的特殊照顧，各知青點除了生產大隊和生產小隊分配糧食以外，國家還給補助供應糧食，吃穿根本不用愁。我雖然也開了插隊知青的證明在縣上備了案，可我和父母一起到了農村後，生產隊把我和地富反壞右一樣對待。生產隊裡其他社員家裡還有儲備糧食，可我們家沒有一點積蓄，每年分的糧食只能吃幾個月，一年四季大多數時間要挨餓受飢。吳維敏瞭解到我們家經濟情況後，他每次來我家，他和其他同學手裡拿的、包裡裝的，從來沒空過手。

這年夏天秋收大忙，生產隊加班加點在龍口奪食，我們家裡雖然有一點自留地，可沒有時間進行收割。那是一個豔陽高照的日子，瓦藍瓦藍的天像一塊晶瑩剔透的藍寶石，毒熱的太陽照到地上，大地朝上有一股騰騰的熱氣。這天吳維敏來了，他腰裡別著一把鋒利的鐮刀，一到來他徑直去了我家的自留地，他蹲了下去一把一把地割起了麥子，從中午到快下工時他已經將我家的自留地裡的麥子快收割完了。我下工後去了自留地，發現自留地的麥子已經被割了一大片。我看見吳維敏還在那裡撅著屁股割

麥子，於是我走了過去。我把腰裡別的鐮刀拿出來，在吳維敏的對面割了起來。我們都沒有吭聲，只是互相點頭笑了一下，我們配合得竟然那麼默契，我倆用包抄戰術不一會兒就將自留地裡的麥子全部收割乾淨了。吳維敏雖然割麥子的技術不是很高，但他能在我們全家被貧下中農監督勞動的這個時候幫助我，讓我非常感動，這一年夏天他每天都來我家，我們平時就交流讀書的心得，這段時間由於我們幾乎每隔兩天就要在一起，互相交流的就更多了。

吳維敏晚上有時和我住在一起，他看我點著煤油燈在看書，就對我說：「你每天晚上都是這樣學習的嗎？」

我說：「是的。你也應該學習。」

吳維敏笑著說道：「學習有什麼用。你父親一個名牌大學的大學生看了不知多少書，學習了那麼多知識，可到頭來有什麼用？」

「我父親雖然學到的知識現在沒有用上，可是他在這種境況下並不氣餒，而且他現在自學醫術在給別人防病治病。」我停了一會繼續說道：「學到的知識不一定都要有用場，我覺得只要能讓人清醒，順境時不驕傲，逆境時不氣餒就非常好。」

「你說林彪的『五七一工程紀要』怎麼樣？」吳維敏突然打斷我的話，向我問道。

我想了一下說道：「林彪反對毛主席，『五七一工程紀要』反動得不得了。」

吳維敏聽了我的話哈哈笑著說道：「你沒有對我說實話，你的心裡根本不是這樣想的。」停了一會他繼續說道：「林彪說得一點沒錯，『知識青年上山下鄉是變相勞改』，這難道不是事實嗎？」

我說：「你小聲點。」

他說：「這裡又沒有人。你到我們知青點也去了，不要看有那麼幾個人表面上積極得很，一會兒在大會上發出豪言壯語，一會兒在學習小組聲淚俱下，可是你知道他們在私下裡做什麼嗎？都在走後門托關係想早點

離開農村。有些女知青為了入黨向上爬、為了儘早離開這裡，脫褲子巴結領導，我看著那些諂媚的笑臉都有點噁心他們。上個月公社下來了兩個名額，男生送禮，女生送情，把公社的大門都要擠破了。」

他說到這裡我想起來了，上個月下來兩個招工名額就有吳維敏的一個，可是吳維敏將他的招工名額讓給了另外一個同學。吳維敏告訴我：「我好走。那個同學和你一樣也是個狗崽子。你看你多少招工的機會，可是招工的一看你的檔案誰敢要你。」

吳維敏說的是實話，不要說好一些的單位，就是縣上的造紙廠，還有窯街煤礦上招收井下挖煤的煤礦工人，一政審我就被刷了下來。我確實有些後悔不應該和父母一起到這裡下鄉落戶，雖然我也是學校開了插隊落戶證明的插隊知青，可到了這裡後我真的沒有辦法走出去了。父親告訴我，你現在只有一條路，就是自己學習。可我還是迷茫，雖然我對吳維敏說讓他看書學習，但我並不知道學習後到底出路在哪裡？

自從這以後我們經常在一起談人生、談理想、談學習、談我們現實的處境。有一次我們在公社農業學大寨搞農田基本建設休息時，我和吳維敏躺在吹麻灘的一個草坡上。那天蔚藍的天空陽光是那樣的燦爛，草坡上有幾頭黃牛和一群白羊，白雲藍天青草地還有靈動的牛羊，詩情畫意讓我們覺得特別愜意。吳維敏問我最近政治經濟學學得怎麼樣。我說：「有些東西似懂非懂。」吳維敏在我家看到過外祖父給我郵寄來有關馬克思恩格斯辯證唯物主義和辯證法的一些小冊子，看到我正在看一本艾思奇的《大眾哲學》和蘇聯的一本關於政治經濟學的教課書。我說的是大實話，我確實對書中的一些理論搞不清楚。我為什麼要讀馬列的書，不是因為我的思想有多麼激進，而是我有太多太多的疑惑，我經常思考一個問題，難道我們這些天生的狗崽子自來到這個世界就應該飽受這麼多的磨難？那些所謂的紅五類一生下來就是革命的嗎？我當時想恩格斯和周恩來總理不也是出生在剝削階級家庭嗎？他們為什麼可以走上革命道路，而我們為什麼一生下來的原罪就被判定了不能入黨入團、不能參軍，就連招工的一看到我們的

檔案就不被招收呢？這種困惑在我的腦海裡徘徊，我始終不明白我們這些人難道真像那些人說的「龍生龍，鳳生鳳，老鼠的兒子會打洞」，一生下來就是資產階級嗎？可是，我反覆地閱讀馬列的書，也讀毛主席的文章，讀了後與現實聯繫在一起，覺得越閱讀越糊塗。

由於我和吳維敏的關係，我經常去他們的插隊點，我也成了他們插隊點的常客，這裡的男男女女對我都非常好。他們插隊點有個女同學，此時已被抽到縣藥材公司工作，在農村插隊時和大隊的赤腳醫生崔國仁相愛，並且發展到要談婚論嫁的地步。大隊的赤腳醫生崔國仁為人厚道、勤奮好學，而且對社員們有一種愛心，一來二去博得了姑娘的芳心。然而這件事讓女方的家裡知道後，一聽是女兒要嫁給一個農民，全家人堅決反對，可是這個女同學非常堅決，她非要嫁給這個赤腳醫生，她在平日的觀察中知道這是一個靠得住的人，於是任何人的勸說她都聽不進去。就這樣她和這個赤腳醫生住到了一起，並且搬進了赤腳醫生的農家小院裡，她確實用她的實際行動詮釋了知識青年扎根農村的決心。這個女生的實際行動，在當地引起了不小的風波，有說好的，也有說這女生傻的，也有埋怨這個赤腳醫生的，說你把人家一個城裡姑娘勾引上，這姑娘能吃了農村的苦嗎？但大多數人認為一個城裡的姑娘，能在這山陰地區生活一輩子真是不太現實。就在大家議論紛紛過後人們慢慢對這件事也就淡忘了。可有一天有人對我說，那個女生生娃大出血丟了自己的性命。

這件事在知識青年中震動很大，本來到農村插隊的大多數就是一些沒有關係後門的平民百姓人家的子女，插隊到了農村後，有關係的沒插隊一年半載一個個都被抽到了工廠和機關，家庭出身好的則被部隊招兵到了部隊。大多數沒有被抽走的知識青年，老老實實到地裡與農民一起勞動的只有不多的少數。還有一些所謂插隊知識青年一年到頭都在城市裡父母的跟前，插隊落戶這時只是名在農村而身卻遊蕩在城市的大街小巷。而這個女同學卻以自己的實際行動踐行了自己當初插隊農村的誓言。可是農村缺醫少藥，這個女同學的家裡人讓她到城裡醫院來生產，可她非常固執沒有

聽家裡人的話，她相信她的愛人赤腳醫生崔國仁，她聽信了農村一些人告訴她的，農村裡多少人祖祖輩輩就在炕頭上生養娃娃，也沒見誰生不出娃來，可她偏偏就沒過了這道坎，發生了意想不到的悲慘結局。

這個時候另外一件事在寂寞的山村也引起了人們的議論。這是一個參了軍的年輕人突然從遼寧鐵嶺復員回到了河崖大隊石家寺村裡，時間不長遼寧鐵嶺的一個姑娘也來到了村裡，他們住在了一起，而且生下了一個女孩。正在人們議論這個姑娘為了愛情不顧一切來到這窮鄉僻壤時，姑娘的母親從遼寧趕了過來，當她看到兩個年輕人住在破爛的小屋裡，吃著沒有油水的粗茶淡飯，過著無比艱辛的生活後，她將女孩領回了遼寧。這件事在農村就成了重大的新聞，而且人們加油添醋說成了一個浪漫的愛情故事。女孩子到了這裡後，現實農村生活的艱難與殘酷，每日裡吃飯只是撒一點鹹鹽，既無油更沒有菜，破爛的房屋，骯髒的院落，小夥子脫了軍裝已成了一個灰頭土臉的農民，與以前穿著軍裝瀟灑帥氣的解放軍已經判若兩人。女孩被她的媽媽領走後，一段沒有結局的愛情故事就此落下了帷幕。

這兩個女子不同的遭遇，充分說明了當時農村的生活的艱辛和女孩子對愛情的執著。

與這位女知青一樣在農村廣闊天地裡接受貧下中農再教育的就是吳維敏，吳維敏自來農村後基本上就一直在農村勞動，他顯得那麼從容，不僅將自己招工的機會讓給了一起插隊的同學，而且每天都和農民們一起從早到晚勞動在田間地頭。可是吳維敏的行動並沒有讓其他同學信服，人們都說：「我有個好爸爸我也會這樣，我沒有後顧之憂我怕什麼，遲早我還是能出去，而且前途肯定是最好的。」

可是人們都說錯了，吳維敏確實是一個與眾不同的知識青年，他做事踏實、為人誠懇，一年四季奮戰在農業學大寨的工地上。別人在這個時候紛紛與我們一家劃清界限，可他一有空就來找我。他有一次對我說：「你說得對，必須趁我們年輕多看些書，抓緊時間學習。我們是什麼知識青年，我們就是年輕，有什麼知識，全是笑話。讓我們接受貧下中農的再

教育，農民們知道什麼？他們連個字都不認識，一天到晚嘴裡說的、心裡想的都是嫖粉浪蕩，這樣素質的人怎麼教育我們，讓我們接受這些人的再教育簡直就是天大的笑話。你看一下那個高趙家的保安族赤腳醫生，病人屙不下來屎，他爬在人家屁眼上用嘴吸，還把這件事情當成先進事蹟讓人們學習，都這樣當醫生，病人還沒治好，把自己先治成病人了。可笑不可笑，天大的笑話。」

我聽到他的話愣了一下，沒想到吳維敏竟然和我的觀點不謀而合，很多地方我們想得是一樣的，我不相信被公社評為插隊落戶的先進知識青年有多先進，也根本不相信那些大字不識一個的農民能夠教育好這些渴望知識的年輕人。農村是個廣闊天地，但農村的人們一天到晚做得都是最原始的勞動，他們的娛樂活動說的和做的就是原始的動物的本能。他們日復一日重複著單調枯燥的農活，知識青年正是人生中最好的學習階段，卻要將寶貴的年華浪費在乏味的原始生產勞動當中。一些所謂的貧下中農大隊生產隊幹部，既沒有文化，又沒有素質，他們成天滿嘴的髒話罵社員，鬥爭會上經常用腳踢拳打一些階級敵人，晚上則翻牆頭到情人家裡去嫖粉。而這些被打的所謂階級敵人，大多數都是與他們的先人或者他們自己有成見的人，他們的鮮明的階級立場實際上就是打擊報復。

吳維敏是清醒的，他沒有被一些假象所蒙蔽。他知道在農村哪些人應該接觸，哪些人應該迴避。他雖然多次參加知識青年的表彰大會，可他沒有被榮譽沖昏頭腦。崔家大隊領導知道這些知識青年都是些外來戶，隨時都會拍屁股走人，得罪人的事儘量讓這些知識青年去做。可他們讓吳維敏等知識青年參加民兵後，本來是要利用這些知識青年充當階級鬥爭的打手的，可吳維敏沒有參加打人罵人。這就讓他們很失望。於是他們就讓吳維敏領著一些知識青年在莊稼成熟後去守莊稼。玉米熟了守護玉米，洋芋熟了守護洋芋，麥子在場上打碾後就守麥子。對於這樣一些工作，吳維敏和知識青年們做得確實非常好，他們將一些偷偷放出家畜啃食生產隊的豬羊逮住，讓生產隊對其進行懲罰。別的社員派去守護莊稼，大多數去後都在

地裡睡大覺，頂多過一會對著曠野吼上幾聲，可是吳維敏就不一樣了，他領著一塊的同伴提著木棍在地裡來回巡視，遇到盜賊還真提著木棍去追去趕。

我告訴他，你一定要小心，在晚上你在明處盜賊在暗處，你的一舉一動他們看得清清楚楚，千萬要注意自身的安全，不要被盜賊傷害了。吳維敏笑了笑說道：「到了晚上偷東西的人和我們都一樣驚恐，而且做賊心虛那些偷東西的人比我們還要害怕。只要我們認真起來，那些偷東西的就不敢出來。」吳維敏說得果然沒錯，崔家大隊自從讓知識青年守護莊稼後，夜間偷玉米挖洋芋的人確實少了許多。當然他們也受到了餓著肚子社員們的埋怨，餓了肚子的社員主要靠荒月裡偷拿些地裡的莊稼來度日。我一個在崔家大隊的親戚告訴我，往年到了荒月裡人們還可以在生產隊裡的大田裡找點吃的，可是這些知識青年來後人們只有餓著肚子死挨餓了。我知道那些所謂的盜賊，實際上大多數都是餓急了的生產隊的社員，有些可能白天就在和吳維敏一起勞動生產，他們不偷就要挨餓，飢餓的滋味我非常清楚。我對吳維敏說你就睜一隻眼閉一隻眼吧，不要那麼太認真。

吳維敏聽到我這樣說，望著我的眼睛盯了好一會兒，他不相信這話是從我的嘴裡說出來的，他之所以與我是朋友，因為我們兩人有共同的地方，就是對什麼事請都是非常認真的，可是今天我卻說出這樣的話來。但他確實沒有挨過餓，插隊知識青年事事處處都受到國家和公社大隊的照顧，飽哥哥真不知道餓哥哥的飢，可我知道，我曾經被餓得眼冒金星，我曾經被餓得見了別人吃東西恨不得拿過來放進自己的嘴裡。

第八章　教主家的流浪豬

我們團結大隊共有六個生產隊。我所在的第一生產隊和第三生產隊是兩個漢族和土族生產隊，第三生產隊全為趙家，第一生產隊分趙家和石家兩大姓氏。第二生產隊和第四生產隊多為回族、撒拉族，還有少數的漢族、保安族和東鄉族。而第五生產隊和第六生產隊緊挨著崖頭坪叫石家窪，這兩個生產隊幾乎全部為保安族，還有少部分東鄉族、回族和維吾爾族。在我們崖頭村穆斯林裡有個崖頭門宦（編按：門宦是中國伊斯蘭教特有的制度，在西北地區最多，指的是蘇菲派的教門），這是中國伊斯蘭教四大派別之一尕吉忍耶的一個分支，這個門宦裡除了有大河家地區的教徒之外，它的教徒還分布在甘肅、青海、新疆等地。崖頭門宦的教主姓韓，是撒拉族，所以青海省循化地區的撒拉族人在其門宦裡是非常多的，在當地穆斯林裡影響頗大。記得當時公社裡讓教主家養豬，「階級鬥爭一抓就靈」的劍懸得很高，教主家是地主家庭是不敢不養的。於是他們被逼無奈就養了一頭豬，這是一個長得非常俊俏不太大的小白豬，兩隻耳朵直直地立了起來，一對炯炯有神的眼睛上面是層層的雙眼皮。穆斯林是不養豬的，這個豬雖然讓教主家養了，可這個豬卻進不了主人的家門，時間長了這個豬就渾身髒汙，牠步履輕輕悄悄地在巷道裡遊蕩，沒人時就鑽進別的人家找點吃的。人們告訴我，這個豬已經一歲多了，可是主人就是不讓牠進大門，牠只有去吃百家飯來維持生命，牠活得小心翼翼，看見人時遠遠地從邊上匆匆而過。在我第一次看見牠後兩個月過去了的一天我又看見了牠，可牠好像一直就沒長，比我第一次見牠時還小了點，身上髒兮兮的。

我看到這個豬就像看到我自己一樣，我們都是這個社會的棄兒，我們都在人前面抬不起頭來。我回到家裡拿出一些吃的扔給牠，牠剛開始不敢吃，只是站在遠處看著，飢餓的眼神緊緊盯著吃食，可牠一直不敢向前邁出一步。我裝著沒看見往後退了幾步，只見牠乘我不注意飛快地過去將吃食一口吞進了肚子裡。這樣過了幾次後，這個小白豬在我下工回來就會在我家大門口等著我，盼我早點下工回來給牠吃的。每當我快到家門時，這個豬就會跑過來用牠的長嘴在我褲腳上蹭，嘴裡「哼，哼，哼」的表示牠對我的親切，此時我也特別高興，我好像遇到知己一樣趕快進到家中給牠找點吃的。

　　這個豬雖然對我親近，可牠從來不主動踏進我家半步，牠始終對人有一種警惕。我發現這個豬身體弱小，可牠非常聰敏，有一次我抱著給牠洗了澡，牠當時沒有掙扎，和我配合的那麼默契。我用長齒箆子在牠身上來回梳理，鑽進牠身上的蝨子和蟣子被梳下後，牠舒服地發出輕輕的哼聲。多麼可愛的一個小白豬呀！牠在我孤獨的時候，天天到我家門口來，牠沒有嫌棄過我這個狗崽子。當然牠受到別人不公平的遺棄後，我也對牠是不離不棄。我晚上給牠留了門，我在廚房的地上鋪了草，我知道牠若沒有睡覺的地方後，牠是會到這裡來的。果然有好幾個早上我看到廚房地下的草被壓了下去，但我早上起來從來沒有見過牠。這個沒人搭理的流浪豬就這樣與我成為好朋友整整有半年光景。可是有一天這個小白豬再也沒有來我家門口了，我向人打問，他們說小白豬被人用鐵鍬給砍死了。我聽到這個消息後如五雷轟頂，眼淚撲簌簌流了下來，我想我們這些受人歧視的另類，只是這樣維持個生命都不行嗎？雖然砍死牠的那個人因破壞回漢關係這件事受到了處分，可我心裡卻如針扎了般的難受，我一個堂堂五尺的男子漢竟然為牠流下了眼淚。

　　從這個教主家的流浪豬，我想起祖父告訴我的一件事，文化大革命最瘋狂的那些年，甘肅省臨夏縣的造反派們要破四舊立四新讓少數民族幹部吃豬肉，而臨夏縣的幹部大多數是回、撒拉、東鄉、保安等民族的，這些

民族都是穆斯林。可是，不吃不行，造反派們黑著臉就站在他們跟前。食堂裡做了美味的紅燒肉，撲鼻的香味縈繞在食堂裡，造反派們逼著幹部們當著他們的面來吃。這些少數民族幹部他們從小就不吃豬肉，當聞見豬肉味就感到噁心的。但不吃不行，殺氣騰騰的造反派打砸搶燒為所欲為，有些造反派手裡還提著彈簧鋼鞭。於是，這些少數民族幹部就把紅燒肉打來裝作在吃，實際上他們將這些豬肉塊塊全吐進自己的衣袖筒裡。

瘋狂的年代一切都是那麼不可思議，當紅色風暴席捲全國時，農村左的狂風越颳越烈，在「階級鬥爭一抓就靈」的鼓噪下，農業學大寨運動此時也搞得熱火朝天。每天頭邊雞剛叫過，生產隊長就喊叫了起來，人們迷迷糊糊地往地裡跑。有些人家因有孩子，就將孩子綁在炕上，等下工後趕快回家照顧。而我們這些單身漢到了地裡就開始幹活，每個人都是有定額的，一直幹到太陽一竿子高了後才回家吃早飯。

就在這時全國又搞起了計畫生育。農村搞計畫生育大張旗鼓始於1974年，此時的人們都非常緊張，雖然生了幾個孩子可家中還沒有一個男孩的，女人就開始東躲西藏，可一旦被抓住馬上就被進行結紮。崖頭村的計畫生育在少數民族中最難推行。團結大隊為了在少數民族中推行計畫生育，首先他們決定從教主開刀。這樣他們就讓民兵把教主關了起來，揚言要將這個教主進行結紮。當時在崖頭坪計畫生育婦女結紮的比較多，可要對男性結紮就非常困難，牴觸得比較厲害。根據這種情況，公社於是要求計畫生育首先從這個教主頭上開刀，要對他進行結紮。計畫生育的聲勢搞得很大，實際上公社和大隊要將這個男性教主進行結紮只是個打黑牛驚黃牛的幌子，雷聲大雨點小，他們非常清楚這樣做的後果。於是就在將這位教主關押的一天晚上，被關押的教主在夜深人靜時被回族民兵隊長偷偷給放了。這個回族民兵隊長叫尕奴海，他和他的父親話都比較多，而且說起話來像機關槍一樣，咕咕達達，咕咕達達，一聲連著一聲，聲音很大。我們當時只聽說被關押的教主跑了，可到底怎麼一回事老百姓們霧裡看花始終隔著一層霧看不清楚。後來人們告訴我，公社當時在虛張聲勢，大隊領

導也睜一隻眼閉一隻眼，悄悄放走教主是他們最明智的決定，因為他們知道若要做得太過分，他們自己和家人的安全是沒有保障的。放走了教主既顯示了公社和大隊抓計畫生育的決心，又做得不是很極端，給自己也留下了退一步的空間。

我記得當時給婦女戴環的比較多，結紮的一般是生了三、四個孩子的。在農村一個家庭雖然生了三、四個孩子，但還沒有生出一個帶把的男孩，這個家庭壓力就很大。在農村不僅僅是「不孝有三無後為大」的傳統觀念，讓這些家庭感覺到非常絕望的主要是農村女孩到了後來就會出嫁，嫁到別人家就成了別人家裡的人，沒有了男孩這個家裡就沒有了勞動力，這個家庭也就沒有了生存的依靠，人老了連個端水做飯的都沒有，也沒了延續家庭命脈的香火。

我記得有一個人家男人身體一直不好，一連生了幾個女孩沒有男孩，可是他們要一個男孩的願望非常強烈，兩口子一商量就請了一個男人到他們家裡，每天晚上做了好吃好喝的，讓這個男人和家裡的女人配種，這件事當時吵得沸沸揚揚，可這個女人還是一直沒有懷上男孩。這個女人頂了毀了名聲和一生的風險就是為了想要個男孩，可是到頭來她什麼也沒有得到，卻落了個在人前面抬不起頭來的下場。

在這個時候有一個女教主被鬥爭對我衝擊很大。在大河家地區，保安族主要集中居住在三個村莊。大墩、梅坡、甘河灘村。實際上劉集公社還有個保安族比較集中的村莊，這就是高趙家。高趙家有個高趙家門宦，這個門宦的教主是個女教主。高趙家門宦和崖頭門宦一直存在矛盾，直到如今雙方教徒之間還存在比較大的爭執。然而當時女教主卻成了公社階級鬥爭的主要對象。

這個女教主我早有耳聞，人們稱她為桃花阿姑。那是1972年的春天，春播剛剛結束我們家就沒有糧食吃了。我那些日子參加生產隊的勞動，由於我吃不飽餓著肚子，每天只喝著些麥麩子湯湯，飢餓後的我腦袋發木頭腦好像癡呆了一樣，我感覺腿子像墜了鉛一樣的沉重，到了哪裡坐下，起

來眼前發黑就會眼冒金星,到了勞動現場身體輕飄飄的沒有一點力氣。這裡的大多數人家都多少有些存糧,到了荒月裡他們可以拿出過去儲備的一點糧食進行填補來度荒月,可我們家卻沒有。人們不知道我在挨餓堅持勞動,只看見我兩眼發癡,臉上生了白癬,幹起活來軟綿綿的沒有力氣。一些老社員看到我這個樣子就說:「旭旭橡子刮得太多了。」所謂的刮橡子,就是手淫。他們的意思是我不加節制,手淫得太厲害了。到了農村對我的性教育主要是每天勞動時人們的黃色段子,還有馬牛羊豬光天化日之下的交配。關於手淫對於我一個逐漸發育成熟的小夥子來說我是無師自通的。當第一次遺精帶來了從來沒有過的快感以後,我嘗試著刺激慢慢學會了自慰。因為那時我已長成十八歲的大小夥子了,正在年輕力壯的年齡,這樣無精打采的精神狀態確實不是很正常。可人們不知道,那些日子我們家裡沒了吃糧,我每天就喝著一些麥麩子菜湯湯,我走起路來都非常吃力,我哪來的力氣刮橡子呢?可我是家裡主要的勞動力,再累再乏每天我也必須上工,我是掙扎著每天爬起來強打著精神去勞動掙工分的。

由於家裡沒了吃的,母親就領著弟弟到磨房裡去討飯。

我們一家來到農村後舉目無親,尤其還是被貧下中農監督改造的階級敵人,沒有任何人疼惜我們。沒了吃的我們只有挨餓受飢,我們沒有一點辦法變出糧食來,不討要吃的全家人就會餓死的。我弟弟小我九歲,我們家到崖頭坪時弟弟才五歲過一點。母親是被逼無奈才去討飯的,她不能眼睜睜看著一家人就這麼活活餓死,她領著弟弟討飯主要是給自己做個伴,壯個膽,因為我是家裡主要勞動力,父親是被生產隊專政的對象,能夠陪她討飯的只有弟弟了。

劉集河是從積石山上流下來大大小小的溪流聚集到一起的一條小河,這條小河水流潺潺,河面上泛著白色的浪花。河的兩岸樹木蔥蘢,水草豐茂,小河上隔一段就有一個石磨房,利用流水的能量轉動石磨來磨麵的。這裡除了每個村莊有自己的石磨房外,還有一些過去的私人磨房這時成了某些生產隊的石磨房。母親是到這些石磨房裡去討要吃的,主要是希望磨

麵的人能發點慈悲給自己抓一把麥麩子麵，這樣積少成多她回來以後就可以給家裡人做著吃麵糊糊飯了。

母親告訴我這裡的人都很善良，他們看見一個城裡女人領著一個小孩在討飯，都會多多少少給抓一把麵的。由於母親的討飯，我們一家人又可以在麩子麵裡下點野菜吃個糊糊飯了。當第一次我們吃到母親討要來的麩子麵做的飯，餓了幾天的我們都感到終於有飯吃了。有一天母親到了高趙家村的磨房裡去討飯，那天這個磨房裡磨麵的就是這個女教主桃花阿姑和她的兒子。母親站在磨房門口的時候，女教主抬起頭來看見了母親。母親此時也看到了女教主清秀的面容。桃花阿姑給母親拿過來一個小板凳讓母親坐下，然後她摸了摸弟弟的頭說道：「可憐著。」母親沒有想到在這窮鄉僻壤的地方，竟然有氣質談吐這麼好的女人。桃花阿姑讓母親坐下後，她將母親討飯的麵口袋拿了過去，將她磨好的麵整整給裝了一口袋。雖然這個麵口袋不大，可她給母親裝滿了。

母親回來後將這件事情告訴了我們全家，這一天我們全家都很高興，而且全家人吃了很久沒有奢望的飽肚子。可就是因為母親討飯的這件事，公社將大隊書記叫去狠狠地進行了批評。大隊書記回來後，無名的火氣沒處洩支使生產隊開了批鬥大會，把父親母親拉到前台進行鬥爭。人們輪番地發言，這都是一些事先安排好的槍手，他們的嘴裡什麼骯髒的語言都能說出。有謾罵的，有揮著拳頭打人的，有胡編亂造盡情發揮的。大隊書記在大會上發言說母親討飯是裝的，是在給社會主義的臉上抹黑。這次批鬥母親的鬥爭會，生產隊有意將我支開去到水源頭上挖水，可後來別人都告訴了我。母親討飯這件事在當地確實影響很大，幾乎家喻戶曉無人不知，大隊領導受了公社領導批評後，氣急敗壞就把氣撒到了母親的身上。因為此時國家正在動員城裡人到農村去下鄉落戶，城裡有些家庭婦女也發出豪邁誓言「我們也有兩隻手，不在城裡吃閒飯」，母親的討飯不利於動員更多的城裡人到農村來安家落戶。於是公社知道後馬上給我們家撥了救濟糧，縣上還給公社撥了我們家240元的安家費。

安家費撥下來後，公社要求大隊給我們蓋房子。因為我們一家來到農村後，一無房二無糧，整日漂泊餓著肚子不利於當時城裡人來農村落戶的形勢需要。團結大隊讓一個臉面瘦削、長著突出大板牙外號叫「板牙」的大隊副書記親自督促給我們家蓋了房子。小院是原先果園的一角，水渠從院中流進流出，東面院牆利用了原先果園的牆壁。這個房子蓋在第三生產隊飼養圈的對面，坐北朝南。房屋蓋的時候大隊派了人，我和父親也參與其中，所用材料儘量就地取材。房子的其中一根主要大梁是原先果園裡的一棵桑樹。農村有一句俗語「桑樹不當梁，槐樹不下堂。」意思是說桑樹不用做蓋房屋的大梁用，槐樹不用做農村的門檻用。主要是因為一個諧音：桑的諧音是喪，也就是喪事的喪，頭頂喪事是一個很不吉利的事情。而槐和壞諧音，槐樹做門檻的話，出門的時候總是帶著一個不吉祥的壞事情，進門的時候也是邁著一個壞事情的門檻。可是，這個「板牙」書記偏讓人們將果園的桑樹砍倒，給我們的房屋做了大梁。我們是沒有任何發言權的，對於我們來說管它桑樹柳樹，只要有個窩就可以了。房子很快就蓋好了，雖然在小院裡蓋了幾間簡陋的房屋，舊的院牆，可對於我們一無房二無院的落魄人家這就非常滿意了，因為我們終於有自己的房子住了。

回想起來這全是母親討要飯後的結果。雖然母親因為討飯被鬥爭了，可讓公社領導知道團結大隊還有這麼一戶從城裡來的階級敵人。這次鬥爭母親時有一個比較胖的婦女朱學蘭外號叫「尕豬娃」，母親的鬥爭會也是在他們家開的。當時鬥爭的情景我並不知道，可有一次我在麥垛上用鐵叉挑麥捆子，我站在高高的麥垛上不小心鐵叉從我的手裡滑落了，我飛快地撲過去可是沒有抓住，鐵叉從麥垛上急速滑下差點插到在麥垛下面歇息「尕豬娃」的頭上，「尕豬娃」回家後遭到她男人的訓斥，說「你鬥爭旭旭的媽媽，旭旭要殺了你呢，今天鐵叉落到你的頭上，你就沒命了。」可我根本不是這樣的，事先我連「尕豬娃」鬥爭母親發言的事情都不知道，這一次鐵叉滑落完全是一次意外。

天空布滿烏雲，愁慘慘的雲彩在天上緩慢地向東面爬行。農業學大寨

的田地裡四個角落都插著紅旗。鬥爭會就在農業學大寨的現場，光禿禿的地裡大喇叭的聲音很是刺耳。人們已經習慣了這種鬥爭的方式，都利用這難得的機會趕快坐在地下進行休息。今日裡公社民兵將女教主桃花阿姑拉到一個土檯子上進行批判鬥爭。這個比田地略高出一點的土檯子也是鬥爭會的主席台。女教主桃花阿姑戴著一個白色的蓋頭，略低著頭就那麼默默地站在土檯子上。我看到這種情景馬上想到了母親告訴我桃花阿姑給她麵粉的事情。桃花阿姑此時身上落滿了塵土，白蓋頭下面可以看到她窈窕的身材和美麗的面容。公社指定的人在土檯子上輪流發言，桃花阿姑只是將胸前的大牌子往上抬了抬，但她一直沒有對她的攻擊進行任何辯駁。鬥爭會也不許階級敵人進行任何的訴說。我想，這麼善良的一個人，那些人們怎麼將她說成十惡不赦的魔鬼一樣呢。我對這些不實的汙蔑之詞一句也聽不進去了。批鬥台上的女教主桃花阿姑在我的眼前不斷變化著，我看到她一會兒成了我的外祖母，一會兒又變成了我的母親，我真想把她護在我的身後，用我單薄的臂膀去保護她。可我是一個右派狗崽子，我連家人和自己都保護不了，我能保護她嗎？

公社搭的這個批鬥台在平整大田的中央，勞動的人們坐在台下的田野裡，台上靠前是脖子上掛著大牌子的階級敵人，桌子後面坐著主持批鬥會的領導。領導的發言簡短有力，不時還有一、兩句口號夾在其中。這一天發言的還是那幾個熟悉的面孔，都是事先準備好照著稿子念的，千篇一律沒有什麼新的內容。這就讓喜歡聽些黃段子的人們很是失望。

今天我看到女教主桃花阿姑就想起了我的外祖母，奶奶她還好嗎？外祖母寶香蘭大半生都是在驚恐和動盪中過來的，這與中國千千萬萬知識分子的命運一樣，遭受了數不清的屈辱、貧困和磨難。外祖母在文化大革命的紅色恐怖下，預言中國不會永遠是這個樣子，她鼓勵我要樹立起信心努力學習，不要讓時光白白滑過去，耽誤了自己的青春。在這群魔亂舞讀書無用的歲月裡她給了我勇氣和力量，對我在文革中能夠忍辱生存和努力學習起了決定性的作用。

外祖母也生得容顏秀麗，一對炯炯有神的眼睛是那麼溫柔。女教主就那麼站著，她沒有辯駁，也沒有嘆息，她就那麼勾著頭站在批鬥台上。這時就聽見喊口號的人聲嘶力竭地喊道：

打倒劉少奇！
打倒馬某某！
敵人不投降，就叫她滅亡！

台下的農民也舉起了手，他們木然地跟著喊起了口號。此時的我低著頭，我不願意舉起手來，我感到心裡像刀割了一樣地難受。我感到現實世界黑白顛倒、是非不分，好人受氣、壞人猖狂，難道這就是自己崇拜的毛主席所說「好得很」的文化大革命嗎？

空曠的田間有兩個高音喇叭，喇叭嗚嗚咽咽的叫聲一浪高過一浪。批鬥會開了大約一個多小時，接下來又開始了平田整地的農業學大寨。當人們四散開來拿著生產工具勞動的時候，喇叭裡又響起了悠揚的歌曲：

敬愛的毛主席，
您是我們心中的紅太陽，
我們有多少貼心的話兒要對您講，
我們有多少熱情的歌兒要對您唱。
……

隨著喇叭裡歌曲的變換，人們又開始露出了笑臉。那些黃段子手們不失時機地開始講一些下流無比的話，惹得人們「哈哈」大笑。這些流氓話兒剛開始到農村時我是不習慣的，他們一說我就走了開來，一來二去人們反倒認為我不合群，生產隊長還非常認真地對我進行了警告。有一次我到山裡去砍柴，走到半道只見隊裡的一個我要叫叔的人與我們隊裡的一個女

人一人一句互相對著「花兒」,「花兒」的意思和下面打油詩的意思基本一樣:

　　你是月餅我是餡,

　　纏纏綿綿總見面;

　　你是風箏我是線,

　　追追逐逐把你牽;

　　你是明月我是泉,

　　明月照泉水潺潺;

　　你是海水我是山,

　　山依海水到永遠。

　　唱著唱著男的就把女的在一個土坎底下壓在了身下,而且黑暗中兩人是那麼大膽瘋狂。我見到這個情景好像我做了什麼不光彩的事情感到很不自在,裝作沒看見趕快匆匆離了開來,可那兩人卻忘情地糾纏在一起。回來後我將這事對一個比我大一些的社員說,那個人聽到後哈哈大笑,說我怎麼這樣孤陋寡聞,這種事情在這裡司空見慣,有什麼大驚小怪的。後來我才知道,這裡農村精神文化單調,農民們一天到晚沒個休息的日子,人們在這枯燥乏味的歲月裡只有這樣才可以打發漫長歲月,像這種男女之間的你情我愛的遊戲在這裡根本不當一回事。有一句粗話很形象:「點燈基本靠油,幹活基本靠手,犁地基本靠牛,娛樂基本靠尿。」農們每日裡嘴上說的,心裡想的,實際幹的都是與這個字分不開的。人們嘻嘻哈哈打情罵俏,男人的手不時向漂亮的大姑娘小媳婦摸去,這些女人也不是很反抗,頂多是悄悄說一聲「你這個挨刀的」,讓那些男人們更是肆無忌憚了。至於在廣闊玉米地的裡面和密密的麻地裡,男女盡情纏綿的事情比比皆是。我們每次收割玉米和到麻園子裡拔麻一片片被壓倒的麻杆和玉米,清楚地告訴我們這裡有多少野鴛鴦在這裡幽會瘋狂。

那天下工後一抹殘陽從積石山上籠罩下來。殘陽在向西邊的地平線下沉之前，還利用雲層的忽然開朗的機會射出它最後的一道光芒。我邁著沉重的腳步向家裡走去，我不知前面的路如何走，更不知今後還會遇到多少艱難險阻，可這一切我並不害怕，我害怕善良被瘋狂所欺凌，我害怕父親母親再受到別人的打罵。

　　我感到我太不爭氣了，我沒有辦法保護家人，更沒有膽量去對邪惡大聲呵斥。我覺得我變了，變得那麼世俗，變得那麼怯懦。在蘭州時我還有與欺侮我們的大人和小孩進行抗爭的勇氣，可到了這裡我竟然眼睜睜看著人們去打罵一個弱者，桃花阿姑教主她在自己危難的情況下，慷慨解囊幫助我們，我們怎麼就不能給她以哪怕是一點點安慰呢？我看著桃花阿姑後來頭上冒著汗，臉色發白蹲了下去，可我沒有過去哪怕給她遞過去一杯白開水。這樣的自責讓我離開崖頭坪後多少年來一直不能原諒自己，我感到時間確實能夠改變一切，我有時在想，這樣下去我會不會變成一個施暴者的幫兇，變成一個面目可憎的人。

　　以後的日子裡，公社召開了多次批鬥女教主的鬥爭會。有一次公社在劉集街道搭了一個批鬥台，高高的批鬥台上坐著公社造反派的頭頭和公社領導，台下地上坐著密密麻麻來自各個大隊的農業社員。一個膀大腰圓滿臉橫肉叫韓有祿的民兵隊長，腰裡別著一把宰牛的彎刀，在他的吆喝下全公社的牛鬼蛇神都從批鬥台兩邊台下被押了上來，每個牛鬼蛇神的兩邊各有一個人將地富反壞右胳膊扭到身後，一個人將弓著腰的牛鬼的頭從頭髮上揪起。這次到台上的除了地富反壞以外，還有我父親這全公社唯一的一個右派分子。鬥爭會上的發言很是激烈，領著喊口號的就是韓有祿這個民兵隊長。這場鬥爭會在我的印象裡非常深刻，尤其那個凶神惡煞民兵隊長韓有祿在台上的表現更是讓我難以忘懷。

第九章　我被監督改造的父親和母親

　　我的父親趙恒民，又名趙永綱，於1918年10月16日生於臨夏縣劉集鄉崖頭坪一個小康農村知識分子家庭。

　　父親的曾祖父趙春華讀過四書、五經，沒有什麼功名。父親的祖父也就是我的太爺趙懷俊是清末秀才，因家道貧寒，未再考舉，在家鄉設立私塾教學鄉里子弟。我的祖父趙吉堂，甘肅法政專門學校（蘭州大學前身）法律專業畢業，前後任教武威師範學校、蘭州女子職業學校、大河家魁峰中學，鄉里人也稱我家是耕讀傳家的書香門第。父親十四歲以前在曾祖父辦的私塾裡學習，是我曾祖父和祖父趙吉堂的學生，從《三字經》、《弟子規》、《朱子家訓》、《千字文》、《百家姓》等，一直讀完了《四書》，還讀了《詩經》。由於父親從小表現出很高的學習天賦，十五歲時被我的祖父送到蘭州興文社小學，考入高小五年級，兩年畢業才接觸到數、理、自然知識，畢業後考進蘭州一中。

高中時的父親趙恆民。

父親在蘭州一中念到初二，我的姑舅爺爺張心一為了報答我們趙家對他早期學習及生活資助的恩情，將父親叫到上海由他供給讀書。父親到了上海後，因為錯過了入學的時間，張心一和我的姑舅奶奶（黃炎培的女兒黃路）張全平親自給其教讀補習英語。不久，813日本進犯上海，父親和姑舅奶奶張全平一起逃難到了成都，考進成都敬業中學，繼續念初二課程，畢業後考進了劉文輝辦的建國中學上高中。1942年春季他在建國中學高中畢業考入南京金陵大學電機系。當時，金陵大學、燕京大學、齊魯大學都遷到了成都的華西壩，借用華西大學的校舍招生開課。金陵大學的電機系，又在重慶的上清寺求精中學內與中央大學聯合組成一個電工實驗所。因此他在成都學完兩年基礎課程後，於1944年到重慶去學習實驗課程。這個時候，日本飛機每日轟炸中國軍民，在重慶炸死上萬人，在全國殘殺中國軍民上千萬人。戰爭已打到了貴州獨山，離重慶不遠了。當時大學生們熱血沸騰，義憤填膺，父親和他的同學高學廉、竺培勳，還有其他各系的學生約有二十餘名，毅然參加了蔣介石號召的「十萬青年十萬兵」的知識青年軍。他被編入青年軍202師3團2營2連，地點就在重慶南邊的綦江縣訓練，並保衛抗戰時的首都重慶。1945年，抗日戰爭勝利後，他們被送回南京，父親申請又回到了已遷南京的南京金陵大學，學完了最後兩年

南京金陵大學畢業照，
後排中為父親趙恆民。

的課程，於1947年7月在南京金陵大學正式畢業。

　　父親畢業後他為了服務家鄉又回到了大西北，到蘭州黃河沿電廠任技術員、值班工程師。父親思想先進，被他的好朋友地下黨員楊毅看中，多次給他借閱進步書籍，可還沒等將他發展為共產黨員，楊毅被捕後來被馬步芳殺害在蘭州市廟攤子的沙溝裡。由於父親閒來經常與楊毅接觸，父親也被國民黨的特務盯梢，每次從黃河沿電廠大門出來都有特務悄悄跟在後面，父親發現後就躲在電廠裡很長時間不敢出來，尤其當聽到他的好朋友楊毅被馬步芳抓了後他更是緊張。多虧時間不長蘭州就解放了。

　　1949年8月26日那天晚上，恰好是父親上的夜班，子彈打在電線上開關多次跳閘，父親就不斷地將開關推上去，讓解放蘭州的蘭州城內一夜燈火通明，彭德懷指揮的第一野戰軍第二、第十九兵團攻占蘭州市時讓馬步芳的軍隊無處躲藏，事後受到了彭德懷司令員的嘉獎。中華人民共和國成立後，1950年父親到鄭家莊電廠任技術員、工程師。1955年被提拔到甘肅省電業局擔任計畫科副科長，1956年任甘肅省電業局基建代理科長。

　　1956年11月，在中共八屆二中全會上，毛澤東向黨內外宣布：「準備明年，在共產黨內開展以反對主觀主義、宗派主義和官僚主義為主要內容的整風運動。」所以，1957年初報紙廣播天天宣傳「百花齊放，百家爭鳴」、「有則改之，無則加勉」，讓人們暢所欲言給共產黨提意見，開門整風幫助共產黨消除主觀主義、宗派主義和官僚主義。父親負責領導的基建科和計畫科擔負著甘肅全省的計畫和基建任務，科室裡大多數是知識分子，父親將共產黨的政策和文件反覆向這些知識分子進行學習，這樣科室裡的人們慢慢就開始給領導提意見了。可是誰也沒有料到剛剛學習完文件，共產黨信誓旦旦地保證「言者無罪，聞者足戒」的動員言猶在耳，突然間風向大變，1957年6月8日《人民日報》一篇〈這是為什麼〉的社論正式拉開了反右派運動的帷幕。

　　甘肅省電業局和全國一樣開始抓右派了。上面給甘肅省電業局下了右派分子的指標，完成指標任務只能多不能少。因為整風運動時都有詳細

的會議紀錄，而且出身不好的人員和歷史上曾經在舊政權服務過的檔案裡都有保存。這樣發了言給領導提意見的、家庭出身不好的、歷史上曾經在舊政權服務過的全被揪了出來，統統給他們扣上了右派分子的帽子。接下來由於還沒有完成上面下達的抓右派任務，甘肅省電業局不斷補充，將甘肅省電業局的知識分子幾乎一網打盡了。父親組織科室裡的人們給黨提意見，自然就成了甘肅省電業局的頭號大右派。為了給父親羅列罪名，左派們整理父親的發言紀錄，動員過去和父親關係比較好的一些人反戈一擊揭發父親的右派言論，這樣父親平時的一些玩笑話和隨便的談話都成了他的右派言論。父親剛開始爭辯說：「這不是我原話的意思。」左派們就白天晚上輪流鬥爭父親。父親說，那些日子裡不是打就是罵，車輪轉熬人的鬥爭讓他有一種生不如死的感覺。他說，那些日子裡最讓人受不了的就是不讓睡覺，白天批判鬥爭了，晚上再換一些人來對他鬥爭，他被連續鬥爭了兩天後，頭腦就開始發昏，他站在人們中間瞌睡得睜不開眼睛。

每次開批鬥會，人們團團圍著父親，父親低著頭站在人們的中間。這裡有父親的領導，有父親的下屬，有父親的同事，也有父親往日的朋友和親戚，這些人好像突然間換了個人一樣，過去諂媚的那些下屬變了臉大罵父親，往日裡無話不說的親朋好友跳著腳、揮著拳頭往父親臉上身上砸去。父親想，「這是那個朋友嗎？怎麼胡編亂造來誣陷我呢？」人性的惡

1957年的父親趙恒民。

此時完全暴露了出來，那些過去和父親關係好的，或者是受到父親推薦提拔和表揚過的，此時為了撇清和父親的關係，整個兒撕破臉去帶頭揭發了。剛開始父親還和他們進行辯解，可越是解釋這些人越是不依不饒，而且對父親的鬥爭越來越兇狠。到了後來父親乾脆不吭聲你說什麼就是什麼，他再也不辯解了。造反派們最後給父親編造羅列出了上百條右派言論，還非得讓父親簽字畫押，你若不從繼續鬥爭打罵，直到你認了罪才肯罷休。

父親被這些人鬥得疲憊不堪，他看到了人性的醜惡和一個個窮凶極惡的嘴臉，他想到了死，可他又想，死後我的母親怎麼辦？孩子們怎麼辦？另外，父親曾經給母親做過承諾，他要給母親帶來一生的幸福，他怎麼能丟下母親一走了之呢？

1957年父親在甘肅省電業局被打成右派後，先是被發配到甘肅省電業局下屬送變電線路現場進行監督勞動改造。1962年被抽調到蘭州水電學校去當電工原理老師。因為父親頭上壓著右派分子的帽子，每次上課戰戰兢兢地不知如何教育學生。時間不長他就被一些老師和學生反映說為什麼讓右派分子給學生上課，學校最後勒令父親再不能上講台。於是父親一邊清掃男女廁所積肥，一邊飼養學校的牛和兔子。到了冬天蘭州水電學校就讓父親去燒鍋爐，用架子車推煤炭、出爐渣，這些體力勞動強度非常大，但父親都咬著牙堅持了下來。在反右運動中被逼迫退職的母親這段時間，則接洗蘭州水電學校師生的衣被，掙點錢來貼補家裡的生活。

我記得當年水電學校裡學生中也揪出來了一個小右派，這個小右派是南方人，年齡小個子也小，看起來就像個十三、四歲的娃娃，他不知什麼原因在當地被打成右派後，隱瞞了右派分子的身分考進蘭州水電學校，在臨近畢業時這個小右派被查了出來，我看見他滿臉稚氣和父親一起在蘭州水電學校裡飼養牛。這個小右派雖然年齡小，可疾風暴雨般的政治運動讓他的臉上過早地失去了笑容，他每日裡低著頭，到了人跟前加快腳步匆匆而過。六十年代初，全國給右派分子摘帽子，好多右派分子這時都被摘了

右派分子的帽子，可是父親因為不承認自己是右派，他不僅沒有被摘掉右派分子的帽子，後來又被發配到甘肅電業局最艱苦最危險的單位甘肅送變電工程公司去接受監督勞動改造。

到了甘肅送變電工程公司父親和那些送電工一樣，風裡來雨裡去，在戈壁沙漠埋電桿，到荒灘高山上拉電線，他到過寧夏青銅峽大壩，去過甘肅玉門戈壁荒灘。在甘肅河西走廊嘉峪關到鏡鐵山線路施工時，父親每天挖鐵塔基礎坑，這種鐵塔基礎坑深兩米，邊距兩米五，一個人下到坑裡用鐵鍬向上拋土，父親每次勞動都是汗流浹背，但他每天都爭取完成自己的任務。在鐵塔定位在山坡上施工時，父親和工人們一起向立鐵塔處背送砂石和水泥及鐵塔材料。當八個人一起向山坡抬運水泥電線桿時，父親和其他七個人在統一的口令中，步伐一致往前行進，此時大家不敢有絲毫鬆懈，稍有不慎後果不堪設想。父親在嘉峪關到鏡鐵山線路施工時，半年多時間裡他只回了一個星期的家，全部的家庭負擔都壓在母親一個人的身上。在這段時間裡父親一個文弱書生確實被改造好了，他可以和送電工們一起同吃同住同勞動，可以攀山越嶺爬電桿，臉也被晒得紫裡透紅。

文化大革命開始後，父親這個右派分子又被揪了出來，可不論是對他批判鬥爭還是將他遊街示眾，不管遭到多麼慘烈的打罵，他回家後從來不提他所受的侮辱和欺凌，有時回到家裡臉上青一塊紫一塊，母親問他時他只是笑一笑，而且照樣吃飯睡覺，還要看一會書。可當時一些並沒有多大問題的人，一張大字報出來就被嚇得跳進了黃河，那時候滾滾的黃河水不知送走了多少冤屈的靈魂。

文化大革命遣送十種人時父親和我們一家到了農村，要接受貧下中農的監督勞動改造。這時候父親除了幹農村的日常農業勞動以外，他的主要的工作是拾糞，給他的定額是每天50斤糞料。這個任務是不好完成的，因為農村裡的人一般寧可走回家裡解手，輕易不將糞尿撒到外面的。剛開始父親由於完不成任務，經常遭到生產隊的扣罰和生產隊長的謾罵。時間長了他摸索出了經驗，每天早上天麻麻亮時就往肖紅坪大隊、崔家大隊或者

大山莊大隊去拾糞，他發現這幾個大隊大多是漢族一般將豬是放養的，不似崖頭坪因有很多信仰伊斯蘭教的回族、撒拉族、東鄉族和保安族，漢族人家的豬是管得比較緊，不讓牠們出了家門。

崔家大隊、大山莊大隊在積石山下，肖紅坪在通往吹麻灘路的坡梁上，都是山陰地區，離崖頭坪有四五十裡路程。父親每天戴著高度的近視眼鏡，斜挎著一個背箕，手裡拿著拾糞叉，他專揀別的人去不了的偏僻地方去拾糞。這些偏僻地方一方面很多豬糞沒有被人們發現，另外一些人在這些地方去解大便，他是要將這些糞便用糞叉挑到背箕裡。可是有時候好不容易找到一堆糞便，可這糞便太稀是沒有辦法挑起來的。這樣就首先必須將糞便上撒些土攪拌後才能拾到背箕裡。但是父親給生產隊交糞的時候，收糞的會計就說父親做假，將土與糞便拌了來欺騙貧下中農。父親有口難辯，誰也不會聽他解釋的，這樣時間長了父親就不說話了。我看到父親的無奈心裡就非常疼痛，剛來農村時遇到這種情況我就要和生產隊長和會計爭吵的，可是現在我也變得沒有了剛來時的衝動，可我看到父親面對這樣的為難只是笑笑，並不和那些人做過多的解釋。

父親是南京金陵大學的高材生，南京金陵大學是教會大學，他本可以直接到美國去留學的，可他畢業後選擇去報效自己的家鄉。1947年父親大學畢業以後就回到了甘肅省蘭州市黃河沿電廠任技術員。父親本可以在1945年大學畢業的，可他在國家最艱難的時刻挺身而出，1945年抗戰勝利後才又重返大學學習，直到1947年才大學畢業，整整遲後了兩年時間。可他不後悔，他告訴我，一個人要有理想和抱負，在國家危難的時候麻木不仁、無動於衷，對自己的家鄉都沒有奉獻自己的思想，那還算個中國人嗎？父親的這個思想對我影響很大，讓我在以後的工作和學習中，對孝敬父母、熱愛祖國等做人的基本底線時時牢記於心中。

父親拾糞找到規律以後，他每天都是滿載而歸。背箕裡裝滿了各種糞便，他弓著腰，但不敢過分將腰彎下來，那樣會讓糞便傾倒進自己的脖子裡。可是不彎著腰，沉重的糞便就會將他往後拽，背起來格外沉重。可他

還要往前走，這樣他就在矛盾中找到平衡，於是他就走得相當艱難，走一走停一停慢慢往崖頭坪移動。我看到這種情況後，如果我下工回來得早，我就往父親來的路上走去迎他。當我接到他，我將背篦背在身上，背篦的重量往後拉，我只有把脊背躬起來，並不時往上顛一顛，這樣不小心糞便就進到了我的脖子裡。我想這麼重的背篦，父親是怎麼背下來的。由於父親的拾糞，雖然我們每天洗澡，勤換衣服，可我和父親的身上始終還是臭臭的。我們自己感覺不是很明顯，因為我們已經習慣了這種味道，可是別人到了我們的跟前就捂著鼻子，而且家裡始終有一種糞尿的臭味。

我幫父親將糞背篦背下來，就直接到飼養圈去交糞。過完秤交了糞後，我和父親又用鐵鍬鏟土掩埋覆蓋好，讓它去發酵變成熟肥。父親的定額完成了，拿上了十分工，這一下生產隊裡有些人就不服氣了。他們就找生產隊長反映，說一個右派分子自由自在地拾糞，每天還拿十分工，他們一天到晚累死累活也拿著十分工，這不合理。生產隊長說，那你們也可以去拾糞呀，誰願意拾糞我都歡迎，生產隊裡拾糞的人越多越好啊。生產隊長這樣一說，他們就不吭聲了。可是生產隊長還是將父親的交糞定額提高了。原來每天父親交50斤糞料，現在要交80斤了。我看到父親還是每天早出晚歸，可是他再也沒有拿到十分工了。

我對父親的遭遇憤憤不平，可是父親並沒有把這件事放在心上。他說，能掙幾分工就幾分工，不要讓這件事影響了一家人的情緒。在這個時候，一家人能夠平平安安就比什麼都好，沒有什麼大不了的。雖然這是簡簡單單幾句話，可它反映了父親的胸襟，風雲多變的政治風浪和世態炎涼的人情冷暖已使他看透一切了，我當時不是很理解，可經過了無數的坎坎坷坷後，我才知道父親是正確的。

父親自從到農村後一直在自學中醫，他這樣做一方面是為了舒緩自己的情緒，另外他是不讓自己就這麼將一生白白度過的，他是想儘量為人們做一些力所能及的事情。可父親是不能給人看病的，他只能給家裡人和一些跑到我們家來的人提一些自己的建議。可就是這件事也被人們進行揭

發，大隊在開鬥爭會的時候，有一個人就大罵父親不好好進行勞動改造，還去給人看病，這是階級鬥爭新的動向。

　　然而父親每天的看書卻影響了我。我想父親被下放到農村，一天到晚幹的是最髒最累的活兒，可他還在學習，我一個身強力壯、年紀輕輕的人有什麼理由不去努力奮鬥。但我還是對父親的看書學習不甚明白，我想你已經被打入了社會的最底層，學習了有什麼用處，連大隊生產隊都不讓你給別人看病，你就是學好了中醫，有什麼用？可我沒有明白父親的苦心，不知道他學習中醫的動機到底是什麼。後來我才知道原來他學習中醫不僅僅是為了解脫自己，主要是給我們子女們樹立榜樣，讓我們在這種艱難困苦惡劣的環境中千萬不要喪失信心。

　　那是一個下雨天。天剛下過雨，天上的烏雲一團一團還在不斷聚集，太陽出來了，它在烏雲中行走，它奮力地想要從烏雲中掙扎出來，可烏雲就是不讓它衝出，它只能漸漸地從烏雲的縫隙裡一點點穿出，那漫天的火燒雲開始噴出血一樣的顏色，火燒雲要將西邊的天空完全染紅。多少次我就是迎著西邊的火燒雲去接父親的，父親已沒有了年輕時的瀟灑，他佝僂著腰，背上的糞背篼壓得他快要將腰完全彎下去了。我每次看到這個情景就想哭。我已經是一個堂堂的男子漢了，我為什麼不能幫助父親，讓他還要承受如此大的磨難。可我沒有辦法，我連在人前面大聲呼喊的勇氣都沒有了。剛來農村時，若有人要欺侮我的父親和母親，我還會用我的拳頭去與他們打架，可是今日裡我完全成了一個逆來順受的窩囊廢。

　　夕陽慢慢從積石山頂落到了山的後面，烏雲這時候已不知跑到哪裡去了，天空被一張黑幕悄悄遮蓋了下來。我晃著疲憊的身體進家門，可我沒有氣餒，我每次到了家裡都要給父親母親留一張笑臉，我知道父親母親雖然不說，可他們一直注視著我，看我能不能像男子漢一樣挺直自己的腰板。我吃完飯就開始將炕桌放到自己腿上，開始我的看書學習，因為我已經在小河裡將身體完全沖洗乾淨了。

　　當我翻開書的時候，我好像把一切不愉快的事情都忘記了，身上的疲

倦也悄悄從我身上溜走。我是在系統地將初高中的數理化重新複習一遍。經過這幾年的學習，我已經有了自學的經驗，首先硬著頭皮從前往後進行學習，遇到實在弄不懂的問題不是停下來，而是先迂迴跳過去，等學到後面前面的很多疑問就會豁然開朗了，學完一本書然後再從頭複習。我這樣學習後，每複習一遍就有不同的收穫。螺旋式前進讓我有了一種成就感，我覺得我確實進步了，我已經不是過去的小學生了。父親母親看到我學習的勁頭，看在眼裡，喜在心頭，他們雖然沒有看到他們的兒子展翅騰飛，可他們看到他們的兒子在逆境中沒有退縮，而是在不斷勇往直前。一個家庭最可怕的不是貧窮和困苦，而是一個家庭或個人的墮落，貧窮和困苦並不可怕，只要這個家庭和孩子在努力學習和奮鬥，這個家庭和個人就有希望，就不會被逆境時的命運所拋棄。

大隊和生產隊裡有很多人在說我，老母豬抬了個三字經，一天到晚哼哼呀呀，你看那些書幹啥？有什麼用處。你父親就是被那些書給害了，你學習有什麼好處？你有那麼大的勁頭，你下那麼大的功夫，還不如學習一門手藝，學個木匠或泥水匠、鐵匠起碼生活再不會發愁，存些錢了以後娶個媳婦。我聽到這話只是抿嘴笑笑。我何嘗不想有個異性的朋友，隨著年齡的增大，我身上青春的荷爾蒙跳動得越來越厲害。勞動時就是喜歡與異性進行身體的接觸。而一些異性也喜歡與我進行身體的碰撞。可我總是在關鍵時刻就屏蔽了自己的心扉，我不願意就像這裡的男孩一樣找個媳婦，讓自己一輩子的理想、憧憬和蒼茫的黃土攪拌成一灘泥漿。尤其我看到父親每天還看中醫書籍時，我再也沒有理由不改變自己。

父親每天肩上斜挎著背篼，腰間紮著一根草繩，手裡提著一把糞叉，可他還戴著那副高度的近視眼鏡，那種儒雅風度知識分子的氣質一點沒有遞減。父親從來給我們不講他是怎麼被打成右派分子的，我好幾次想問他到底為什麼您被打成了右派分子，都被他打斷話題引到了別的方面。可父親在我們跟前總是提起我的姑舅爺爺張心一。父親說，張心一的母親是他的姑奶奶，也就是說，張心一是我姑太太的兒子，他是大河家前川人。父

親說，他的這個姑舅爸是中國德高望重的老一輩科學家，傑出的農業經濟學家、土地利用和水土保持專家、我國農業統計學的奠基人。可張心一小的時候家裡很窮，在家幫助他母親務農，七歲時從甘肅省永靖縣馬家灣村來到崖頭坪我們趙家，在大河家我曾祖父趙懷俊的私塾裡進行啟蒙教育。張心一在我們趙家讀了三年私塾後又去馬家灣幫助他母親務農，十三歲才進蘭州師範附屬小學，次年轉入皋蘭小學，並在課餘跟隨皋蘭小學的談老師和一個來蘭州在教會避居的進步青年學習英語。就那麼一點英語底子，張心一十七歲時考入北京清華學堂，走的時候，是祖父送張心一去北京的。那天天上灰濛濛的，一隊大雁從南向北從頭頂飛過，發出「嘎——嘎——」的長鳴，張心一背著褡褳在蘭州的黃河邊上了羊皮筏子，褡褳裡裝的是祖父給他買的厚鍋盔饃，這是一種用發麵烙得一種厚厚的大餅。羊皮筏子緩緩朝下游漂去時，他給祖父招了招手。

　　父親說，張心一到了清華校園，校園裡綠草如茵，樹木蔥翠，五顏六色的，說不出名字的花，圍繞在各種建築物的周圍。清華學堂對他進行了複試，因為他是偏遠的甘肅來的，英語與南方的學生根本不能比。雖然他曾經學習過一點英語，這在甘肅還可勉強過得去。可這裡來的南方學生，年紀雖小可他們從小學習英語，英語基礎都很扎實。張心一拿上英文卷子，連有些題目都看不懂，急得滿頭大汗，心慌得怦怦跳個不停。有一道題要求用英文寫出名詞的定義，張心一不會寫，就舉例說「狗」是名詞。

張心一。

第三天，張心一被學校通知叫了去，學校的張惲臣教務主任說：「你看你考的英文成績。」另外，張心一年齡偏大，學校準備不要他了。

張心一急得哭了，他說他是帶著甘肅人民和家裡人的囑託第一個由省政府在蘭州考試來這裡的。這裡凝聚著他奶奶和他母親的企盼，有那麼多鄉親對自己的希望。走的時候，張心一的母親對他千叮嚀萬囑咐。他此時好像看到了他母親的眼睛。他將脖子一扭說道：「我不回去。你們不要我，我就一頭碰死在清華校園門口。」後來張心一被勉強留了下來，讓他試讀半年。就是在這半年裡，他沒有逛過一次馬路，星期天休息仍然在發憤苦讀，功夫不負有心人，半年後他被留了下來。這樣他在清華讀了八年，1922年畢業後去美國留學。1926年獲美國康奈爾大學農業經濟學碩士學位。曾任南京金陵大學教授兼農業推廣系主任，中國銀行農村貸款主任，抗日戰爭時任甘肅建設廳長。他是上世紀中國的「尤努斯」（編按：指Muhammad Yunus，孟加拉銀行家、經濟學家，也是諾貝爾和平獎得主），領導發放貸款讓上億農民受益。進行農業統計和人口統計，編制了24節氣歌。

在中國抗日戰爭最困難的時候，張心一在甘肅任建設廳長。由於當時內地的眾多人才都逃了出來，所以他利用這個時機改革開放，廣收人才，試辦耕者有其田，為台灣的土地改革總結了經驗。他大力提倡從外省招聘專家帶動本省技術人員的工作方法，為甘肅引進和培養了一大批科技人員，這些科技人才後來成為新中國甘肅省經濟建設的技術骨幹。在建設廳長任內，張心一還主持修建了我國第一座土壩酒泉鴛鴦池水庫，創辦了第一個天水水土保持站，對西北黃土高原倡導水土保持和土地合理持續利用，引進草木樨、白蘭瓜、洋槐等優良作物，培育人才等方面做出了卓越貢獻。人稱「白蘭瓜之父」。並且綠化蘭州，讓蘭州南北兩山樹木蔥郁。他還積極支持和幫助艾黎創辦半工半讀的培黎學校，為全國培養了大量有用的實用人才。

中華人民共和國成立後張心一歷任中央財經委員會計畫局農業計畫

處處長、農業部土地利用局副局長、中國農學會專職副理事長及第三屆顧問、中國水土保持學會名譽會長、中國土地學會名譽理事長。

父親說，你的姑舅爺爺張心一就是一個始終如一的人。我說，父親您叫趙恒民，是不是也是堅忍不拔有始有終的意思。父親點了點頭。他說，你的姑舅爺爺張心一對我影響很大，我那時就住在他的家裡，他的為人處世的品質確實給我樹立了榜樣。我聽到父親的話，對他有了更多的瞭解。

由於父親的默默抗爭，那些極左分子就想盡辦法給他穿小鞋刁難。父親身體瘦弱，是沒有辦法幹超強度的勞動的，可是有一次隊裡那個復轉軍人的生產隊長，卻要讓父親拉著一架子車紅土從大坡上下來。那天父親拉著架子車到了大坡上他掌握不住架子車了，架子車推著他在大坡上狂奔，可父親還是拚盡全身力氣要控制住架子車。然而父親太弱小了，架子車把父親推到了路邊上，父親和架子車一起翻了過來，幸運的是架子車沒有砸到父親的身上，可是父親卻因此在家躺了整整一個多月。

這個復轉軍人生產隊長原先在部隊裡當著個小領導，因為作風問題被下放回家。到了生產隊他在部隊裡受得那種極左思想的薰陶，讓他一見到父親這些所謂的階級敵人，就有一種莫名其妙的仇恨。我們家離吹麻灘農田基本建設工地有七、八十里路程，這個生產隊長讓父親一個人拉著架子車送到吹麻灘工地去。生產隊裡有那麼多年輕人，可他偏要讓父親將架子車送去。父親去了，一個右派分子他沒有任何辯駁的權利，而且他按時將架子車送到了工地。父親回來後並沒有給家裡人說什麼，只是說太累了，要早點休息。我看到這種情景就有一種自責，我不知怎麼去幫助父親，可我沒有辦法，農村超強度的勞動完全征服了我，我每天回到家裡就精疲力盡渾身像散了架一樣，在生產隊裡我是給父親幫不上一點忙的，我只有在家裡多幹點活，讓父親能夠早一點休息。所以說，家裡砍柴的事我是幹得最多的，我只有將這些苦活累活髒活多幹一些，才能讓父親開心快樂。

我的母親鄧光清1931年9月4日生在甘肅省蘭州市一個教育世家，青海

省循化縣人。她是蘭州師範學校音樂科畢業的。父親比母親整整要大十三歲，可月下老兒還是讓他們在1948年認識了，並且由於當時中國時局的突變，父親與母親於1949年8月15日在蘭州解放狗娃山隆隆的炮火聲中，舉行了簡單的結婚儀式，成立了簡單樸素的小家庭。母親結婚時還在蘭州師範音樂科學習，本來複習功課打算畢業後繼續深造上大學音樂專業，但因剛解放時社會動盪，從舊社會過來的知識分子家庭受到衝擊而此作罷。母親1951年畢業後，前後任教靜寧路小學、任家莊小學、甘肅省電業局幼兒園教師。並擔任甘肅省電業局供電科文書。

　　1957年反右運動時，因為父親被打成右派分子，組織上找母親談話說，讓她與父親劃清界限，並婉轉地告訴她與父親離婚，否則她也要被劃成右派分子，因為母親生性倔強，她沒有與父親離婚，而且父親每次被批鬥她都要安慰父親，於是她由於階級立場不堅定，不能與右派分子的丈夫劃清界限，而被立逼著提前退職。

五十年代時的父親趙恒民與母親鄧光清。

　　母親一共生了六個孩子，我上面的一個男孩和我妹妹下面一個男孩早早地就去世了。活下來的四個孩子依次是姊姊趙彤、我、妹妹趙炯和弟弟趙小虎。退職後的母親，為了把我們四個孩子拉扯長大，她給別人洗衣服和被子，這些衣服和被子拆洗晒乾後，還要縫補好才能交到別人的手裡。母親本是大戶人家出身的女學生，從小沒有受過艱難困苦，因為受父親的株連她被生活所迫不得不什麼髒活苦活累活都拚命幹。父親在和母親戀愛時答應給母親終生的幸福，然而世事難料自己被一夜之間打成了右派分子。父親覺得自己對不起母親，他想自己不但沒有給母親帶來幸福，還讓她在政治和經濟上

受了這麼大的連累，所以這種愧疚心理讓父親一輩子都在包容和關愛著母親。尤其母親在晚年時得了腦血栓的重病，雖然我照顧著父親和母親，可總是比不上父親對母親的關愛和陪伴。父親在這個時候一直陪伴著母親不離不棄，由於母親病著，我多次讓父親和母親去出外旅遊，父親說你母親行動不便，我也就不去了。去北京、去新疆、去西安、去上海、去海南，一次次地拒絕，因為父親不願意離開母親一步，這樣就讓父親、母親在世時我沒有陪他們到外面看看祖國的大好河山，成了我終生的遺憾，這個遺憾讓我心靈上一直感到是對父親和母親的虧欠。

我記得母親那時心情不好，我小時候又是那麼調皮搗蛋不聽話，當我在黃河裡游了泳被母親發現後，母親就會氣得打我幾下。因為黃河浪激洶湧澎湃處處存在著危險，她害怕她的兒子被黃河水捲走，可母親說我後我還是繼續去和同學們一起游泳過黃河，這時母親就瘋狂了。母親給我念了一段《淮南子·原道訓》上的一句話：「善游者溺，善騎者墮，各以其所好，反自為禍」。母親說，淹死的好多都是游泳的高手，從馬上掉下來的也有好多都是騎馬的高手，武場上好多被打死的就是拳棍手。你以為你能夠在水裡撲騰幾下就不得了了，到了黃河裡時時潛伏著危險，你知道嗎？我無言以對，可是同學們在一起打個吆喝又將母親的話忘在了腦後。

我知道母親被右派分子的家屬連累著，始終在壓抑的心情中生活。可我和同學們到了一起什麼都忘了，受到別人的欺負時我就抗爭打架，還響應毛主席到大風大浪裡鍛煉的號召去到黃河裡游泳。尤其我到了叛逆的年齡後，我經常惹母親生氣。人們說，慈母嚴父。而我們家裡是慈父嚴母，父親從小就沒有動過我一指頭。我記得父親不論在什麼時候都哄著母親高興，父親就像母的大哥哥一樣，始終包容著母親，讓母親在最艱難的歲月裡始終在父親的身邊。

文化大革命時，有些人挑唆一個叫唐國美的家屬去打母親。這個唐國美是個上海人，平時和母親關係最好，我們也稱她為「唐姨」。母親做了好吃的有時就讓我給他們家端一些過去。可是，這個「唐姨」在文化大革

命時像換了個人一樣，她在鬥爭會上搧母親的耳光，揪母親的頭髮，母親被他們在臉上用墨汁塗了個大花臉。文革後母親回到了蘭州，她沒有記恨這個打了她的「唐姨」，還把「唐姨」叫到了我們家裡。

母親後來得了腦血栓病，父親一直在默默照顧著母親。雖然我們兒女們對兩位老人特別孝順，但比起父親和母親相愛一生的互相陪伴，那種力量是無可比擬的。母親得了病後有一天對我說：「慣了的是逆子，打了的才是孝子，看來媽媽在你小的時候把你管對了。」我說：「媽媽您在我小的時候打我都是為了我好，再不要提這件事了。」2007年12月10日我生日那天，七十六歲的母親走了，那天天上的雪片密密地飄著，像織了一個白色的大網，天空混沌一片幾米之外都看不清楚，蘭州南北兩山在白色的迷茫中只能大致看到個輪廓。我們給母親搭了個靈堂，靈堂裡忽明忽滅的蠟燭後面是母親慈祥的面容。父親讓我陪他去看母親最後一眼，我和父親一同進了靈堂，父親站在母親的遺像前長久地注視著母親的眼睛。我和父親站在母親的棺材跟前，我給母親深深鞠了一躬，當我揭開遮在母親臉上的手絹時，堅強的父親哭了，他的痛哭嗚嗚咽咽似驚濤駭浪。這長達58年共度患難的真摯感情，最終還是走到了盡頭。

我知道父親過去從來沒有流過眼淚，就是在造反派的鋼鞭下他也沒有哭過，在人們對他的圍鬥中始終高昂著他不屈的頭顱，在農村的艱難困苦中他也含笑面對。母親沒有生病時，他像一個大哥哥一樣欣賞著母親這朵在他心裡永不凋落的花朵。母親在農村時每日裡幹著超負荷的勞動，她是那樣的窈窕瀟灑，可當母親回到蘭州後，她一天天地發胖，得了致命的腦血栓。父親認為這都是他的過錯，讓母親這朵花遭受了暴風驟雨空前的打擊。

今日裡母親走了，走得那麼讓他措手不及。母親是要比父親小十三歲的，他說他要陪母親到永遠。多少年來父親的眼淚都流進了他的肚子裡。可他看到緊閉著眼睛熟睡的母親時，他知道母親再也醒不來了，那被強迫擰緊的水龍頭突然被打開了，而且噴湧而出嘩嘩地流了出來。父親的哭嗚

嗚咽咽驚天地泣鬼神，肅穆的天幕紛紛揚揚的大雪完全籠罩了整個蘭州大地，我再也控制不住我的眼淚，我伏在母親的身上大哭了起來。我想，母親走了，我再也沒有媽媽了，媽媽對我的擁抱，媽媽對我的牽掛，媽媽曾經對我輕輕地吻已經成了永久的過去，那企盼著我回家含情脈脈的眼睛我再也看不見了。母親年輕時吃了那麼多的苦，本想老年時能好好過幾天好日子，苦日子過完了她卻病倒了，雖然我們盡心照顧她，可她卻不能自由地周遊世界，做一些自己喜歡的事情。

　　母親生我時剪斷的是我血肉的臍帶，這是我生命的悲壯，是母親給了我生命。母親升天時剪斷的是我情感的臍帶，這是我生命永久的悲哀。我多想讓母親再看我一眼，可這樣的奢求將永遠不屬於我了。十年後的2017年5月17日父親也離開了我們，母親和父親相繼離開我們，我感到從來沒有的孤獨，母親和父親在世時，不論我遇到多少艱難困苦，總有父親母親惦記著我，可父親母親走了後我覺得我什麼也沒有了。母親在的時候我沒有這種感覺，總覺得日月常常在，何必把人忙，母親走後我才知道世界上有些事、有些人是沒有重複的，錯過了將會是永遠的過去。我的心裡空空的，但我還是能夠感受到父親和母親的溫暖，我有時候進家門時我總感覺到父親母親還在那裡等著我，這樣的感覺持續了將近有兩個年頭。我知道我再也沒有父親母親了，可他們個人的魅力一直影響著我，也影響著這個家和我的孩子們。

第十章　搞副業青海省果洛藏族自治州瑪柯河林場

　　瑪柯河是長江支流大渡河的幹流，發源於巴顏喀拉山支脈果洛山南部，在青海省內長210公里。果洛藏族自治州瑪柯河林區位於青海省果洛州班瑪縣東南方向，面積為10.16萬公頃，屬大渡河上游地區，和四川省壤塘縣接壤。它是青海省最大的林場，也是全國海拔最高的林場。位於瑪柯河兩岸的仁玉原始森林區，即瑪柯河林區，是長江水系的水源涵養林區，與川西高原林區連成一片，氣候溫和，可種植青稞、豌豆、馬鈴薯、油菜等農作物和白菜、蘿蔔等蔬菜，是青海省果洛州重要的河谷農業區和半農半牧區，是果洛藏族的發祥地，藏語稱之為「班瑪仁玉」。

　　瑪柯河林區是青海省獨特的一塊地理區域，這裡有茂密的原始森林和豐富的動植物資源使這裡成為生物學、生態學家開展研究的天堂，被譽為果洛「小江南」。另外，這裡獨特的藏式碉樓民居、規模弘大的佛教寺院、神祕的天葬台以及革命歷史遺跡紅軍溝等，構成了這裡多元的旅遊元素。

　　瑪柯河林區也是我國高寒林區重要的生物種群庫，目前林區內共有植物67科220屬466種。野生動物分布有白唇鹿、金錢豹、雪豹、雉鶉、金雕等11種國家一級保護野生動物，還有棕熊、獼猴、小熊貓等29種國家二級保護野生動物和10餘種省級保護動物。目前僅存於瑪柯河川陝哲羅鮭（又名「貓魚」）是第四紀冰川時期遺留下來的水生物活化石，已被列入國家二級保護動物和中國瀕危動物紅皮書。由此，這裡成了生物學家、生態學

家進行科學研究，野生動物愛好者和動物親近，特別是觀鳥的好地方，每年都吸引包括海外和港澳的大批人員來這裡進行物種觀測和鳥類拍攝。瑪柯河林區現在是全國重點生態公益林區，被列入三江源自然保護區的核心區。

位於瑪柯河林區的燈塔、亞爾堂等鄉的農牧民，有世代居住於山頂的習俗，兩岸的藏式碉樓民居，依山勢高低錯落，全部是用石料砌成，這種碉樓在其他藏族聚居區很難見到，和聞名的四川丹巴碉樓相比各有特色。

位於子母達溝的紅軍溝，是1936年7月紅二方面軍戰鬥過的地方。1936年7月，紅軍二、四方面軍中的六軍直屬機關和十六、十七、十八模範師以及三十二軍等，先後進入班瑪境內。然後沿瑪柯河北上，抵達班前鄉一帶，進行籌糧和短暫休整。由於這裡人煙稀少，保留了大量的歷史遺跡。

位於江日堂鄉的天葬台、江日堂寺是境內非常具有宗教色彩的遊覽點，尤其是江日堂鄉的天葬台規模宏大，附近滿山的經幡綿延數百米，是果洛地區也是整個藏區最大的經幡群。

班瑪地處青海省南大門，瑪柯河穿境而過，與保留完整的瑪柯河原始森林互相依存，形成豐富的旅遊資源。西寧到班瑪距離592公里，班瑪縣城到瑪柯河林場58公里。西寧、大武、達日都有發往班瑪的班車，西寧也有班車發往瑪柯河林場。另外，從四川成都、色達到班瑪縣的班車都經過瑪柯河林區，均可搭乘。

1971年5月過後天氣漸漸暖和了起來，我在生產隊報名跟著大隊副業隊的農民一起到青海省果洛藏族自治州瑪柯河林場當伐木工搞副業。走的那天我們大隊副業隊的人起得很早，黑乎乎的天伸手不見五指，我們背著行李走在路上只能聽見散亂的腳步聲，天快亮時我們到達了大河家黃河邊臨津渡坐了擺渡船過了黃河，然後再步行在青海省官亭鎮與其他各處人們一起坐了瑪柯河林場的大卡車去林場的。

5月的天氣在青海省到處還是白茫茫積雪一片。大卡車開得很快，我

們身上都裹著羊皮襖，頭鑽在皮襖裡，互相擠在一起，並沒有感到有多麼寒冷。因為這時人們都很興奮，心裡也比較暖和。在當時的農村，家家戶戶春播之後到了荒月裡吃了上頓沒下頓，全憑在親戚處借糧度日，而且都沒有額外的收入，吃飯時在飯碗裡撒一把鹽就可以扒拉進嘴裡。可是出來搞副業就不一樣了，除了可以買點家裡的零用品之外，有些人還可為妻子兒女們買件衣裳帶回幾雙襪子，剩下的錢還可以為家裡購進一些糧食，這對於一無所有的農民家庭來說真可以說是太幸福了。

汽車奔馳在原野上，路兩邊大草原這時已綻放著一朵一朵的格桑花，一眼望去綠油油的大草原上點綴著星星點點的花朵非常壯觀秀麗。黑色的犛牛和白色的羊子灑落在綠色的草地上，使得大草原顯得空曠悠遠。草原越遠越美麗，整個地面形成一片金色帶綠的海洋，上面點綴著千萬朵各種各樣的花。這裡黑犛牛和白色的羊最多，其他種類的黃牛、犍牛也有但還是黑犛牛為多數，羊裡主要是綿羊。大草原上也有一個一個的湖泊和緩緩流淌的河流，但我們經過的地方大多還是小河溪流。然而，此時的我們都一臉茫然，只想著未知的林場到底是怎麼個天地，真沒有心情來盡情觀賞這天地造化的奇異景色。

我們是下午天快黑時到達瑪柯河林場的。一到林場先是給我們安排了宿舍，房子是事先收拾準備好的，六個人一間房子，木頭釘成的大鋪，大鋪上面鋪著草，乾淨清爽，對於我們來說這就非常滿意了。記得我們到了林場的第三天，場裡的負責人給我們介紹了林場伐木的有關注意事項和勞動紀律，尤其給我們反覆強調了安全問題和防火事宜。並且告誡我們，千萬不能單獨一個人到跟前的村莊裡去，去後就回不來了。說完這話跟前的一個穿著皮襖的人還對著我們「嘿嘿嘿」地笑了起來。我當時一頭霧水，為什麼一個人就不能進到那些藏式碉樓和氈房裡去呢？後來我才知道臨近的村莊只有一個大隊書記是勞改後從監獄裡釋放出來的成年男人，他也是「叛亂分子」，其餘除了未成年的娃娃都是女人，是典型的寡婦村。那個人笑的原因是，年輕男人到了那裡就會被這裡的女人們關起來好吃好喝不

讓出來了。帶著這個疑問，後來我問場裡年紀大一點的工作人員，這個村裡男人們都到哪裡去了？他們悄悄告訴我，這裡的藏族男人都在1958年的叛亂中被打死或被抓到監獄裡去了。

後來我們熟悉了這裡的環境，經常到藏族人的碉樓裡去買酥油或換些其他的東西，可是並沒有發生像那位領導說的可怕事情。但這位領導的話卻讓我回想起小時候蘭州的馬路上經常有一車車的所謂「甘南叛匪」，也就是甘肅省甘南藏族自治州的叛匪，他們穿著臃腫的皮襖，橫七豎八躺在敞篷大卡車上被荷槍實彈的軍人押著。這裡有男人也有女人，有老人也有滿臉稚氣的小青年。有一次我還看見一隊弓著腰好似背著全部家當的藏族男女，他們頂著烈日蹣蹣跚跚走在蘭州的土路上。由於蘭州的大街上突然間有這麼一些不速之客的到來，人們都站下來進行觀望。聽周圍的人悄悄議論說，這些人是甘南的叛匪正被押往勞改營地。我當時想，這些叛匪怎麼都是些普普通通的藏族同胞呢？因為我的腦海裡叛匪就是壞人，壞人應該是眼露凶光滿臉猙獰的夜叉式的人物。

到瑪柯河林場的第三天我們就開始伐木了。我們每天天麻麻亮時就開始上山。我們都穿著牛皮紮成的絡蹄鞋，絡蹄鞋上套著釘齒，這種釘齒踩在冰上咯噔咯噔地響，就像走在土路上一樣並不感到滑溜。

伐木是非常艱辛危險的一種工作。林場根據計畫給需要伐掉的樹木用石灰劃了白圈，我們是用鋒利的斧子砍樹的。砍樹時要考慮好樹倒的方向，假若稍有偏離，被砍倒的大樹除了會砸到一邊的人外，還會突然砸向自己。當然，有時就是確定好方向，但是意外的事情還是會發生，因為突然的颮風，別的樹倒時也會連累，還有人為的斧子砍偏，都會造成大樹砸向人們。所以，我們砍樹時是非常謹慎的。當然主要是必須有過硬的砍樹使喚斧子的技能，不然一斧子下去對於快倒的樹就非常危險了，砍偏的斧子也會將大樹倒向自己或邊上人的。另外，場裡對我們有嚴格的要求，砍樹時不能隨便打鬧嬉耍，人身安全是頭等大事。

我剛伐木時斧子確實不太會使用，有時候偏離劃線而且距離很大。場

裡就讓我們閒暇時練斧頭砍劈柴，這樣練既能練眼力，也能練臂力，就像射擊運動員瞄準靶心手穩心不慌才有可能打成十環。另外砍劈柴手握斧頭的控制能力非常重要。當然我們主要是一邊幹一邊總結經驗，因為對於我們來說必須盡快進入角色，沒有任何人來頂替你的工作。

大樹被砍倒後，我們就開始削樹上的枝葉，削了樹上的枝葉後將樹幹放進用木頭釘成的木槽滑道裡。當樹幹進入木槽滑道後大樹似箭一般地往下飛，而且越滑越快，摩擦出的火花像大樹拖著一個長長的掃帚星尾巴直往山下奔去。這時就聽見隔一段一個哨兵往下喊：「下來了！」「下來了！」沿途伐木的人們就停下手中的活，迅速躲進山石下的掩蔽之中。當然，滑槽中的飛木，不一定全都從上到下直接到了山下，也有一些大樹半道上突然從滑道裡蹦出來，只聽「嘩啦啦」一聲響，大樹橫掃過去，就是端溜溜長在山上的大樹，也會被攔腰砸斷。如果掃到人的身上，不被打死也會被掃到山下成了殘廢。

我們是輪流進行伐木，或是當哨兵的。我在當哨兵時，一般躲在山石下面，不時往上面觀望，當聽到我上面哨口上喊：「下來了！」我馬上也接著喊：「下來了！」下面的哨兵都跟著喊：「下來了！」「下來了！」這種喊叫此起彼伏，隨著飛了一般的伐木在滑槽中一直傳到山下。然而就是這樣還是經常聽到林場有各種事故發生。不是被砍倒的大樹砸傷了人，就是有人被山上的飛石擊中，或滑槽中跳出的大樹橫掃過去將人致死的。

瑪柯河林場這裡雖然已經快到6月，早晚卻非常寒冷，滴水成冰。為了減少滑槽的摩擦，我們每天上山都要往滑槽裡灑水，讓滑槽裡結成冰。這樣既可減少滑槽的摩擦，還可降低滑槽的溫度。我們每天上工是背著木桶裡的水上山的，上到山上從山上往下灑水，我們十多個人上山每個人來回兩趟，背上二十幾桶水基本上是能夠灑到山下的。

灑了水的滑槽銀光閃閃，太陽出來了，陽光照在滑槽裡，就像有無數的金色鯉魚在滑槽裡跳動耀人眼目。

此時，就有大樹似箭一般從上往下在滑道裡奔馳，大樹尾巴上拖著的

火星，與滑道裡的金色光輝映成一幅壯麗的畫卷。可是我無心欣賞這奇異的景色，我的心裡始終有一種忐忑不安。爸爸、媽媽他們還好嗎？弟弟、妹妹他們在做什麼？十五、六歲的男孩子叛逆心強烈，在家時我想儘快離開這個家庭，可當我與家人分離後，牽腸掛肚的思念時時襲擊著我，反倒加重了我對他們深深的掛牽。我不放心父親母親，父親雖然比母親身體好點，但父親身體瘦弱，他幹不動農村超強度的農活。母親從小身體就不好，生了我們弟兄姊妹幾個後，落下了一個腰疼的毛病，我走後家裡若有髒活累活，他們能幹得了嗎？我不知為什麼當時離開家庭的意願竟然那麼強烈。

父親是右派分子，在大河家川道裡就成了稀罕。劉集公社、大河家公社的階級敵人除了地主、富農、反革命、壞分子，唯獨就父親這麼一個右派分子。因為他一年四季戴著一副黃邊眼鏡，所以人們就給他起了個外號叫「眼鏡子」。平日裡勞動地、富、反、壞四類分子混在農民裡是看不出來的，因為多年的運動和艱辛的勞動，將這些往日裡的農村菁英已經打磨成了比農民還要穿得破爛，皮膚還要黝黑的人了。可是，父親就不一樣了，他戴著高度的近視眼鏡，皮膚比較白皙，他一不會犁地，二不會打碾，就是農村背糞，也是斜吊著膀子。雖然他是盡最大的力氣在拚搏，可總是勞動走不到別人前面。這就成了全公社典型的笑料，不論大小幹部就拿父親做反面教材。「你們看見了吧，什麼叫四體不勤五穀不分，趙永綱就是最典型活生生的例子，這就叫四體不勤五穀不分。」父親叫趙恒民，可這裡人都稱呼他帶有輩分字牌的名字趙永綱。有些人為了不讓孩子讀書就拿父親做典型事例。「讀那麼多書有什麼用，你看趙永綱書讀得多不多，那有什麼用，到頭來連個犁地的杠子都不會抓，還把眼睛看成了近視眼，完全成了個廢物。廢物就廢物，還讀成了個右派分子。你們知道什麼是右派分子嗎？就是反革命，反對毛主席，反對共產黨，變成了一個世上最壞最壞的壞人。」娃娃們聽到這話就很害怕，以為右派分子就是比妖魔鬼怪還要可怕的大壞蛋了。

父親聽到此話也不辯駁，只是付之一笑。可父親到了家裡就對我說，你可不能有這種思想，你要抽時間抓緊看書學習。我當時對父親的話是有牴觸情緒的，我嘴上不說心裡想你學了那麼多東西有什麼用處，知識越多越反動，還成了階級敵人。我就是抱著這種想法在大隊副業隊報名離開這個家的。可在此時我有些後悔，我已經快十七歲了，父親母親身處極度貧困的農村，那些所謂的貧下中農一天到晚對他們大聲呵斥，父母親多麼需要我在他們身邊。可是，我卻為了自己不顧他們的心情離開了他們，此時想起來覺得我是多麼的自私。

　　那是我來到瑪柯河林場將近半年的一天，和我一同到瑪柯河林場大隊副業隊的塞里木被石頭砸死了。塞里木是回族，在崖頭坪村時我偶爾可以看見他，他見了人笑呵呵的，可到了瑪柯河林場我們就住在一個宿舍，而且我們每天一起上山，一起伐木或當哨兵。塞里木不善言談，可他做什麼事情都非常細心，而且很愛幫助別人。這天我們一同到了山上，我在山上砍樹伐木，他則到半山瞭望放哨。到了下午，我們砍伐的樹木基本上已經從滑道放到了山下，可是到了後面有一個大樹突然從滑道裡跳了出來，跳了出來的大樹橫掃山林，塞里木他躲到了石崖下面，可是大樹跳騰了一會後就停了下來，山林也就慢慢恢復了平靜。於是，塞里木就從石崖下走了出來，他朝山頂望了一眼，不看還不知道，一看只見幾塊飛石爭先恐後從山上滾了下來，他趕快要往後退去，可已經來不及了，從山頂滾下的一塊飛石砸中了他的腦袋。他被砸中時我沒有看見，可當我下班回到場裡時聽人們說「塞里木被砸死了」。因為飛石在慣性作用下，將他的腦袋打破，他渾身是血，腦漿都溢了出來。我聽到後跑去看了塞里木，他的屍體在我們宿舍後面一間房裡，身上蓋著一塊白布。當我看到他屍體的那一瞬間，我的眼淚嘩啦啦流了出來。場裡的幹部沒有讓我們揭開白布，說是屍體太恐怖，塞里木的半個腦袋都被石塊削掉了。

　　我不敢相信這是事實，今天早上我們還一起上山，他提醒我說，你從城裡來沒經驗，幹活一定要有眼巧，要多加小心。我把他叫「塞里木

哥」，我是把他當成大哥哥的，他怎麼會離開我們呢？我記得我們自從來到瑪柯河林場，一起吃，一起住，一起上山伐木，休息時一起漫唱「花兒」。他是那麼樂觀的一個回族小夥子，他怎麼說沒有就沒有了呢。在此時我好像聽到了他唱的「花兒」：

> 十八個梅花鹿石崖上轉，
> 尕槍手口子裡堵哩；
> 尕妹的莊子是萬丈的崖，
> 沒害（呀）怕，
> 眉毛裡踏一條路哩。

　　聽了他的「花兒」，感覺到他是那麼年輕，是那麼風流，他視生活如藍天白雲、陽光鮮花，對生活充滿了嚮往，為了自己心愛的女人就是萬丈懸崖，他也要在眉毛裡踏一條路去與她約會，可他怎麼說走就這麼走了呢。我不敢相信這是事實，但他確實千真萬確地走了，他就躺在我們宿舍後面那間屋子裡白單子的下面。

　　瑪柯河林場這地方不似其他平原地帶，這裡山陰寒冷，雨雪水較多。這天早上瑪柯河林場被霧濛濛的霧氣籠罩著，太陽出來了霧氣化成了散淡的白雲還在山上飄蕩。塞里木突然地去世，讓我們還沒有回過神來第二天又上山伐木了。所以說，我根本沒有沉靜在悲傷的時間，一個人去世了，就像大路上一個過客匆匆而過，沒有給人留下多少記憶人就走了，人們很快就恢復到了原來的狀態。我們還是早出晚歸，但正規的林場作息時間固定，八小時工作制沒有加班的情況。可是我習慣了家裡的作息時間，吃過晚飯我們打一會撲克，然後就躺在了床上睡著了。

　　自從林彪事件後場裡對我們要求得更加嚴了。晚上必須按時休息，不能隨便一個人到外面去。913事件發生後，本來我們是根本不知道的，可是那天林場領導突然組織全場開大會傳達中央文件，當領導念到「林彪投

敵叛國」幾個字後，整個會場炸開了鍋，場裡一個造反派突然站了起來，高舉雙手大喊：「打倒某某某！」他們上去就將傳達文件場領導某某某的胳膊擰到了身後，大家誰也不相信這是真的，「敬愛的林副主席」怎麼突然間成了投敵叛國分子。這個造反派喊著打倒的正是這個傳達中央文件的領導。然而對於我們這些搞副業的農民來說，卻對林彪事件沒有什麼反應，我們只是想著今天用不著上山伐木了。

瑪柯河林場這裡氣候多變，早上還是冰天雪地，可到了中午已是豔陽高照，太陽直射下來刺人的眼睛，沒過多久可能又是陰雨綿綿，當一陣寒風過後已成漫天的飛雪。真可以說是一天裡能經歷一年的四季。我們每次上工伐木，不管早上天氣好壞，都要帶上棉襖和雨具。我們腰裡紮著皮帶，頭上戴著安全帽，皮帶上別著斧頭，皮帶是農場發給我們的。我每次上山都要帶一條麻繩，我將麻繩斜跨在身上。上山的路很是滑溜，可是我們都穿著套有釘齒的絡蹄鞋走得卻是那麼踏實。這天我砍倒一棵樹後削了枝，我馬上又去砍第二棵，我是準備砍了兩棵樹後再往山下一起放的。第一棵樹砍得很順利，可是砍第二棵樹時卻遇到了麻煩。我本來是要將第二棵樹倒向第一棵樹的跟前，然後將兩棵樹並排都放在滑槽跟前，可是我一斧子下去砍偏了，大樹嘩啦啦一聲向後倒去，掉到了一個石頭坎下面。這樣我只有先將樹上的枝葉削去，然後再將樹幹慢慢往上拖。由於我一斧子的偏差，雖然沒有發生大樹砸人的事情發生。可是讓我整整拖了一個多小時，後來在工友的幫助下才將第二棵樹的樹幹拖到滑槽跟前。

對於練斧子砍樹我是下了很大功夫的，可是還是會出現這樣那樣的偏差。然而對於伐木工作卻不允許有任何失誤，任何一點小小的偏差，差之毫釐失之千里，可能就會帶來意想不到的後果。過了一段時間場裡就將我調到瑪柯河上去放排子了。對於場裡為什麼要調我去放排子，我個人不甚清楚，但我卻和斧子砍樹時的偏差聯繫了起來，我想是不是自己砍樹的失誤，讓別人反映給了場領導。對於場裡的這個決定我是不服氣的，因為我認為伐木的工作我是能夠做好的，而且我已經在暗暗下功夫進行練習，可

是場裡還是將我換了下來。

　　瑪柯河發源於巴顏喀拉山支脈果洛山南部，在青海省果洛藏族自治州班瑪縣境內。從山上放下來的林木，被我們用釘耙釘到一起後，拖放到瑪柯河中讓它順流而下，從山中運送出去。這項工作也有一定危險，一是木頭從木頭垛上滾下來，容易砸傷人或是將人擠壓。另外，木排到了水裡後，人若將木排控制不好，或是木排上人落水中，水性不是太好的伐木工就會被水淹死，或者會被漂浮的木頭活活擠死。

　　我們每日裡將一抱粗的木頭往水中移動，有滾動往前走的，也有幾個人將釘了耙釘的木頭拴上繩索拉著往前移動的，總之我們做得很愉快。雖然做的都是一些重複的強體力勞動，但我們都很年輕，正像人們說的一樣「吃著不飽，做著不乏」，伐木、運木累了睡上一覺，第二天早上馬上又精神百倍。我們一邊幹著活，一邊唱著勞動的號子或是「花兒」：

　　　　花麻雀展翅者騰空了，
　　　　虛空裡抱了個蛋了；
　　　　睡夢裡摟你者摟空了，
　　　　枕頭哈當你者抱了。

　　離開老婆後的孤男和這些對異性強烈渴望的光棍漢將自己的心情一覽無餘地在「花兒」裡表現了出來。我們這些到瑪柯河林場出門搞副業的人，都是二十歲左右的年輕人，吃著不飽，做著不乏，身上的雄性荷爾蒙特別強烈，到了晚上確實將夢中的情人「枕頭哈當你者抱了」。

　　在瑪柯河林場我們除了唱「花兒」以外，我還學會了唱藏族民歌「拉伊」。「拉伊」是藏族情愛方面的民歌，由於藏族地區地廣人稀、居住分散，青年男女平時見面機會很少，只有節慶吉日聚會時才有幸相逢。「拉伊」也就成了他們相互愛情的導火線、黏合劑、酵母菌，如爐膛內熊熊的烈火，把少男少女的心兒燒得滾燙，愛情的火花在「拉伊」的歌聲中火花

不由四濺，織成絢麗多彩的美妙畫卷，讓有情人終成眷屬。可是，瑪柯河林場周邊地區的村落大多已成了寡婦村，在我們沒有到來的時候，沉寂的村落已沒有了笑聲，很少聽到有人再去唱歡快的「拉伊」。

自從我們這些伐木工男人到了這裡之後，雄性的荷爾蒙散發在林場裡，我們的周圍經常可以看到一些年輕的藏族女人。她們找各種理由到我們勞動的現場與我們進行交流。女人的到來讓我們這些伐木工更是精神煥發，打著口哨去挑逗歡迎這些不速之客。藏族人本身就喜歡跳舞唱歌，到了這裡女人們不是輕盈地跳起鍋莊舞，就是望著我們唱「拉伊」。她們不僅自己唱，還讓我們和她們一起對唱，剛開始我們不會唱，她們就教我們唱。我就是這時候學會唱「拉伊」的。後來我才知道，「拉伊」和「花兒」一樣只有避開血緣輩分在曠野山谷中青年人聚會時才唱。這裡有互相愛慕的情感流瀉，有擇偶標準、情侶形象的思考選擇，有情投意合、推心置腹的心心相印，有如膠似漆、海枯石爛的堅貞不渝。然而「拉伊」比「花兒」在愛情上還要大膽、直白，我想這可能是這些藏族女人被長時間性壓抑後火辣辣的激情。

熟識的檀香樹林／飛來陌生的布穀
說什麼陌生不熟識／落在枝頭唱三曲就相識了
熟識的大村莊裡／有一位陌生的姑娘
說什麼陌生不熟識／情投意會在一個心坎上
我是遙遠的他鄉人／到瑪柯河林場伐木
若不是為了得到神的護佑／我哪有這樣大的心勁
我住在千里迢迢的異鄉／到這裡相會心愛的姑娘
若不是為了得到你的愛情／我哪能到這陌生的地方

我們在「拉伊」裡揉進我們自己的工作和生活。苦悶的人們在這裡用「拉伊」各自傾訴不幸和嚮往，異性之間年輕的心砰砰跳動碰撞出燦爛的

火花。這時候有些藏族女人就找機會幫我們洗衣做飯了。然而，伐木工們有嚴格的紀律，是不能隨便與藏族女人接觸的，只能用「拉伊」進行心靈的交流，當然也有吃了豹子膽去與藏族女人相會的，這些相會是偷偷摸摸在底下進行的。我只是聽說有一個和我一起來的伐木工，他經常裝作去上廁所，就在我們勞動的樹林裡與多個藏族女人發生了關係，而且還在這裡留下了他的孩子。

天空出現了七色的彩虹，像一彎小橋搭在瑪柯河的兩岸上空，瑪柯河緩緩地流淌，被釘在一起的木頭整齊地朝下游流去。這些天來瑪柯河這裡有時下雨，有時天晴，當太陽豔陽高照時，突然間就會颳過來一抹烏黑的雲彩，緊接著嘩啦啦就下起了雨。這天岸上的木頭特別多，碼得高高的，我們將一抱粗的大樹有的用鐵杠撬，有的往水裡拉，有的用釘耙將木頭釘在一起，大家都緊張有序做得井井有條。

我那天一直都幹得很順利，快到中午下班時節，我正將木頭往河裡拉，由於我拉得這根木頭被一根圓木擋在了前邊。我就用撬杠輕輕把那根木頭撬了撬，沒想到牽一髮而動全身，在那根木頭上面的木頭突然朝我滾來，而且一根連一根爭先恐後地朝我撲了過來。我一看這種情況，不待多想趕快往邊上跳去，雖然我躲得及時木頭沒有壓到我的身上，可還是我的腳被一根滾動的木頭壓傷了。我當時只是突然感到了一陣刺痛，我跟前一個同伴將我猛地推了開來，不然雖然我跑得快，可被壓了的腳不及時拔出來後果不堪設想。當木頭離開我的腳面時鑽心的疼痛直衝我的腦門，我疼得抱住腳坐在了地上，豆大的汗珠從臉上流了下來。工友們將我送到林場醫務所。醫生讓我動一下腳指頭，並且用手摸了摸，說道：「還好沒傷了骨頭。」然後給我了一些外用的藥。可是這次意外的受傷，雖然沒有傷到骨頭，可我的腳從醫務所出來後腫了起來，腳放到地上就鑽心地疼痛。

第二天我就不能下地了，我澈底地休息了。可我是一個不安分的人，躺了七、八天後我就要求到現場去幹活，林場領導看我態度堅決，就讓我到現場搞統計，另外喊號子指揮伐木工們拉運木頭。

在這段時間裡，有一個經常來我們場裡唱「拉伊」的藏族姑娘給我送來了一瓦罐酸奶。這種酸奶藏族人把它稱為窩奶，他們釀製時先把鮮奶煮熱，涼至微熱，加上酸奶引子，然後盛到特製的酸奶桶裡，蓋上桶蓋，用皮袍包嚴以使奶子保持恆溫，放上一個晚上即可食用。釀製酸奶頗不容易。酸奶煮熱，放酸奶酵子的時機必須恰到好處。放得過早，奶子較熱，做出來的酸奶酸澀難吃。酵子放得過晚，奶子過涼，酸奶成湯狀很不好吃。而這位姑娘給我送來的酸奶，潔白如脂，像嫩白的豆腐，吃起來清涼、微酸，還帶有一點酒香。

這是一個「拉伊」唱得非常好的藏族姑娘，可能是我特別喜歡唱「拉伊」而結的緣吧。因為她給我送來了一瓦罐酸奶，和我一起的同伴們就開起了我的玩笑，弄得我百口難辯。我是連她的名字都不知道的，而且在我離開瑪柯河林場一直再沒有見過她。說句心裡話，我是非常想再見到她的，可不知為什麼她好像在人間蒸發了一樣，自從她給我送來酸奶後再也沒有出現。

我們從瑪柯河林場離開的那天，聽到我們要走來了幾個藏族女人，我當時還想那個姑娘怎麼沒有來啊，我是多麼想再看她一眼，可我們的大卡車啟動後，她一直沒有出現。

我們的大卡車開得很快，沿途到處盛開著黃黃的油菜花。一望無際的綠色草原上點綴著白色的羊子和黑色的犛牛，騎著馬的牧人將馬頭拽起，遠遠地朝我們觀望。最有趣的是一些將衣袖系在腰間的藏族女人，遠遠地看著我們撩起皮袍喊道：「胖胖打給，胖胖打給。」我不懂他們說得什麼，和我一起搞副業的人們說，她們叫我們和她們去玩男女之間的遊戲。我現在想，她們是因為性的飢渴，還是藏族女人的放蕩瀟灑，總之她們是那麼樸實無華，就像一朵朵剛出水的芙蓉，那種淳樸感情的流露是那麼無拘無束。

第十一章　煤油燈下發憤苦讀

　　我是一個69屆初中畢業生。1966年小學畢業時正逢文化大革命席捲全國，學校停課，學生造反，初中階段除了學工學農，沒有正兒八經上過一堂課。雖然我在上小學時，語文數學在全班數一數二，可自從文化大革命開始後我再也沒有系統地進行過學習了，所以我到農村時雖是初中畢業生，但實際只相當於小學畢業水平。到了農村外祖父和外祖母告訴我，「你不能被外界環境干擾自暴自棄」，尤其母親經常督促我「你要擠時間學習」。就在我到農村的第三年，我們所在公社的劉集中學下放來了一些優秀的中學老師。這裡有廣州中山大學外語系畢業教語文的老師劉碧露，西北師範大學數學系畢業的數學老師孫熙，還有蘭州大學化學系畢業教化學的老師宋多炳，甘肅農業大學畜牧獸醫系畢業任教數學、語文的王玉蘭老師。我得知這個消息後興奮異常，我歡呼雀躍在白雪覆蓋的寒冬，好像感知了春天的訊息一樣那麼激動。

　　我給母親說，我要去上學。因為通過在農村勞動我深深感到自己知識的欠缺，我非常渴望到劉集中學去上高中。母親聽到我想去上學非常高興，她看到她的兒子長大了，已經有了自己判斷是非正確抉擇的能力。母親說：「不知道生產隊同意不同意。」我渴望學習的欲望那麼強烈，我並沒有想到對於一個右派狗崽子來說想去上學比登天還難，可我當時想不就是上個學嘛，事情就那麼複雜嗎？上個高中難道還有麻煩嗎？生產隊怎麼能不同意呢？當我主意拿定那些日子裡我不論走到哪裡都哼著歌，我感到天地開闊，一切都是那麼美好，整天沉靜在要繼續學習的美好憧憬當中。

我對將要上高中做了詳細的計畫，幾點起床、幾點上課、做作業需要多長時間、每天讀幾小時的書、晚上幾點睡覺、中午休息多少時間。那些日子我好像感到天是那麼藍，地是那麼綠，渠水潺潺，鳥語花香，走起路來一蹦三跳。然而我還是太年輕了，我對以階級鬥爭為綱的殘酷現實一點都不瞭解，我並沒有瞭解生產隊那些人們對我們一家真正的態度。

我信心十足地給我們團結大隊的領導和生產隊領導談了我要上高中的想法，並且與劉集中學一位姓傅的校長進行了聯繫，劉集中學這位校長看到我這麼企盼學習，同意了我來這裡學習的要求。可是這件事卻惹惱了生產隊裡的一些人，因為我們一家是跟著父親到農村來接受貧下中農監督勞動改造的，生產隊裡認為這是上面給他們硬塞了一個負擔包袱。他們想這一家人老的老小的小，唯一能幹活的我又想跑去上學，這不是讓貧下中農去養活被監督改造的右派分子一家人嗎？生產隊的領導首先在隊裡召開群眾代表會議，在場的所有人一致反對，堅決不同意我去上學。生產隊隊委會開了會以後，生產隊副隊長石永祥就代表我們生產隊去找劉集中學的傅校長，那天我正好也到學校去報名，石永祥穿著一件沒有面子的羊皮大衣。他見了我先是愣了一下，然後板著面孔冷笑一聲。我當時看到他冷笑的樣子，聽到那陰森的聲音，頭髮根子都立了起來，我的頭腦裡馬上意識到這學看來上不成了。我回來後把這件事告訴了母親，母親說，你沒有做錯什麼，不要怕他們。

過了兩天生產隊召開批鬥會，他們這次沒有批鬥父親，而是批鬥了我的母親，他們認為我要去上學完全是我母親的主意。對於我要上學這件事情，雖然主要是我自己的意願，確實是母親大力支持的。沒有來農村以前，我在轟轟烈烈的文化大革命中昏昏然無所事事不知學習的重要性，通過下到生產隊勞動，我有一種抑制不住的強烈學習渴望。這不是我想躲避強體力的勞動，我確實想要上學，這不僅僅是我突然有了一種通過學習改變命運的想法，主要是那幾個優秀老師的到來激起了我心中壓抑已久的學習欲望。另外母親經常教育我不論到了哪一種境地都不能放棄學習，一個

人只要心中懷有希望，並不斷努力就不會沒有好的前途。

可是自從生產隊的副隊長石永祥找了這位傅校長後，這位傅校長態度大變，他見了我簡直像換了一個人一樣，板著面孔直接對我說道：「你父親是右派分子，你們家庭又是富農成分，你們生產隊的貧下中農不同意你上高中。」我聽到這話並沒有感到吃驚，因為那天生產隊的副隊長石永祥在劉集中學見到我的冷笑裡，我已經看到了結果。

這是一個陰雨連綿的雨天，黑乎乎的天空像被撕裂了開來嘩嘩的大雨傾瀉了下來，雨水從牆頭、屋簷、和樹頂跌落下來，順著牆角、樹根、糞堆和溝渠往劉集河方向流去。我灰溜溜地在教室取出我的書包，出了校門我在一個磨房的房簷底下的平石頭上坐了下來。我想我到底做錯了什麼，命運為什麼對我如此不公？參軍、入黨根本不敢去想，招工、招生一本檔案就決定了沒有我的分，就是要去上個高中仍然不讓我去上。難道我這一輩子再也沒有了翻身的希望？我從我上小學的第一天想起，我梳理著在學校學習的美好時光，這一切對我怎麼如此短暫。雨小了一點後，我邁著沉重的腳步低著頭進了家門。母親看見我渾身被雨水澆透低著頭，早已猜中發生了什麼事情。她說道：「沒關係，天無絕人之路，打起精神來，不同意我們就自己學習。」母親把「我們」兩個字壓得很重，好像是她和我一起學習一樣。母親說「天無絕人之路」這句話已經不是一次了，可如今聽到這話已經沒有第一次聽到時那麼對我起作用了。我想，自己學習說起來容易，可真正學起來談何容易。時間一天天地在匆匆而過，我的年齡也在不斷增大，我已經是十八歲的人了，難道我就要這樣度過自己的一生。可我沒有辦法，命運的大門向我敞開的只有這一條道，那就是自學。生產隊不同意我去上學，我也只有通過自學這一條道來改變人生了。

記得小的時候每當下雨前，燕子就會盤旋在臭水塘的上面，我們一些不懂事的小孩子就會拿著竹竿去打飛翔的燕子，我們打下來燕子拿著去玩，可我們不知道有多少嗷嗷待哺的小燕子在等著牠們的媽媽和爸爸抓了小蟲去餵牠們，可我們卻用竹竿將牠們的爸爸媽媽打了下來，這時候我們

是那麼的無知和殘忍。當我再大了一些後，我們這些男孩子偷偷地去抽煙，我記得我最早抽煙的時候是八歲，那時候我們一些男孩子鑽到地下室裡，將八分錢一包的經濟煙一人一根分發到嘴裡，吞雲吐霧，就是被煙嗆得咳嗽了，仍然裝成大人深深地吸上一口，到後來一個個抽煙抽得醉了。我們這些小男孩一個個噁心得嘔吐了起來。可今日裡我長大了，我懂得了憐惜那一個個的生命，我也能分辨出哪些事能做哪些事不能做了，尤其我在知識無用的大環境下突然覺得學習是那麼的重要，而且是我自己要求去上高中的，可是現實告訴我對於一個右派狗崽子來說這種奢望確實難於上青天。這樣我只有自己學習了。

目標明確了，可是對於一個生產隊主要勞動力的我，行動起來並不是一件容易的事情。農村生產隊一年四季除了下大雨出不了工以外，平常日子是沒有休息日的。我每天天麻麻亮就隨隊裡的人們一起上工，晚上下工後已是太陽完全落山了，逢遇夏收農忙時節乾脆起雞叫睡半夜沒有休息的時候。可是一次次的打擊讓我堅強了，也讓我丟掉了所有不切實際的幻想，對學習的目標也更加明確了。我每天晚上不論多麼困乏都點著煤油燈去看書學習，可是一拿上書眼睛就闔到一塊睜不開了，這時候我就使勁用手把眼睛強力掰開，然後用冷水澆了頭又去學習。有時候拿上書後就睡著了，半夜裡醒來我就鼓著勁再爬起來。

自學是非常艱難的，尤其對於我這樣一個底子薄弱的人來說就更是困難重重。相比之下自學中文相對比較容易，對於數理化來說剛開始的時候確實太難。因為我沒有在中學系統地進行過學習，加上沒有系統學習的書本，點點滴滴的知識比較凌亂，遇到難一點的問題就像啃硬骨頭一樣。多少次我都想放棄算了，可是我是一個不服輸的人，越是難啃的問題我越想盡辦法要把它啃下來。有時候實在啃不下來了，我只有放棄了，可是過一段時間我又拿起書本啃起了難題。

剛開始學習的時候，我有不懂的問題就去問我的父親，可是學習到了後面，父親因為書本丟下的時間太長了，也記不起來了，他又沒有資料

可查，這就讓勞累的父親很是為難。這樣我只有自己來鑽研學習了。我想只要我不放棄，總會柳暗花明的。冬去春來，夏過秋到，我一直堅持著，當我每新學習一門課程，剛開始根本看不懂，我就硬著頭皮繼續讀下去，實在弄不懂的就跳過去，把整本書看完後再回過頭來反覆來讀。不知為什麼，我這樣學習卻有了意想不到的效果，原來不懂的問題，當我讀完整本書，回過頭來再讀的時候有些問題突然就豁然開朗可以弄懂了。我摸索出這種自學的方法後我異常興奮，數學物理化學我都用這種方法來學，原來踏步不前的我，開始進步了，而且進步非常明顯。就這樣我不僅學完了初中的數理化，而且將高中的數理化也反覆進行了學習，最後將父親大學的課本我也開始進行學習。父親看我這麼愛看書學習，就將歷代比較好的散文詩歌抄下來讓我背誦。韓愈的〈馬說〉和〈師說〉：

世有伯樂，然後有千里馬。千里馬常有，而伯樂不常有。故雖有名馬，祇辱于奴隸人之手，駢死於槽櫪之間，不以千里稱也。

馬之千里者，一食或盡粟一石。食馬者不知其能千里而食也。是馬也，雖有千里之能，食不飽，力不足，才美不外見，且欲與常馬等不可得，安求其能千里也？

古之學者必有師。師者，所以傳道受業解惑也。人非生而知之者，孰能無惑？惑而不從師，其為惑也，終不解矣。生乎吾前，其聞道也固先乎吾，吾從而師之；生乎吾後，其聞道也亦先乎吾，吾從而師之。吾師道也，夫庸知其年之先後生於吾乎？是故無貴無賤，無長無少，道之所存，師之所存也。

嗟乎！師道之不傳也久矣！欲人之無惑也難矣！古之聖人，其出人也遠矣，猶且從師而問焉；今之眾人，其下聖人也亦遠矣，而恥學于師。是故聖益聖，愚益愚。聖人之所以為聖，愚人之所以為愚，其皆出於此乎？愛其子，擇師而教之；於其身也，則恥師焉，

惑矣。彼童子之師，授之書而習其句讀者，非吾所謂傳其道解其惑者也。句讀之不知，惑之不解，或師焉，或不焉，小學而大遺，吾未見其明也。

我每天大聲誦讀，就是勞動背糞時兜裡裝著小紙條，我依然堅持學習。雖然勞動苦是苦，可我在古人的文章和詩歌裡享受著快樂。當我背誦了唐詩和宋詞有一百多首，背了十多篇古文以後，我感到我不論說話還是寫文章，已經少了過去只會用一些毛主席語錄牽強作出的新八股文了。

對於我的學習，農民們是不能夠理解的，生產隊長見我勞動時拿著書本就非常反感。他說：「你是勞動呢，還是看書呢，不要老母豬啃了個三字經──吃屎的東西還咬文嚼字哩。」我此時已沒有過去那麼多的想不通了，別人的諷刺辱罵對我來說已經不起作用了，我完全超脫了，我想我學習的快樂你們是體會不到的。

君子曰：學不可以已。青，取之于藍，而青于藍，冰，水為之，而寒于水。木直中繩，輮以為輪，其曲中規。雖有槁暴，不復挺者，輮使之然也。故木受繩則直，金就礪則利，君子博學而日參省乎己，則知明而行無過矣。

吾嘗終日而思矣，不如須臾之所學也。吾嘗跂而望矣，不如登高之博見也。登高而招，臂非加長也，而見者遠；順風而呼，聲非加疾也，而聞者彰。假輿馬者，非利足也，而致千里，假舟楫者，非能水也，而絕江河。君子生非異也，善假於物也。

積土成山，風雨興焉，積水成淵，蛟龍生焉，積善成德，而神明自得，聖心備焉。故不積跬步，無以至千里，不積小流，無以成江海。騏驥一躍，不能十步，駑馬十駕，功在不舍。鍥而舍之，朽

木不折；鍥而不捨，金石可鏤。蚓無爪牙之利，筋骨之強，上食埃土，下飲黃泉，用心一也。蟹六跪而二螯，非蛇鱔之穴無可寄託者，用心躁也。

我在心裡默默背誦著父親給我抄的〈勸學〉篇，感到自己的進步我是那麼地快活。我忘記了身體的困乏和疲憊，忘記了前途的迷茫和無助。

這時候就有一些人對我諷刺挖苦道：「學屎那些有什麼用呢，頂吃呢嘛頂飯呢。」還有些人就給生產隊長出主意，「把最重的活派給他，屎拽住了看他再怎麼上天呢。千萬不能讓他飛走，不然這一大家子包袱我們全生產隊人就得養著。」

然而就在這個時候，也就是我到農村後的第四個年頭，我參加了1973年「文革」十年中唯一的一次全國高考。這一年公社讓各大隊推薦一個社員參加高考，我們大隊沒有人報名，大隊書記為了完成任務就推薦了我。各大隊報名的名單到了公社，公社讓我們這些人進行填表，填表結束後又有一些人放棄了。於是，公社最後只推薦了我一個人去參加考試。這次推薦可以說是破天荒的事情，自從文革開始後，像我這樣的右派狗崽子能夠被推薦考大學，只有林彪事件後政策稍微放寬了一些才會有這樣的結果。

從1966年「文革」開始，我國大陸地區的大學就停止了高考招生，停頓了六年的大學招生今天又開始了。這次大學招生重新高考，實際上是林彪事件以後全國政治形勢短暫寬鬆的一個具體表現。

公社通知我參加高考，此時離高考只有短短一個多月的時間。我想能行嗎？沒有報名時急於報名，報上名後我對自己的實力打起了問號，因為我到底不是在學校裡扎扎實實系統學習出來的。我對自己確實沒有把握。父親說，行不行試一下，不要放棄。可是，我是不能請假進行複習的。生產隊聽到公社讓我參加高考，生產隊裡一些人非常生氣，他們以為我又要跑了，生產隊長吊著臉很不高興。他們想這一大家子負擔，唯一的主要勞動力又想走了，要讓我們貧下中農來養活這一家人嗎？

自從公社給我報名參加高考以後，生產隊長見了我就橫眉豎眼，給我派的活更重了，好在下工後的時間是我的，這樣我只有下工回家後複習功課了。時間短任務緊，我當時不知從何處下手進行複習。我到處去借書本，可這時數理化和語文系統的課本哪裡也借不到，這樣我就硬著頭皮到劉集中學老師處去借了，好不容易在一位女老師處算是借來了一套不是很全的初高中數理化課本。我原先沒有在學校系統學習過初高中課程，但是因為要考試，這樣一逼我的學習效率特別高，有些書上的例題我只要看一遍，那些例題就印進了我的腦海裡，我就基本上能夠完全計算下來。現在想起來那時的記憶力就是好，看過的東西基本上過目不忘，《三國演義》那麼厚的書我將它從頭到尾曾經往下背，因為人們說，說書的人都是將《三國演義》背下來的。

　　白天勞動晚上複習，緊緊張張的高考複習就短短的一個多月時間，在這段時間裡我沒有休息一天，每天還是參加繁重的體力勞動。就這樣每天晚間擠上一點學習的時間，轉瞬之間高考就到了。

　　高考的那一天，我去了甘肅省臨夏市，考場設在臨夏一中。試題發了下來我感覺和我複習的內容比起來就太簡單了，我答得很輕鬆也很認真，每門功課考試我都是最後一個交卷。這次考試之所以順利完成，得益於我這幾年一直在堅持自己學習，平時的學習在這次高考中得到了很好的檢驗，於是一炮打響全臨夏回族自治州我名列前茅。閱卷老師後來告訴我成績後，我興奮地從臨夏市一口氣跑了幾十里路，在公社又開了補充介紹信並填了表格送給了臨夏市招生辦公室。

　　而在這次高考期間，我認識了一位女考生，她叫李靜，這位姑娘中等身材，大大的眼睛，圓圓的臉龐，說起話來文文靜靜。每門課考完我們都會在一起對一下答案，雖然我們只有短短的幾句閒聊，可她美麗的面容和文靜的話語卻刻在了我的心裡。這是我成為小夥子後第一次與女性近距離的接觸，李靜可能至今對我沒有什麼印象，可她卻不知不覺走進了我的心裡。一個右派狗崽子的我，到了農村後親戚朋友們與我們劃清界限，貧

下中農的女兒我不敢奢求，我的心靈是屏蔽的，我知道我是半斤嘛還是八兩，可不知為什麼我卻喜歡上了李靜。這可能是人人與我們劃清界限的冰冷世界裡，突然間一個與我年齡相仿的異性對我甜甜地微笑，讓我感受到了女性的溫柔和甜美。自從那次高考完，我再也沒有見過她，可她卻經常來到我的夢中。後來得知她的父親是一名軍人，林彪事件之後由於她的父親在林彪事件被牽連審查，她和北京協和醫院的母親一起從北京下放到了甘肅省臨夏縣的吹麻灘醫院。

然而高考結束我補交了填的表格後高考信息（訊息）卻石沉大海，我在焦急的等待中聽不到一點消息，過了些日子形勢急轉直下，張鐵生的一封信讓這次高考根本不看成績，家庭出身好的都被大學錄取了，而我們這些家庭出身不好的無一倖免全被刷了下來。而這一切都在不聲不響中發生在我們每一個人的身上。當時我確實感到太不可思議了，讓我們參加高考，考試後卻根本不看成績。後來我聽到大河家地區其他公社也錄取了幾個考生，這些考生一來出身好，二來還是稀有的少數民族，像我這樣一個右派狗崽子在這種形勢下是根本不予考慮的了。

我已經被傷害的次數多了。招工的看到是一個右派狗崽子，直接退回了我的檔案，這次高考過後乾脆沒有一點消息，好像從來就沒有發生過這樣一件事情。剛開始招工被政審下來，我渴望學習上個高中都不讓我上，我當時確實灰心喪氣，心情非常鬱悶。在那些日子裡我覺得我是那樣的無助和沮喪，在我被那些膀大腰圓的漢子們批判鬥爭後我甚至有自殺了斷的念頭。可後來我都一次次地挺了過來，每次我遭到打擊後我就像一個受了傷的動物一樣，自己輕輕地將受傷的傷口舔乾，第二天醒來又是一個明媚陽光普照的大地，我又抬起了倔強的頭顱。我知道怨天尤人沒有一點作用，只會消磨自己的意志，只有自己繼續努力學習，才有走出困境的希望。

我想我雖然沒有被錄取，可是這一次我參加了全國高考，這對於我這樣一個右派狗崽子來說確實很不容易了。因為我比千千萬萬家庭出身不好的人來說要幸運多了，全國各地像我這樣的人不知有多少，可是他們連參

加高考的機會都沒有，他們考試的權利直接被剝奪了。

以後我才知道，我能被推薦參加高考，這全是因為林彪事件後政治形勢有了一定的寬鬆。1973年「文革」被打倒了的鄧小平戲劇性地復出，由鄧小平主持工作的國務院批轉了《關於高等學校1973年招生工作的意見》，對1971年開始實行的推薦和選拔工農兵上大學工作進行了修訂，增加了極為重要的「文化考試」的內容，試圖恢復用知識選拔人才的制度，這就是1973年的全國高考。可是，這一嘗試很快就在張鐵生的考卷風波後夭折了。但我對張鐵生並不反感。後來我在報紙上知道了張鐵生的經歷，我這個在農村的考生對他非常同情和理解，像張鐵生這樣的知識青年對扎根農村確實是認真的。按當時對知識青年的要求，就是要同農民打成一片，認真接受貧下中農的再教育，扎根農村幹革命一輩子，縮小城鄉之間的差別，與農民畫等號。張鐵生不但畫了等號，還當上了農民的生產隊長，成天同農民一起勞動，他算得上是當時知識青年中的佼佼者。

這次大學招生考試失敗後，全國的大學就採取由基層「推薦工農兵」上大學，進大學乾脆不需要文化考試了。現在看來1973年的高考是「文革」以來，第一次比較認真的大學招生考試，儘管因種種原因流產了，但這次考試為1977年鄧小平一錘定音恢復高考奠定了基礎，被「文革」荒廢的用知識選拔人才制度最終得以恢復，我國高考制度從此走上正軌。這一次高考我不僅在大河家地區考試成績最好，而且在全臨夏回族自治州都是數一數二，沒有被錄取這件事在群眾當中影響非常壞，讓讀書無用論進一步抬頭，生產隊裡有些人見了我故意陰陽怪氣地說道：「人的命，屎的筋，你不信命還真不行，你學習好有什麼用，還不是在土裡吃土裡扒的命。」

當我報名參加高考後，隊裡有些人對我母親說：「旭旭是命大人，你看他的耳朵大，兩耳垂肩，以後肯定有大富大貴。」當我沒有錄取後，一些人說：「還兩耳垂肩呢，你們看豬的耳朵大不大。」所以說，一個人做事必須有自己的主見，認準的事情必須堅持到底，哪怕遭遇到狂風暴雨，

哪怕征途上千難萬險，堅持到底就是勝利。人是勢利的，舌頭是軟的，怎麼說他們都有理。當你在順境時，會聽到各種奉承的話，會享受無數的鮮花，而當你在逆境時，你在灰暗時什麼風涼話都能聽到，牆倒眾人推，落井下石，什麼事情都可能遇到。

我考了大學而不被大學錄取確實對我打擊很大，過去的幾年裡縣上省裡到公社來招工，公社已經有四次推薦我招工，可招工的看到我的簡歷，瞭解了我的家庭情況以後都是不予錄取。就連窯街煤礦招收井下挖煤的煤礦工人，我都被刷了下來。

有一次臨夏縣造紙廠下來招工，招工的是個籃球迷，看到我身材高大是個打籃球的料，非要將我招進廠裡去，可是將我的個人簡歷表拿到廠裡，廠領導對這個招生的說道：「這樣的人你們還敢招，你知道他父親是什麼嗎？右派分子。右派右派是個老妖怪，這比反革命分子還要嚴重啊！」招生的這個人下來對我說了沒有被錄取的原因，他感到實在對不起我，我說這不怨你，你對我的幫助我會永遠記在心裡的。

這一次高考又不予錄取後，我當時確實感到天塌了，地陷了，我澈底迷惘了，我看不到到我的前途到底在哪裡？剛開始我確實心裡很痛，欲哭無淚的我只怨老天對我命運的不公。整日裡無精打采的我回到家裡倒頭就睡，母親看到我這個樣子心裡疼！可總沒有一個說話的機會，有一天老天下雨上不了工，母親對我說：「你過來我有話對你說。」我過去後母親拿出來幾個烤熟的洋芋讓我吃，這是母親在做飯的爐灰裡燒烤熟的洋芋，掰開後裡面很沙，散散的。我將第一個給了母親。母親說，你吃吧，我已經吃了。我不相信母親的話，她是想讓我多吃幾個。這洋芋由於夜間忘記放到窖裡有點凍傷，可吃起來反倒有些甜味。

母親說：「沒有被大學錄取不要緊，我們一家人在一起這不是很好嗎？一個人的一生沒有一帆風順的，你看你爸爸大學畢業後在甘肅省電業局工作好好的，誰能想到會遭受這麼大的磨難。你還年輕，年輕就是資本，不讓我們上大學我們就自學，古今中外有多少科學家、文學家都是自

己自學出來的。蘇聯的高爾基他就沒有上過大學，你看他寫了多少優秀的小說。」停了一會，母親繼續對我說道，你要相信自己，相信時間，相信經歷的風風雨雨最終都會照亮自己的人生道路。

母親說到這裡拿出了一個人的照片，她說：「這是你心一爺爺。」母親告訴我，這個相片上的人叫張心一，是我的祖父趙吉堂同齡的親姑舅。

關於張心一姑舅爺爺我是知道的，羅隆基、潘光旦、聞一多、孫立人等都是他的同班同學，他的夫人也就是我的姑舅奶奶黃路是黃炎培的女兒，張心一和黃路對我父親是有恩情的，我父親的高中和大學就是由他們資助支持完成學業的，黃路還親自給我父親補習英語。然而自從反右運動以後，父親被打成右派分子，黃炎培一家也有多人被打成右派分子。1957年反右鬥爭開始，黃家遭受了滅頂之災。1957年，黃炎培的三個兒子黃萬里、黃大能和黃必信，兩個女兒黃路、黃素回，都被戴上了右派分子的帽子；小女婿陳鏘和外孫王實方，也難逃被劃為右派分子的厄運。成了名副其實的右派之家。到了文化大革命，姑舅爺爺張心一被打成歷史反革命，加上姑舅奶奶黃路（張全平）是右派分子，我們兩家才因為政治原因，互相不能來往了。

母親說，「張心一爺爺就是你的榜樣，他在那麼困難的情況下堅持學習，最後成了國家的棟梁之才，只要你不被自己打倒，任何困難都是能夠克服的。我知道這件事對你打擊很大，這沒有什麼？人在年輕時受點磨難不一定是壞事，關鍵你自己頭腦要清醒，任何情況下不能氣餒。」我聽了母親的話心裡豁然開朗了，多日來淤積的疙瘩解開了，我笑了笑說道，「媽媽請您放心，我會聽您的話的。」自母親給我談了話後，我在前進的路上摔倒後又爬了起來，這一次我系統地做了學習計畫，而且根據農村勞動的實際情況我進行了調整。

從這件事情我總結出，人最怕的是什麼？人最怕的是心中沒有目標，最怕的是自己被自己打倒。外部的環境可以改變人，但關鍵還是要自己永不服輸，只要自己勝不驕敗不餒，機會是不會放過有準備的人的。一個人

的勝敗不在一時一事，很多成功的人就是在連續遭到打擊和失敗後，繼續克服困難挺過來的，我的張心一爺爺就是這樣的，他沒有被困難嚇倒，破釜沉舟而最後取得成功的。

　　雖然這一次我又爬起來了，可我還是有很多困惑，我確實不知道我的前途到底在哪裡？我也不明白我堅持學習到底會不會有燦爛的明天？雖然榜樣的力量確實很大，但我不知道明天到底會發生什麼？可我還是咬著牙在進行學習，我喜歡看書，我喜歡瞭解未知的世界到底是什麼樣子？我這次又對自己的學習計畫做了大的改動，但我這一次的學習計畫更加詳細了，幾點起床、幾點上工、幾點吃早餐、幾點下工回家；勞動多少時間、吃飯多少時間、晚上睡覺多少時間、剩下的學習時間有多少，再怎樣安排分解這些學習時間。在農村一天到晚上工的時間太長了，從天麻麻亮起來幹活，一直要幹到太陽落山後才拖著疲憊的身體回家。一年到頭從來沒有個休息的星期天，回到家裡還有幹不完的家務事，一天休息的時間太少，也就是強打起精神可支配學習的時間太少了。這些時間稍縱即逝，如果不「擠」根本沒有一點時間，我知道我的學習的時間全是這樣「擠」出來的。

　　我曾經作過一個夢，這個夢是那樣的真實。我被關到了監獄裡，監獄雖讓人失去了自由，可那裡有大量的時間，也有大量的書籍，這些時間我全把它用來看書學習。我在這裡看了《三國演義》、《水滸傳》、《紅樓夢》、《西遊記》，還看了托爾斯泰的《復活》和《安娜·卡列尼娜》。這些書我在農村都借著看了，在這清晰的夢中我為裡面的有些情節看得笑了。我看得那麼癡迷，我看得那麼自由自在，可是這個夢卻被生產隊長上工的吆喝聲打碎了。我揉了揉眼睛就急匆匆朝大田裡趕去，我知道這樣的奢侈我是享受不到的，而且永遠是享受不到的，因為由我自己支配的時間太少了，我只能在匆忙中去擠出時間來看書學習。

　　我的學習一直在堅持，但還是有反覆，當我學習一段時間後，我就對自己產生了懷疑，我懷疑我的學習有沒有結果？誰來肯定我的學習？但這種懷疑過了一段時間就會被自己否定，因為我嘗到了學習的甜頭，它讓我

感到了學習後的愉悅和進步，就是這種不太明顯的進步讓我停不下腳步，也讓我越來越清楚只有學習才會有美好的前途，如果放棄學習則永無出頭之日。當然我有時候就會彷徨，有時候也會迷失方向，但每當我到了十字路口時，總有一個聲音迴響在我的耳旁，「起來學習吧，只有學習才有改變命運的可能。」我覺得我就像一個拉著重物上陡坡的老牛，老牛只能進不能退，只有前進才有可能到達坡頂，若要後退，陡坡險峻將會把老牛送入萬劫不復的深淵。

第十二章　磚瓦窯廠踩紅泥

　　我的家鄉崖頭坪地少人多，由於搞集體生產，農民們把好肥料都留到了自家自留地裡，所以生產隊的肥料效力不高，土地越來越貧瘠，打的糧食越來越少。農民們辛辛苦苦一整年，眼巴巴收穫的糧食大部分交了公糧，到頭來一年分的糧食頂多只能吃半年。每年春耕過後，家家戶戶就開始斷糧，斷了糧後農民們想出去討飯都不行。解放後國家人口政策已經把人們緊緊地捆綁在了這塊土地上，三年災害為什麼餓死了那麼多人，就是因為人口不能自由流動，想要飯民兵都會將你抓回來。人們斷了糧後就去借糧，第二年分了糧食還了借糧再餓肚子。餓了肚子還要去參加農業學大寨農田基本建設，參加農田基本建設又要帶乾糧去到工地，而且參加農田基本建設屎尿都撒到了外面，家裡的積肥就更少了，也就是家裡的積肥自留地裡留後送到生產隊的就少得可憐。冬去春來每年家家戶戶背糞時，看起來廁所裡掏出來的都是黑油油的肥料，實際上那都是填進廁所的黑土。這種惡性的循環周而復始不斷重複讓農民的生活越來越窮，苦不堪言。

　　我們生產隊這時從新疆下來了一個過去的四不清幹部趙生貴，這個人做事果斷有一定的魄力，由於長期擔任基層幹部對生產隊基層問題看得透澈。但此人為人霸道，經常打罵社員，四清運動時被整後一家人上了新疆。此時這個人從新疆回來到了崖頭坪，由於他多年在基層工作，雖然工作方法簡單，但他深知現實崖頭坪的病根在哪裡，另外他到了新疆後開闊了眼界，不似其他農民當了隊長只知道在地裡吃地裡扒。趙生貴從新疆回來後當了我們團結大隊第一生產隊的生產隊長。我曾因為肥料的事情和

他發生過大的矛盾。我們家從城裡來不知道生產隊裡社員們積肥的竅門，我和父親從崖坎上刨了大白土，然後晒乾後來填廁所。雖然我們認真積肥，除了糞料全在廁所，我們還從外面拾糞壓到廁所裡。可是，生產隊從各家起糞背糞的時候，別人家裡背出來的都是黑油油的糞土，而從我們家裡背出的卻是被糞尿滲透的白土混合的糞。實際上別人家用黑土填廁所的肥效還不如我們家用白土填廁的肥效高，因為我們家不似別的人家將好肥料留到了自留地裡，我們是真心實意在給生產隊積肥。可是視覺上我們家的肥料與別的人家卻有非常大的差別。這個趙生貴剛從新疆下來當上生產隊長，新官上任三把火，正沒有一個雞殺了給全生產隊的猴子看，一個被貧下中農監督改造的右派分子家裡拿土當肥料，正好是一個立威的樣板。趙生貴跑到我們家廁所轉了一圈，然後走到我們家院子裡大罵起了背糞的父親，父親此時低著頭有口難辯，家裡的糞土確實看起來和別人家的不一樣。趙生貴越罵越凶，跳著腳恨不得去打我的父親。我那時已經十六歲了，正是血氣方剛的小夥子，我說你要幹啥？我們也是用晒乾的土填埋廁所，不過別人是用黑土我們用的是白土罷了，肥效都是一樣的。我的辯駁讓趙生貴惱羞成怒，他沒有想到一個右派狗崽子竟然敢與他頂嘴。他衝過來就要打我，我迎了上去一把將他推搡到了我家門前的渠溝裡。這一下可不得了，這個人從來還沒有人敢和他頂嘴，而我不但頂了他，而且當著那麼多人的面將撲過來的他進行了推搡。趙生貴從一個社員的手裡奪過來一把鎬頭，舉起鎬頭瘋了般地向我砸來，嘴裡吼著罵道：「我今天用老羊皮換你個血羔皮。」意思是他要用他一個老命來換我的小命。這時生產隊裡的幾個老社員將他拉了開來，也把我拉進屋讓我再不要出聲。我在屋裡聽到他一直在罵，而且越來越瘋狂了。我又往外衝去，被母親一把拉住。母親說，你不要和他一般見識。我看到母親生氣了，就坐了下來，任憑他怎麼謾罵我再沒有吭聲。

經過這件事，趙生貴確實立了威，社員們看到了他打人罵人的威嚴，但發生這件事後我卻至今對趙生貴並沒有一點怨恨。因為趙生貴雖然脾氣

暴躁，但他思想相對開放，是他首先認識到了如果不解決生產隊社員的「窮」根，這樣惡性循環只會越來越窮。所以他當了生產隊長後，除了讓農民們在地裡刨食外，在我們第一生產隊辦了一個磚瓦窯廠。另外，他還大手筆的在生產隊買了犏牛、驢和馬一些大牲畜，那匹威武雄壯的黑二馬就是在他當生產隊長時添置的，讓被三年災害毀滅性打擊了的生產隊逐步有了比較大的起色。主要是他讓「窮」怕了的人們看到了一絲對美好生活的希望。

磚瓦窯廠的辦起，雖然有些人對此並不看好，但團結大隊第一生產隊大多數人卻有了吃飽肚子的盼頭。過去的歷任生產隊長只知道在有限的那些地裡種莊稼，可是趙生貴卻另闢蹊徑大膽創業辦起了磚瓦廠。然而這個磚瓦廠辦起後，全生產隊的人不僅要有更大的勞動付出，還須承擔很大的風險。這個風險不僅僅是燒磚瓦要有一定的技術含量，不成功則要賠進去。並且燒出後怎麼出售？誰來買你的磚瓦？會不會是忙忙碌碌以後的一場空呢？

趙生貴最可貴的優點，他認準了的事情他是會幹的，而且他有一種百折不撓的精神，一定要把它幹成功。

磚瓦廠燒磚瓦的工序是：首先在土坡處我們挖出黏性很強的紅土，然後將紅土的小石子揀去後用推車拉到水泥做的小池子裡浸泡透。一般第一天臨下工時泡上，第二天早晨上工後使用。第二道工序是踩紅泥。我和生產隊的社員們上工後，將泡了的紅泥用鐵鍬鏟到池子上面的平坦處，這塊平坦的地方是用平整的石塊做成的。我們挽起褲腳、赤著雙腳，在平坦的紅土上一點一點反覆踩踏，要把紅泥踩得很軟和，感覺那紅泥很黏腳，腳扯動時較費力時才行。這個工序很費力，紅泥不似白土它的黏性很大，踩在紅泥上要拉起腳非常吃力，而且要細心去挫踩，否則紅泥裡有了石塊或者踩踏不均勻，燒出的瓦片就會出現質量問題。我每次踩紅泥時很細心，就像和麵時一點一點地過，腳下感覺有硬的東西馬上揀出來。將紅泥踩得均勻，瓦片中才不會留下隱患，否則這紅泥做出瓦來裡面就有小石子或生

土窟窿。踩紅泥是個乏味、辛苦的勞動，我每次踩紅泥就哼著這裡流行的民間小調，不知為什麼我一聽見這些民間小調就非常癡迷，它朗朗上口、韻味十足，且裡面的歌詞生活味非常濃郁。

哭皮胎，哭皮胎，
笑笑，
臉上吊著個尿泡，
尿尿去，丟過了，
屙屎去，尋見了，
阿爺啦阿奶，
炒著吃上了。

我們一邊踩一邊笑，本來踩紅泥是非常吃力的勞動，可我們卻把它幹得那麼歡快，背著手就像在紅泥上跳著一種踩紅泥的舞蹈。

我們將踩好後的紅泥堆成穹頂墳堆形狀，上面搭好涼棚防晒，紅泥堆上還要不時灑水以防紅泥變乾變硬，讓它在陰涼處放一段時間。這種勞動時唱民間小調的做法，我們不僅在踩紅泥時是這樣，打夯、打牆、揚場、滾麥子、打連枷時都是這樣。而且打連枷時人們排成兩行，男的一行，女的一行，隨著喊聲齊上齊下，男女連枷交錯打在拆開的麥捆上，很有氣勢。可是打連枷也需要技巧，不是有力氣隨意打就可以的。我剛開始打連枷時，對打連枷掌控的不是很好，有一次我打連枷時隨著節奏站在人列中喊著口號揮動著連枷，連枷也在我的一起一伏中敲打在麥捆上，可當我正得意時對方的連枷打在了我的連枷上，隨著我的手揚起，彈起來我自己的連枷起來正好打在了我的大腿上。劇烈的疼痛讓我停了下來。可我不好意思表示出來，我忍著劇烈的疼痛從麥場中間走到了場邊上。發現這裡已經紅腫，但我稍做休息又進入了打連枷的行列。崖頭坪這裡由於多種民族居住在一起，各民族的生活習慣互相影響，各民族的風俗也互相交融，各民

族的文化潛移默化，少數民族那種無拘無束、自由瀟灑的風情使得枯燥乏味的勞動裡添加了很多詼諧幽默的民間小調。

接下來我們把踩和好的紅泥像麵糰一樣拿到圓筒形的模子上，在圓筒模子表面壓平摁實抹上一層，用一個類似弓一樣的小木板，一邊灑水一邊轉動圓筒，一邊用小木板刮平讓其表面平整光滑，稍乾後在桶坯劃出痕跡，最後彎腰把瓦坯輕輕放在平整的土地上，讓其晾乾。這種勞動弓腰伸腰，再弓腰再伸腰，一天下來我們要彎腰弓背成百上千次，到下午時我感覺我的腰好像伸不直了，回到家躺在炕上累得腰酸背痛。但我一直有個好習慣，不管一天多累多乏，我都要到離我家不遠的河灘裡去，脫光衣服後在劉集河裡光著身子沖洗一下身體再回家。這種沖洗身子很重要，尤其在夏季割麥、揚場、打麥，身上麥芒和塵土混在一起，又癢又髒，在小河裡沖洗一下，身上那些汙垢和麥芒被沖洗乾淨後，有一種說不出來的心曠神怡。我每天下工躺在泛著白色浪花的小河裡，望著夕陽的餘暉，有一種特別愜意的感覺。這種沖洗澡不僅讓一身的髒汙被沖洗乾淨，而且沖洗後身上的疲倦馬上會覺得少了許多。

第三道工序是燒製。我當時所在生產隊磚瓦廠窯的結構似一個中間大兩頭稍細的大鼓，這個窯上面有個口，窯的下面有個風火門。燒製時，先把磚坯和瓦筒坯裝進大鼓裡面，十字花似的層層碼好，磚與磚和瓦與瓦之間留有空隙，然後上面洞口稍開一點。接著我們在燒製師傅的指導下，從窯的下面風火門進柴點火。我們不斷地從烽火口填進一捆捆的乾柴，燒製師傅則時時觀察著火候。我們這裡對燒窯有很多講究，而且帶有很明顯的封建迷信色彩。燒窯前不能有性生活，裝窯時可以有女人，但燒窯時不能有女人出現，若有女人會帶來陰氣，窯就會夾生，另外還有很多稀奇古怪的講究，神神祕祕的。

燒窯必須連續進行焚燒不能中途斷火，等到窯頂一層磚瓦也燒得通紅透亮時，火候就夠了，這時就得封閉窯門。封閉窯門時同時在窯頂上覆蓋一層厚實的泥土做成圓形凹進一點灌滿水叫淹窖田，讓通紅的磚瓦繼續在

窯裡面悶燒上一段時間，這叫悶窯。

　　燒窯第四道工序是洇窯。悶窯半天後開始洇窯。就是把水從窯頂部的覆土浸下，直洇到窯裡每一塊紅熱的磚都被迫均勻地冷卻下來，窯頂冒出的熏人的白氣就是洇窯的時候產生的。磚瓦必須都洇得變成青藍色，抗壓強度才上得去。如果把磚瓦洇成紅的紅灰的灰藍的藍，或者半紅半藍、半灰半紫，那這窯磚瓦就算廢了，回窯重燒也不行，根本挽救不了，大多只能扔掉。有一次我們的磚瓦最後就是這樣，不知道毛病出在哪一道工序，這一窯磚瓦就全被報廢了。但大多數情況，我們的磚瓦燒出來都是青色的，互相敲擊，還能發出「鏜鏜」的聲響。這時候不僅燒製師傅和生產隊長高興，我們也樂得喜笑顏開。這時候社員們就會情不自禁地悄悄哼起「花兒」：

　　　　口嚙黃連苦難挨，
　　　　做牛做馬頭難抬，
　　　　身披一件老羊皮，
　　　　一年四季下不來，
　　　　白天穿，晚上蓋，
　　　　陰天下雨毛朝外。

　　他們用歌聲傾吐著生活的艱辛，也用歌聲訴說著心中的歡樂。

　　第五道工序是出磚瓦。磚瓦燒製以後，先進行降溫，然後打開洞口，把燒好的磚瓦取出來，碼在磚廠裡。出磚也是一項及其辛苦的活計。特別是夏天，外有驕陽似火，磚窯內有磚瓦餘溫的炙烤，我們鑽到裡面出磚瓦個個汗流浹背。每次出磚瓦生產隊裡都要派我進去，我穿著一條破爛的褲衩，因為都是男性社員，我也就顧不上褲衩有多破爛了。進了窯感覺就像在籠裡蒸一樣。雖然我們給磚瓦都潑灑了水，但窯裡的溫度還是很高，悶熱難耐的我們都赤身裸體地幹著活，但就是這樣我們個個滿臉烏黑，個個

渾身水淋淋的。此時的我已不像剛到農村的我了，我已經完全和當地的農民打成了一片，而且在吃苦耐勞方面已經比當地的農民更能承受極限的壓力了。

　　我此時已經完全成了一個地地道道的農民，身上穿著破爛的黑棉襖，腰裡紮著一根黃色的草繩，臉上兩個被風吹日晒留下的紅二團。這兩個紅二團除了風吹日晒外，主要還是冷凍後形成的。到了冬天刀子風颳著我的臉，四處漏風的破棉襖已經擋不住襲來的嚴寒，我不時用手握一握我凍僵的耳朵，將四處透風的棉襖往緊裡裹一裹。冷風有時讓我流下鼻涕，可我此時已沒有剛來時容易感冒了。我白天和生產隊的社員們一起勞動，此時的我將裝滿兩百斤糧食的長麻袋弓下身，一下就扔到了肩上。我能扛著兩百斤的麥子從打麥場一口氣走回家去。到了晚上夜深人靜時，我腿子上蓋著薄棉被，將炕桌放到腿上，點著煤油燈在看書。有一次我睡著了，煤油燈倒後點燃了棉被，第二天醒來時棉被上燒了個大窟窿。母親過來用一塊布將大洞補了起來，她沒有對我進行任何責怪，她只是說，不要太累了，睏了就閉上眼睛睡一會。我心裡對母親說，媽媽呀我何嘗不想閉一會眼睛，可我不能那樣，只要我稍微對自己放鬆一點，只要我閉上眼睛，馬上就會睡著，我晚上就不會擠出一點時間看書學習了。

　　這樣的生活讓我已經養成了習慣，也讓我有了對外來壓力很大的承受力，我已經沒有任何辦法去尋覓出路，我只能這樣進行努力。我知道我的處境是多麼兇險，如果我不學習還不如這裡的人老婆娃娃熱炕頭，我的孩子是狗崽子，我孩子的孩子還是狗崽子，這樣的血統論的政策將使我祖祖輩輩是受人歧視壓迫的狗崽子。可我不願意這樣，我不想讓命運把自己變成一個和本地的地富反壞右一樣被人欺壓的人，我想通過學習改變自己的命運，成為一個有更大作為的人，此時的學習我是把它當成了一個讓自己不被時間打倒，自立自強的跳板。我想，學習總比不學習好，知道得多總比一無所知要強。我看不出我的學習以後會有什麼前途，我只是將它當成一根自己不被大海淹沒的稻草，我要抓住它，抓住這根稻草可能就有生的

希望，丟棄了這根稻草必然會被無休無止乏味單調的生活巨浪完全吞沒。

東面天空泛出了白色的光暈，天慢慢亮了。新的一天在雄雞報曉的啼鳴中拉開了新的一頁。這是一個新鮮幽麗的清晨，遠處的積石山已在朦朦朧朧中顯出了山的輪廓，奔騰的劉集河唱起了歡樂的歌兒，各家各戶的羊兒也走出家門和生產隊的羊在飼養圈門前報到集合，家家起得最早的姑娘、媳婦已經在泉眼裡挑水倒進了水缸。我早上起來，在天麻麻亮時到了崖頭坪的泉眼跟前，這是從第四生產隊大坡下來臨近公路的一個清泉，我到來時已經有多個女人在這裡開始擔水了，我接滿兩桶水，從大坡上來又走了一段路才到了家裡。剛來農村挑水時，水就會從桶裡灑出來，還沒到家半桶水就沒有了，可是現在就是我行走如飛，竟然桶裡的水還是滿滿的。

團結大隊第一生產隊的生產隊長趙生貴此時站在場邊張開喉嚨喊著：「背糞了，背糞了。」他的聲音洪亮悠遠，他一般只喊兩聲，兩聲喊完他自己就先往背糞的地點走去。人們已經習慣了他的這種做法，只要聽見生產隊長的聲音，家家戶戶的人們一骨碌從炕上爬起，背上背簍或者扛起鐵鍁就往背糞的地點趕去。

我是生產隊派到窯廠燒窯的。我們是兩班倒，一班十二個小時。我回到家將水缸挑滿才躺下睡覺，時間不長就又要重新爬起來，我要在父母親早上勞動回來後，將早飯做好。每次在這個時候，我感到爬起來非常艱難，經常由於太困乏了醒不來而讓父母親回來吃不上飯。我做的是包穀麵馓飯。我在鍋裡將切成塊的土豆先煮上五成熟，然後再將包穀麵一把一把攪進鍋裡。左手將包穀麵往鍋裡撒時，右手拿著一根木棍不斷地攪動。這樣當馓飯做熟時土豆也就熟了，否則若將土豆煮得熟了再去撒麵，馓飯熟後土豆就太綿軟變成糊糊和包穀面混為一體了。做好飯我就把飯放在鍋裡，我又鑽進了被窩繼續睡覺，因為晚上我還要去燒窯。

燒窯是一個非常辛苦，而且要擔一定風險責任的活計。我每次做得很認真，我用鐵叉挑了乾柴捆扔進燒窯門洞。因為有負壓火是往裡面燒的。為了讓火在窯裡面的四面八方都進行燃燒，讓火苗去舔吐每一塊磚瓦，我

不時在裡面挑一下，讓火在各處都燃燒得很旺。我覺得我確實長大了，剛來農村時我連麥子和韭菜都分不清，我不知道種莊稼還有那麼多學問。初到崖頭坪的泉裡去挑水，我挑著一擔水搖搖晃晃，沿途被也在泉裡挑水的大姑娘小媳婦看著發笑，到了家裡半桶水已被灑在了路上。可是，今日的我割麥、打碾、犁地、種田，只要是農村的活計，我沒有一樣幹得比當地的社員差。在泉裡挑水我行走如飛，扁擔就像焊在了我的肩膀上幾乎灑不出一滴水來。我知道現實已經改變了我，農村的寒風和炎熱的太陽，不僅改變了我的身體，它還將我改造成了一個地地道道的農民。可是這個農民卻不甘心自己命運在這裡沉淪，他還時時準備要離開這裡。我挑了一捆乾柴扔進磚窯火門洞裡，這時平地起了大風，風呼呼地在窯門洞外呼嘯著。我一邊往窯門洞裡扔進乾柴，一邊將堆積在窯門洞外的乾柴往稍遠的地方搬去。因乾柴離窯門洞太近，我害怕火苗跳出來會點燃了碼得像山一樣的乾柴。

風呼呼地吹著，塵土彌漫讓我不時地揉搓著雙眼。我覺得我不僅長大了，而且變得沉穩了，剛來農村時我不知天高地厚，那時候生產隊裡有誰欺負我的父親母親，血氣方剛的我就拿著挑麥草的木杈去和他拚命。現在我少了那種衝動，我的堅韌讓一些欺侮我們的人不敢肆意妄為。我不僅掙著強勞力的工分拉扯著全家，因為我這個狗崽子是個小夥子，我還以我微薄的力量保護著父親母親。在農村一個家裡有了男孩，就可以給這個家庭壯膽，就可以分擔家庭的負擔，也可以讓父母親有了依靠。

由於我一天天地長大，身體高大的我無形中在給這個家庭起了保護傘的作用。那是生產隊磚瓦廠上工的一個早上。那天新上任的生產隊長喊了上工後，我們趕快往窯廠走去。我到了窯廠人還不多，我就在窯廠房簷下的一塊磚上和早來的幾個社員坐了下來，等隊長給我們分配今天的任務。新的生產隊長是復員到我們生產隊裡的一個復轉軍人，這人在軍隊的爐火裡錘煉的政治覺悟特別高，見了我們這些地富反壞右家裡的人眼睛裡就冒火。這天母親因起床後上廁所來遲了一步，雖然她跑步到了窯廠，其

他的社員也剛到來時間不長，準備接受生產隊長安排任務。這時天色昏暗東面山頂剛剛發白，這個新的生產隊長沒有看見我已經到來就在窯廠的房檐底下人群裡坐著。他見我母親進來，立馬板起面孔罵了起來，而且罵得很難聽。他是要立威的，新官上任這是個很好的機會。別的社員他是不敢這麼放肆的，右派分子家裡的今天遲到，正好是個顯示他個人權威的絕佳時機。他吊著一張黑黑的臉大聲呵斥，母親沒有吭氣，低著頭趕快往窯廠裡面走，新的生產隊長以為這是個軟柿子再捏她一把。只聽他大喝一聲：「站住。」母親在他的喊叫聲中站了下來。這個生產隊長過去一把拽住母親的背簍，將母親使勁一拉，母親沒有站穩一個趔趄往後坐在了地上。

我一看這個樣子，我過去將母親從地上攙了起來。我轉過身對新生產隊長說道：「你要幹什麼？」

「幹什麼！只須左派造反，不許右派翻天。」這個剛從軍隊下來的復轉軍人，這種政治口號背得滾瓜爛熟，牛頭不對馬嘴對著我吼了起來。說著還朝我胸膛上搗了一拳。我在上中學時，一天沒事就在學校操場的沙坑裡練習摔跤，此時我往前一步，抓住他的一隻手，我猛一轉身往下一蹲，將他的胳膊猛地一拉，生產隊長從我的頭頂飛了過去。這種摔跤時的大背我是輕易不出手的，我今天也是要給他一個下馬威，讓他以後再不要欺侮我的父親和母親。

這個生產隊長被摔到地上半天沒起來，他在地上躺著，他在尋找時機，他突然伸出胳膊一下抱住了我的腿。我此時非常冷靜，我想今天該教訓教訓這個人了，不然以後這傢伙會沒完沒了。

我將他的兩隻腿提起，我使出全身力氣在窯廠中央轉了起來。全生產隊的人看到這種情景都愣住了，他們沒有想到平日裡老老實實不吭聲的我，今日裡要闖大禍了。這時母親突然大喝一聲，「旭旭，你要幹啥？」我聽到母親的聲音後停了下來，母親的眼神讓我的情緒瞬間冷卻了下來。我將那個生產隊長放到地上。母親奔跑過來，將我一把推開，把生產隊長從地上扶了起來。

生產隊長起來後瞪了我一眼說道：「你等著。」說完他就往大隊部走去，他是去到生產大隊找大隊趙生榮書記去了。

我沒有理他，多年在農村的磨練，我已經什麼也不怕了，過去我擔心大隊或生產隊在我招工的時候給以報復，可是現在已經不存在這種事了，我是一個右派狗崽子，家庭出身已經判了我的死刑，哪個招工單位都不敢要我，我現在是赤條條一個。

那個生產隊長氣急敗壞地在大隊轉了一圈來到了我們家，這時我也剛回到家準備吃早飯。我端著碗沒有理他，任憑他怎麼在那裡一個人跳腳我沒有吭聲。他由於在我母親的身邊，他一個勁地揮舞著拳頭對著我破口大罵。母親趕快給他倒了一碗水，他沒有喝還在那裡叫罵著。母親對生產隊長說，你快走吧，我來教訓旭旭。說著母親故意舉著一個笤帚朝我走來，對著我擠了一下眼睛。於是我就往房裡走了進去。可這個生產隊長不依不饒了，他又罵了起來，也跟著我追了上來。我猛地一下轉了過來，他看到我轉了身，趕快躲在了母親身後。母親說，一個人不要做事那麼絕。這話看是對我說的，實際上她也是在給這個生產隊長聽的。這個復員軍人隊長最後還是灰溜溜地走了。

這件事後，讓我在生產隊出了名，誰都說我會武功，而且越傳越懸乎，讓那些隨意欺侮父母親的人，確實有了一定的收斂。

第十三章　祖父被下放到農村
監督勞動改造

　　我的祖父在我們一家被下放到農村兩年後也到了崖頭坪，他是被甘肅省臨夏縣革命委員會處理到農村，接受貧下中農監督勞動改造的。祖父名廷祥，字吉堂（1897—1987）和祖母（1898—1938），育有二子一女。長子是我父親趙永綱，次子是我的叔叔趙永統，女兒趙白梅（早逝）。祖父七歲時在我曾祖父所設私塾讀書，1912年至1914年，祖父考入甘肅省河州風林學堂學習，河州也就是現在的甘肅省臨夏回族自治州。當時的校長金樹仁（清末舉人，曾任新疆省政府主席。）思想開明，在學校提倡男子剪髮辮，祖父與他的同學徐諒、金樹信同住一個宿舍，在其他同學還堅持頭髮父母血養絕不剪髮時，祖父和同學徐諒、金樹信首先響應校長的號召，帶頭剪了髮辮，金樹仁校長立即給他們三人每人獎勵呢絨大禮帽一頂。在祖父他們的帶動下，其後全校師生爭先恐後紛紛剪了辮子，但再也沒有大禮帽給以獎勵了。河州風林學堂師生爭先恐後剪辮子的事情，在當時的河州城引起了很大的轟動，各階層百姓議論紛紛，一時傳為佳話，震動了整個河州。

　　1917年祖父在河州風林學堂畢業後，考入設在蘭州的甘肅法政專門學校（蘭州大學前身）法律專業，校長先是蔡大愚，後由劉懈、施國禎代理。教員有水梓、駱力學、金翼乾等。由於有這些名人相繼任教，當時學校學術氛圍濃郁，教學質量（品質）良好，祖父在這樣的學習環境中如魚

得水，受到了非常好的教育。在此上學期間，他與眾多同學關係融洽，尤其與他的同學詹新吾關係最為友好。

　　祖父告訴我，他在甘肅法政專門學校學習期間，1920年12月16日晚上8點多，甘肅和寧夏發生了一次慘烈的大地震，這次地震持續十幾分鐘，極震區面積兩萬多平方公里，斷裂帶從寧夏固原硝口村到甘肅景泰喜泉鎮綿延237公里，釋放的總能量為2.2億噸TNT當量。據多種地震目錄和文獻記載，震中心位於現甘肅省白銀市平川區寶積鎮紅山到寧夏自治區中衛市海原縣西安州，一個長60多公里的狹長地帶上。

　　祖父說，那天地震時他和一些同學老師驚慌地從宿舍跑了出來，他們前腳跑出來，後面宿舍和教室紛紛倒塌，驚慌失措的他們站在操場，就像是站在棉花上一樣，大地上下顛簸著，整個校園塵土飛揚，讓他們無法站立。祖父說，他們真不敢相信，前幾分鐘他們還休息的宿舍，此時已經是瓦礫塵埃。大自然太可怕了，這就是以後祖父一直告誡我們要敬畏生命，敬畏大自然的其中一個原因。據後來統計，在人煙並不密集的甘肅和寧夏這場大地震中死亡27萬多人，當時甘肅的靖遠縣和寧夏的海原縣死亡人口達六成，中國鹽政實錄記載「甘鹽池鹽民死十之六」，而處於這個地帶中間位置的平川區打拉池周邊「死十之八九」。蘭州華林山一帶的窯洞十有八九都坍塌了。

　　祖父是1921年秋畢業的。1922年他和我的祖母一起到了甘肅省武威縣，留下四歲的父親在崖頭坪由我的三太太操心。父親告訴我，祖父將他留在崖頭坪後，他是吃百家飯長大的。今天在這家吃飯，明天到另外一家吃飯，很長時間失去了父愛和母愛的父親，已經成了很多人家的孩子了。1923年祖父進甘肅省武威師範學校任教語文、歷史等課程，兼任學監。其後又任永昌縣教育科長。接著又在蘭州女子職業學校任國文、歷史教員。祖父從小在我曾祖父清末秀才趙懷俊的私塾念書，與鄉紳子弟馬全欽等是同學，曾祖父趙懷俊教書有方，對學生要求特別嚴格，尤其對他的兒子更是嚴加管理，所以祖父國文基礎相當扎實。祖父說，那時候曾祖父若

是生氣了，就會揪自己的鬍子，學生們看到這個情景就嚇得不敢出聲了。祖父說，那時他們背不會課文，曾祖父就會打他們的手板，他是曾祖父的兒子，所以挨打的次數最多。三十年代，祖父又在家鄉大河家馬全欽辦的私立魁峰中學任教國文和歷史。由於他長於文史，口才頗佳，講歷史故事津津有味，深受學生和家長的歡迎。我的家鄉是民族雜居的地方，在過去的日子裡民族矛盾複雜，人們說這裡「三年一小反，十年一大反」毫不誇張，每過幾年這裡由穆斯林的教派之爭就會引起造反，繼而就是回漢仇殺，造成大批漢人被殺戮，或者流離失所，再則就是漢民被逼迫隨了回民信了伊斯蘭教。我們趙家在清朝同治年間，西北回亂中一夜之間有十六口人被殺害在家中，由於我曾祖父的父親趙春華當時經商外出而倖免於難。祖父從小生活在這樣一個環境裡，他深知民族團結在這裡是多麼的重要，為維護大河家地區民族團結起了關鍵作用。

解放前夕有些人不瞭解共產黨的政策，揚言解放軍來後幫助漢人殺回民，一時風聲鶴唳，回漢之間互相猜疑，劍拔弩張。當時回漢雙方都準備了刀槍，漢民操練大刀隊，回民拿出土槍腰刀，聚眾開會，形勢非常險峻。在此緊要關頭，祖父為了維護回漢團結，挺身而出，奔走雙方領頭人之間，曉以大義，用道理說服他們。他對回漢雙方的領頭人說道：「解放軍是來解放老百姓的，不是來殺害老百姓的，希望大家冷靜頭腦，絕對不能胡來亂來，做出擾亂社會穩定、傷害民族團結的事情，造成生命財產損失的後果。」當時，漢民中一些活躍分子要借我們家大院做練大刀隊的基地，他一口回絕，並對這些人嚴厲批評。漢民中有幾個領頭人是他的表兄弟，他曉以大義，並反覆勸導告誡，才使大家明白了他的善意，立即停止了大刀隊的演練。接著他又到回族、保安族、撒拉族幾位領頭人面前，拍著自己的胸膛說：「我拿我自己的身家性命保證漢民不會亂動，請你們放心，如有人胡來，你們先割了我的腦袋。」我的祖父是漢族人裡最有影響力的人物，以他個人的威望冒死抵制一些挑頭激進分子的過激行為，在那人心惶惶的亂世壓住了一場場驚心動魄的回漢紛爭，為維護回漢民族的團

結盡心盡力，無私奉獻。

　　祖父為什麼在當地漢人裡有這麼大的威望呢？既有外部原因，也有他個人的人格魅力。因為曾祖父趙懷俊辦私塾為地方培養人才，而當地回族中的紳士馬全欽等人是曾祖父的學生，祖父趙吉堂也在曾祖父私塾裡念書是馬全欽的同學。馬全欽是清末回民起義領袖馬占鰲的孫子，馬國良之子。馬占鰲被左宗棠勸降後任命為督帶，是西北馬家軍的奠基人。馬全欽當時在大河家有自己的地方武裝，稱霸一方，祖父則和馬全欽形同手足，所以當解放軍來臨之際，祖父給馬全欽分析形勢，指出未來的天下是共產黨的，奉勸馬全欽在此關鍵時刻必須表明態度去歡迎解放大軍。於是當解放軍進了甘肅省臨夏州州府河州城後，祖父和馬介欽等十餘個當地各族有名望的人物組成代表團，趕上十幾頭犍牛，牛角上掛上紅綢緞浩浩蕩蕩從大河家到臨夏縣去歡迎王震將軍率領的解放大軍，並在大河家協助解決渡黃河的船隻和牛羊皮胎，讓解放軍順利地渡過了黃河，開闢了解放軍進軍西寧、河西的道路。另外，祖父又給馬全欽曉以大義，出主意讓馬全欽勸說新疆侄子馬全義起義，為和平解放新疆，最終完成解放大西北，盡了自己最大的力量。由於祖父為人正直、深明大義，為家鄉的教育和民族團結、以及和平解放大西北的特殊貢獻，被當時臨夏縣委王書記再三邀請，於1952年擔任臨夏縣政協常駐委員兼祕書工作，一直在甘肅省臨夏地區工作了三十五個春秋，為維護臨夏地區的民族團結和參政議政獻出了自己畢生的精力。

　　我對祖父的認識是在我上小學祖父住在我們家，蘭州市七里河區火星街甘肅送變電家屬樓裡的那段時間。那些日子裡，祖父經常給我講一些他過去的經歷，還給我講中國歷史上的一些故事。我在小時候母親分給我的家務工作是洗碗，每次洗碗的時候祖父就站在我的旁邊，手把手地教我怎樣洗碗。祖父告訴我，洗碗的時候，左手托住碗，右手虎口卡在碗邊上，然後旋轉讓右手指刮著碗。碗洗淨後用清水沖後再用乾抹布擦乾。最後打上肥皂進行洗手。祖父教得很細心，洗出來的碗確實乾淨。我記得祖父那

時候到我們家跟前蘭州市七里河區王家堡一個洗澡堂去洗澡，他每次去洗澡父親不放心，就讓我陪祖父一同去。祖父每次洗完澡，他都要在洗澡堂的床上閉著眼睛躺一會。這時候我就拿著書看陪著祖父，一直到他洗完澡我們一起回家。有一次我們學校要演出，讓我扮演一個老大爺，其中有個情節是讓老大爺拿著煙鍋子上場，當時我就將祖父的長桿煙鍋子拿著。因為我平時看祖父將煙絲放進他煙鍋子的銅頭裡，一邊用手將煙絲壓實，一邊用一個點燃的草繩去進行點燃，我在演出時將這一細節演得活靈活現，引得在場的老師和同學紛紛給我鼓掌，下來後班主任老師對其他同學說：「看來這個角色讓趙旭演還真不錯，我把演員選對了。」

　　祖父在文化大革命一開始就被造反派揪了出來，造反派們對他又打又罵，讓他去揭發縣上的一些領導，可他從來不違心地去揭發別人，這樣惱羞成怒的造反派就用鋼鞭抽打他，一個姓賈的造反派搧他的耳光，他的一個耳朵就是被這個人面獸心的人打聾的。在我們隨父親下放到崖頭坪監督勞動改造後，臨夏縣革命委員會的造反派做出決定，剝奪祖父臨夏縣政協委員的資格，成了不拿一分錢的牛鬼蛇神，也被送到崖頭坪接受貧下中農的監督勞動改造。這件壞事對於我們家來說確實是想都不敢想的事情，分分合合各自在不同地區工作的一家人，終於走到一起了。所以說，文化大革命的十年農村生活雖然艱難困苦，可是我們一家人能夠生活在一起，能

從左到右：
趙旭、弟弟、媽媽、爺爺、爸爸、
妹妹、姊姊，攝於1964年。

夠互相抱團取暖，現在想起來，那是我一生中最難忘的一段時光。祖父到農村時已是七十多歲的人了，可生產隊仍然讓他和隊裡的一些地富反壞右分子一起每天參加勞動。他除了給社員們背糞時往背篼裡鏟糞以外，還和隊裡的地富反壞右分子一起到大田裡幹一些強體力勞動活。每日裡我勞動時，遠遠地看見祖父領著那些地富反壞右分子，一起將土遮蓋在地裡的一個個小糞堆上，烈日曝晒但他做得卻是那麼細心。多少個風吹日晒的日子裡，祖父每天都要按時出工，雖然他不似我一樣整日裡奮戰在勞動一線，但他必須去和那些四類分子一起勞動改造。祖父從小生活在農村，家裡有幾十畝大水田地，他在教書之外就在地裡幹活，不論犁地還是揚場，不管背糞還是灌水，農村的活計他非常熟悉，他對農村的生產勞動做得都非常到位，我的很多農活經驗都是祖父給我教的。

就在祖父被下放到農村監督勞動改造的一天下午，第三生產隊的尕黑娃來到了我們家。尕黑娃是我們家解放前的一個長工，那時祖父整日裡到臨夏縣大河家的魁峰中學上課教書，尕黑娃就到了我們家給幫忙料理大田裡的農活。尕黑娃曾經對我說過，祖父那時候對他特別好，把他和我們家裡的人一樣對待，而且給他吃的飯比我們家裡人吃的都好。他告訴別人說，那時候祖父不僅給他吃得好，還給他買穿的衣裳。每次他到我們家裡來，幹完活除了給他優惠的報酬之外，每次都大包小包的給他們家裡帶去糧食和衣物。就連他當年結婚娶媳婦都是我的祖父給他出的禮錢。對於這些我是相信的，祖父確實就是這麼一個有情有義非常厚道的人。

這是一個風疾寒冷的冬天，冰冷的陽光灑在大地上，讓起起伏伏的農田成了斑駁的淡黃和灰黑的圖畫。我這天早上用架子車運肥，因為一切都做得順暢，心情是那麼的愉悅。歇工回家吃早飯，由於刺骨的寒風，我是一路小跑往家趕的。然而進了院子，平日裡看著老實巴交的尕黑娃，他看到我們一家被遣送到了農村，父親被監督勞動改造，祖父也被趕到農村被專政了。半截黑塔般的尕黑娃雙手叉著腰，不時揮舞著拳頭，破口大罵起了我的祖父。祖父從屋子裡走了出來，說你有什麼事，話好好說，

你何必這樣罵人呢？尕黑娃這個人還算直爽，他說道，我想要你的羔子皮的大衣。祖父聽到此話愣了一下，他沒有想到尕黑娃不知什麼時候盯上了他唯一的一件大衣。祖父說，你想要我的羔子皮大衣你給我說就好了，何必要這樣大吵大鬧呢。祖父說著就將他箱子裡的一件羔子皮的大衣拿了出來。這是用小羊羔皮子做的大衣，面子是黑色的呢子，輕巧柔軟，款式新穎。祖父說：「你要的是這一件嗎？你要就給你吧。」這時我剛下工已經進了院門，我看了一眼尕黑娃走上前去說道：「爺爺，你的東西憑什麼給他。」尕黑娃看我拉住祖父不讓給，平日裡老實巴交連話都說不清楚的他，此時眼露兇光，順手就從地上撿起了一根木棒。祖父說道：「旭旭，你走開給了他吧。」我本來是要阻擋祖父不能給這個人的，可祖父將羔子皮的大衣塞到了尕黑娃手裡，讓他拿上了快走。

尕黑娃拿上大衣才露出了笑臉，然後轉身走了出去。我也不知道這個尕黑娃什麼時候知道祖父有這麼一件羔子皮大衣的，平日裡看著那麼老實的一個人，他怎麼知道在這個時候來敲詐著跟祖父要這件大衣。文化大革命時對我們這些階級敵人家庭，這樣的事情多了。過去那麼多親戚朋友與我們劃清界限，好像他們從來不認識我們，唯恐我們一家人身上的騷氣影響了他們。多少人落井下石，肆意汙蔑，恩將仇報，可是像這樣赤裸裸地訛詐，我還是第一次遇見。我當時不理解祖父的做法，我對祖父說：「爺爺，你為什麼要給他？這種人的貪婪你的施捨能夠滿足他們嗎？。」祖父笑了笑說道：「物件都是小意思，在這個時候能讓我們一家平平安安比什麼都重要。」祖父的大度讓我想到，在我們的生活中，可能會經常去幫助別人，尤其幫助我們身邊的人甚至自己的親人，但在我們一家陷入困境時，尤其到了文化大革命，親戚的反目，朋友的遠去，多少人給我們在背後捅刀子，我們幫助過的人此時卻成了乘火打劫的強盜，變成了欺負我們最兇殘的人。人心的勢利與險惡在我們危難的時候表現得那麼淋漓盡致，反倒那些沒有被我們幫助過的人，甚至是一些陌生人，尤其那些撒拉、回、東鄉、保安，還有一些藏族同胞他們在我們一家最困難的時候給我們

一家伸出了援手，讓我們在寒冷的冬天感到世界還是那麼溫暖。

　　這個尕黑娃的兒子小名叫「狗保」，曾經和我一起到窯街煤礦搞過副業，沒想到他的父親竟然是這麼一個人。當然在文化大革命這種特定的環境中，有些人的人性泯滅，獸性大發，我們所遇到的還不是最壞的，土改運動、文化大革命中多少人被活活打死，多少家庭流離失所，在我們的周圍比比皆是。人性的惡和醜陋在特定的環境中就會完全暴露出來。這個尕黑娃文革結束後去了新疆落戶，有一次與幾個維族人一起喝酒，在喝酒的過程中與其中一個維族人發生爭吵，被這個維族人用刀子給捅死了。

　　自從父親被打成右派分子後，母親被強迫退了職。我們四個弟兄姊妹的家庭，父親每月的那點生活費遠遠不能負擔六個人的家庭開支，在那艱難的歲月裡，祖父每個月給我們家寄來30元錢給以補貼，讓我們一家人才不至於挨餓受饑。可祖父一年四季在甘肅省臨夏縣政協工作，從小到大我與祖父接觸是比較少的。我與祖父近距離的接觸始於我到臨夏縣政協去看祖父的那些日子。

　　那是我八歲的那年，母親把我從蘭州送上長途公交車。那是一個晴朗的日子，金色的太陽如同美酒放出燦爛的光輝讓人沉醉。我一路顛簸，翻過蘭州南山的七道子梁，過了洶湧的洮河，汽車在中午過後到了臨夏縣。那天天是蔚藍的，山是翠綠的，地上到處是金黃色的麥浪。祖父就站在汽車站的門口，他接過了我背的挎包，領我朝一家回民飯館走去。進了飯館一個肩膀上搭著毛巾的回民掌櫃給祖父打了招呼後，祖父就在他的跟前給我們每人要了一碗雞蛋醪糟湯，要了四個酥餅子。這時正是三年災害剛過，推行三自一包的時候，能吃上這麼好的飯食，我是做夢也沒有想到的。饑餓的我抓住一個酥餅子幾口就吞進了肚子裡。祖父看我這個樣子說道：「不著急，慢慢吃。」祖父又讓掌櫃的拿來了四個酥餅子。這一天是我吃得最飽的一天。因為家裡供應的糧食是定量供應的，我一個正是長身體的男孩子飯量特別大，我已經好長時間沒有吃過飽肚子了。祖父的飯量也特別大，而且能喝酒，有一次祖父買了兩斤牛肉，大碗裡要來高度數散

爺爺趙吉堂，拍攝時九十歲。

裝的白酒，我看他吃了肉喝了兩碗酒面不改色。

　　祖父為人耿直，喜歡抱打不平幫助鄉人，家鄉里的人們給他起了外號叫「老直子」。「老直子打槍管它打到了哪裡？」這是人們說得一個笑話，說那年有一夥土匪到隔壁鄰舍進行搶劫，祖父趴在草房裡對著土匪胡亂打了幾槍，將土匪嚇跑了。事後人們茶餘飯後閒談時將祖父這件事說成了一個笑話，他們不相信祖父一個文弱書生能夠救了隔壁鄰舍一家。人們說，臨近解放時國民黨馬步芳的敗兵，走到哪裡就偷搶到哪裡，他們是要把偷搶到的東西往家裡拿的。有一天幾個敗兵經過崖頭坪，他們將崖頭坪人河灘裡吃草的馬、驢和羊趕上就走，因為這些敗兵都有槍，人們只有眼睜睜地看著他們將自己的牲畜搶了去。可這件事情讓祖父知道了，祖父領著人們就去追趕這些人討要，那些敗兵仗著有槍根本不當一回事。祖父當時追了上去，他一邊追一邊撿起石頭就扔了過去。那些敗兵此時也做賊心虛，看祖父追了上來先是往天上鳴槍，一看前面後面來了許多鄉村裡的農民，他們就扔下這些馬、驢和羊匆匆跑了開來。

　　祖父被下放到農村後每天晚上就和我睡在一個炕上，假若是下雨休息的日子，我就讓祖父給我說講他過去的經歷。祖父看我讓他講典故就非常高興，他不論講他上學時的人和事，或是講起那些年發生在大河家地區的事情，還是講歷史上的傳奇，他的肚子裡好像有說不完的故事。

我最喜歡聽祖父背誦四書五經，對於再背誦他以前讀過的這些文章，他是那麼的陶醉。祖父悶了的時候就盤著腿坐在炕上，他閉著眼睛嘴裡輕輕地誦讀那些文章。

子曰：「學而時習之，不亦說乎？有朋自遠方來，不亦樂乎？人不知而不慍，不亦君子乎？」（《論語·學而》）

曾子曰：「吾日三省吾身：為人謀而不忠乎？與朋友交而不信乎？傳不習乎？」（《論語·學而》）

子曰：「吾十有五而志於學，三十而立，四十而不惑，五十而知天命，六十而耳順，七十而從心所欲，不逾矩。」（《論語·為政》）

子曰：「溫故而知新，可以為師矣。」（《論語·為政》）

子曰：「學而不思則罔，思而不學則殆。」（《論語·為政》）

子曰：「賢哉，回也！一簞食，一瓢飲，在陋巷，人不堪其憂，回也不改其樂。賢哉，回也！」（《論語·雍也》）

子曰：「知之者不如好之者，好之者不如樂之者。」（《論語·雍也》）

子曰：「飯疏食，飲水，曲肱而枕之，樂亦在其中矣。不義而富且貴，於我如浮雲。」（《論語·述而》）

子曰：「三人行，必有我師焉。擇其善者而從之，其不善者而改之。」（《論語·述而》）

子在川上曰：「逝者如斯夫，不舍晝夜。」（《論語·子罕》）

子曰：「三軍可奪帥也，匹夫不可奪志也。」（《論語·子罕》）

子夏曰：「博學而篤志，切問而近思，仁在其中矣。」
（《論語·子張》）

　　祖父一邊自言自語地背誦，一邊搖著頭，他好似完全陶醉在了他背的文章當中。祖父在背文章時，如果我回到家裡，我就靜靜地坐在他跟前聽一會那「之、乎、者、也」，我不明白他背的什麼，也不去打攪祖父背書的興致，但我喜歡那之乎者也的韻味，愛聽祖父朗朗的讀書之聲。

第十四章 製炸藥和5406菌肥

　　我們劉集公社和全國一樣農業學大寨運動搞得如火如荼，公社的主戰場在吹麻灘，也就是現在積石山縣政府所在地。當時除了公社抽調各大隊的人到吹麻灘平田整地以外，各大隊都有自己農業學大寨的戰場。我們團結大隊的主戰場在積石山下崖頭坪劉集河灘裡。不論是公社的吹麻灘還是大隊的劉集河灘，都是雨水季節山上下來的洪水肆意橫流，而到乾旱季節河灘裡到處是石頭。而在這種河灘裡平田整地，都是首先用石頭做田埂，中間平整後就在裡面鋪填上一層厚厚的土，然後再在厚土上填一層熟土。我們大隊平田整地時在河灘裡用石頭做了一個個田埂後，將第四生產隊所在地段白鴿崖用水沖刷，讓泥漿淤積到石頭田埂裡。由於要將石頭河灘平整，這樣就要將一個個的大石頭炸碎鋪填或拉走。

　　當時為了炸石頭，炸藥不夠就要自己用硝酸銨化肥進行製作。硝酸銨化肥是農業上常用的一種氮肥，它含有大量的氮元素，是植物內氨基酸的組成部分，也是構成蛋白質的成分，能促進植物進行光合作用，促使葉片生長，提高植物對營養的吸收，從而提高植物的產量和質量。崖頭坪這裡當麥苗稍微長高一點時，在毛毛細雨下我們用臉盆端著硝酸銨化肥，一把一把均勻地撒在麥地裡。那些麥苗兒在雨水的滋潤下，當化肥落到它們身邊，它們是那麼的興奮，我們都能感受到它們往上竄長的快樂。為什麼撒化肥要在毛毛細雨裡進行，其他下雨天為什麼不好呢？因在其他下雨天，雨太大就會把化肥沖到低凹處去。而毛毛細雨天化肥在細雨中融化，化肥就會悄悄地均勻融進土地裡。

那是一個清爽明朗的早晨，天上下著毛毛細雨，我將家裡的一塊塑料布披在身上，頂了一個破草帽匆匆趕到麥田裡。麥苗兒仰著頭望著我，我脫下鞋挽起褲腳，看了看那一株株鮮活的麥苗，左手抱著臉盆，右手將化肥高高揚起，麥苗兒此時仰著頭被雨水播灑那麼爽心，又有白色的化肥從天而降，興奮地幾乎要笑出聲來。我從地的一頭走到另一頭，然後再返回手揚著化肥再撒到這一頭。我撒得很細心，也很均勻，化肥落到地裡很快就融化了。我好像能感覺到麥苗兒的歡快，也能夠聽到它們竊竊的私語。我有好長時間沒有這麼開心了，階級鬥爭的嚴酷環境壓抑著我整日裡板著個臉，可是我今天卻笑了，和麥苗兒一起笑得那麼開心，笑得那麼爽朗。毛毛細雨下在我披的塑料布上，唰唰的響聲好像為我演奏著音樂，我情不自禁地哼起了「花兒」小調，小調的旋律和我揚撒化肥的頻率那麼默契。撒了一會我乾脆將破草帽摘了下來，我就讓雨水順著我的臉頰往下流淌，我知道這時候只有這些麥苗兒和我，能夠感受到雨水淋澆的快樂。

　　當我第二天去看麥苗時，不知是我心理的原因，還是麥苗被化肥催著生長，撒了化肥的麥苗確實冒著長高了一大節。後來我才知道，植物雖然在化肥的催養下長得翠綠茂盛，可是這種化肥長時間在地裡使用，對土地是沒有好處的，土地還是喜歡有機肥料。各種動物和人的糞尿與麥秸一起漚成有機肥料，對改善農作物生長環境，提高農業效益有特別的好處，尤其它能改良土壤，讓土地長期保持良好的狀態，而且這種有機肥生長出來的糧食健康環保，人畜食用後對人體是非常好的。而化肥只是一時促農作物生長比較快，但對土地的破壞是非常大的。另外化肥也不能撒得太多，撒多了當時看著好，墨綠色的麥苗拔節快速生長，可是當麥子結了麥穗後，長得過長的麥稈隨著麥穗的逐漸沉重雨天後麥子被風一吹就會大片大片的倒伏。崖頭坪的人們剛開始使用化肥時，以為化肥越多越好，後來當麥子出穗後大片大片的倒伏，才知道不能只圖一時的好看，必須要合理使用化肥。人們說，吃一塹長一智，但人性的貪婪讓人們第二年又重蹈第一年的覆轍。

我原來只知道硝酸銨可以在莊稼地裡追施氮肥，沒想到它還有製作炸藥的用途。在農業學大寨時，生產隊讓我去用硝酸銨製作炸藥。我這個右派狗崽子本來是不能接觸這種爆炸物的，可在天高皇帝遠的農村，農民們沒有那麼高的階級覺悟，他們只是感到製作炸藥非常危險，另外他們確實沒有製作炸藥的理論基礎。可是我這個右派狗崽子的命賤，就是死了十個八個只有當爸媽的心疼，沒有一個人會掉下一滴眼淚的。另外我多少有點文化知識，喜歡學習鑽研，所以才將我抽出來製作炸藥的。生產隊給我分配了這個任務後，我當時什麼也不懂，我只有自己琢磨去幹了。我跑到大河家去向一位「壞分子」請教，這位「壞分子」原來是一位小學教師，曾經罵過一位大隊領導，文化大革命來後莫名其妙地給他戴上了一頂「壞分子」的帽子。他告訴我他原來是學工的，就因為家庭成分不好，一直在家鄉小學教書。他告訴我硝酸銨與強還原劑混合時，有很強的可爆炸性，另外他教我如何進行土法製作炸藥，並且告知我如何防止爆炸事故的發生。

　　在這個「壞分子」處取了經後，我是一邊學一邊就開始了實際製作。我們製作炸藥是在我們第一生產隊的飼養圈裡，飼養圈的院子裡支著一口大鍋。我在製作炸藥時，還有和我一同抽出來的生產隊的另一個社員，這個社員是給我當幫手的，他和我一起去做這種特別危險的土炸藥。我們首先將木屑在大鍋裡炒成黑木炭屑，然後將硝酸銨化肥倒進黑木炭屑裡讓它們一起拌炒消融。拌炒消融晾涼後再加入硫磺。

　　對於這種極端危險的工作，我當時卻沒有感到一點害怕，因為我根本不知道危險就在眼前。雖然那位「壞分子」告誡過我，但我不以為然，我以為這些炸藥只有插上雷管才可以爆炸，不放雷管是很安全的不會爆炸。現在想起來真可以說是無知者無畏呀！我們當時把做好的土炸藥用編織袋一袋袋裝好，其他社員來到我們的飼養圈裡用驢馱了拿去放上雷管去炸石頭，我製成的炸藥威力相當大，當時在大隊生產隊的農業學大寨運動中，起到了很大的作用。

　　當時我們第一生產隊裡有個叫趙永良的招女婿（編按：入贅婿），

此人真可以說是膽大包天。在生產隊農業學大寨基本建設時，他一個人從懸崖絕壁上一條非常狹窄的小道走過去，打炮眼，填炸藥，插入雷管和引線，然後點燃引線。我們在遠處看得心驚肉跳，看到他走的小道上有土在往下滑落，但他每一個動作做得卻是那麼有條不紊。趙永良的岳父是國家幹部，在當時的農村家庭條件可以說是數一數二的。趙永良在來崖頭坪以前家庭生活貧困，招女婿能到這一幹部家庭自然是鳥槍換了大炮，不愁吃不愁穿，而且娶了一個如花似玉的美麗姑娘，他的心裡自然是非常滿意了。由於他幹活賣力，而且膽大心細心靈手巧，這在憑勞動衡量人的農村自然是很快就建立起了威信。

我當時就是向趙永良學習怎麼打炮眼，怎樣填炸藥，如何將雷管插進炸藥裡，怎樣封口壓實，怎麼去點燃引線的。雖然我比起趙永良來說做這些事情有一定的差距，但我確實是認真做好每一件事情的。

我每次身上拴了繩索和幾個一同打炮眼的同伴吊在懸崖絕壁上，因懸崖上有鳥的窩，我們去打炮眼時，不時就會被鳥飛來在頭上、身上啄我們。我每次上去腰上都別著一根棍，當鳥飛來時我就用棍子趕走飛鳥。這些飛鳥剛開始我們用棍子趕時馬上飛得遠遠的，後來牠看我們是無法追牠們，於是我用棍子趕牠就落在離我們不遠的地方，有時候牠們還飛上飛下不斷騷擾著我們。牠們是要啄我們眼睛的。打好炮眼我們四、五個人就同時原吊下去在炮眼裡填充炸藥，插雷管，然後聽從下面一個人的指揮同時去點燃炮撚子。

點燃炮撚子是不能有絲毫馬虎的一道工序。一是要一次就要點著，並且要估算好離開的時間，這樣我們幾個人就可以同時離開。假若你半天點不著，別人的炮點燃後你若還沒有離開，就會有生命的危險。

有一次我們點燃炮撚子後，有兩個炮是啞炮沒有爆炸。後來過去查看的就是這個趙永良。查看啞炮是非常危險的，我們劉集公社曾經發生過有個查看啞炮的人，剛走到啞炮跟前，啞炮突然響了，這人被爆炸的啞炮炸掉了半個腦袋。

農村進行農業學大寨時，不僅僅公社和生產大隊搞農田基本建設，生產隊此時也結合自己的實際情況進行農田的修修補補和小規模的農田基本建設。我們團結大隊第一生產隊，除了將不平整的土地搞平整外，還將人老幾輩的一條溝進行填埋。這條溝叫塌崖溝，每年往塌崖溝西面地裡背糞，需要將糞首先拉到溝的東面路口，然後人從東面路口下到100多米深的溝底，再從溝底背到溝的西面地裡。人背上糞背簍這一下一上就要耗費大量力氣。於是，生產隊就開始填埋這條溝了。明眼人一看這種舉措是非常不科學，將土填埋溝終歸可以是做到的。可填埋了溝，這條溝是洪水經過的通道，雨季下雨就是山洪不下來，地表彙集到一起的水也要從這條溝裡流出，這土壩還不是要被沖毀掉。可在那個敢想敢幹的年代裡，領導一拍腦袋什麼事情都敢幹，沒經過科學考證只圖一時興起，哪管它今後的結果怎麼樣。大隊的農田基本建設也是一樣，白鴿崖下面的劉集河灘裡平田整地，一塊塊的石頭圈圈裡填上土，當時看起來確實好，整整齊齊平展展的大塊農田耀人眼目。到了這時候大隊領導領著公社、縣上領導進行參觀，得意的樣子溢於言表。上面的領導也滿面笑容給以表揚。然而到了雨水季節時，從積石山上流下的洪水瞬間就會將所有平整出來的農田沖走，可是那個年代人從來不計後果，什麼事情都可以想，也可以做。崖頭坪的院牆上寫著：人有多大膽，地有多高產。

　　我們每天到塌崖溝邊上放炮炸土崖，然後將土往溝裡填去。我們做得很認真，也很賣力，大家一邊將土往溝裡扔，一邊唱著勞動的號子。大家想若是將這條溝填埋了要省多少力氣，辛苦我們這一代，造福子孫千萬秋。虛幻的希望讓我們無比憧憬，生產隊每日裡讓我們早出晚歸。就是在這個時候，我們在挖土崖的過程中挖出了蒙古人的墳墓，而且這種墳墓一個連一個非常集中。說明我們崖頭坪這裡過去就是蒙古人集中居住的地方。蒙古人的墳用磚砌得圓圓的，像個蒙古包，裡面有各種刀具和錢幣，尤其陶罐最多。這段時間家家戶戶將陶罐拿回家，擺在院子裡，有拿來餵豬的、餵雞的，也有當作擺設的，總之因沒有多大用處，人們挖出陶罐後

多數被打碎了。後來有個外鄉人曾到崖頭坪來收購，每家每戶都有出售的，雖然每個陶罐只有幾毛錢，可對於窮的連鹹鹽都買不起的崖頭坪人來說就非常滿足了。這個外鄉人回去再來，來來回回收購了很長時間。改革開放後，盜墓者紛紛到了崖頭坪，他們白天探查，晚上挖掘，每一塊地裡都被深挖了大坑，不知被盜墓者挖了多少蒙古墳，不知挖出了多少陶罐，也不知有多少古董寶貝被這些人挖走了，總之在利益的驅使下人們瘋狂了，恨不得要將崖頭坪翻個底朝天。

就在我們大幹填埋塌崖溝的時候，有一天勞動中間人們正在土坎底下休息，全生產隊的人都坐在這個土坎下面乘涼。火辣辣的太陽將金燦燦的陽光灑在山川大地，陽光似一團熊熊的火，好像要點燃這光禿禿的崇山峻嶺。此時休息的人們有喝水的，有閒聊的，也有個別人利用短暫時間在下方的，婦女們則拿出襪子底進行紮花。突然有一個人大喊一聲，「快跑！」這個人是我們生產隊的招女婿趙永壽，他是到土坎上邊解手去的，當他剛上到土坎邊沿，他看見土坎上面裂開了深深一道口子，此時土坎正在徐徐移動。人們聽到喊聲也不知發生了什麼急忙往外跑去，還算大家跑得迅速，人們剛從休息的地方離開，土崖整個兒垮了下來。我也是其中跑出來的一員，我雖然出來了，可移動的土將我的膝蓋整個兒淹沒了。我覺得我很幸運，到現在我還都感謝那個去解手的趙永壽，是他救了我們生產隊的青壯年男女社員的，假若不是他，土坎垮下來全生產隊的這些社員都被黃土吞沒了，連個去叫人搶救的人都沒有。

這個趙永壽後來和我一起被公社點名，讓大隊推薦去到臨夏縣造紙廠，就是前面說的那個籃球迷來招工。我因父親是右派分子又被刷了下來，趙永壽則如願參加了工作。

我就是在這個時候被生產隊抽出來製作5406菌肥的。七十年代初全國大力宣傳5406菌肥的增產作用，並土法生產、推廣使用。劉集公社接到上面的指示要求各大隊自己製作5406菌肥。公社當時將任務下到了我們團結大隊，團結大隊又將任務落實到了我們第一生產隊，並且點名讓我負起這

個責任。於是公社給了我材料和菌種。

我接到任務後首先在自家房檐底下將油渣和熟土放上菌種拌勻，攤成一尺多厚，並將麥草蓋到上面。大約過了一個多星期，打開麥草後整個原先的散土和油渣像蓬鬆的蛋糕一樣結到了一起。我做成功了，這是全公社各大隊做得最好的。公社這些日子也一直關注著我做5406菌肥的情況，聽到我做成功了，馬上到我家裡來參觀。看到蓬蓬松松的菌肥，公社領導非常興奮，他們立即通知全公社各大隊和各小隊的領導到我們團結大隊來參觀學習，並且讓我做了現場經驗介紹。我當時只是按照做菌肥的材料做成功了，但我一點也不知道這種肥料到底肥效怎樣。當參觀的人問到5406菌肥肥效到底怎麼樣時，我回答不上。這時候公社裡一個幹部就在我旁邊站著，他接過話茬替我打圓場，說這種菌肥的肥效怎麼怎麼好，用上它能夠增產多少，有理有據說得頭頭是道，他讓大家回去後馬上行動起來，抓緊做好5406菌肥。

後來我們生產隊將這些菌肥浸種（或拌種）、浸根、基肥、追肥施用，施到地裡確實對增產起到了很好的作用。

由於初試的成功，以後日子裡生產隊就批量地生產了。我和一個綽號叫「狼鷹」的小夥子，根據生產隊長的意圖，為了增大產量每天將熟土打碎細篩後，違心地將土的比例不斷增大，而將油渣的比例儘量減小，這樣做成的5406菌肥就翻倍增多，可是菌肥的效果就越來越差。這就是為什麼以後生產隊再也沒有持續做5406菌肥的原因。

這個叫「狼鷹」的小夥子和我都是「生」字輩的，是比我小一點的堂兄弟，他從小將生產隊的羊和個別農家的羊合到一起去放牧，是個優秀的放羊娃。「狼鷹」到了十五、六歲時，就到生產隊裡參加勞動。這個小夥子性格開朗隨和、勞動踏實肯幹，而且勞動時一邊說笑一邊幹活，他好像從來沒有過煩心事，和我合作生產5406菌肥的那些日子裡，我們每天拉土、砸土，將砸碎細的土用篩子將細土篩出來，然後再用細土拌上磨細的油渣製作5406菌肥。我和「狼鷹」在說說笑笑中一起製作5406菌肥，而且

幹的活比以往任何時候都多。「狼鷹」性格隨和，處事不驚，而且對我比較尊重，這對我一個自卑心很強的人，我就覺得非常滿足了。歷經了種種磨難後此時我才知道，善良、隨和的人是天生的，只有這樣內心寧靜的人才能處世不驚，只有這種內心簡單的人才能常懷笑容。我與「狼鷹」一起勞動的時間不是很長，但我們在一起勞動合作的非常愉快。

在農村人們一提起放羊娃，往往人們就將人與羊的獸交聯繫到一起，然而這個「狼鷹」多少年來我從沒聽說過他的緋聞。我剛到農村時就目睹了一些原始獸交的場面。那年我才十五歲，有一天生產隊組織人們往地裡灌水，我到上游去挖水。因為我的年齡和這些放羊娃年齡差不多，他們幾個抓住羊拉到水渠下面根本不避我，我親眼看見生產隊裡的放羊娃和一些年輕人與羊獸交的場面。我當時驚愕萬分，我不知道人與人是怎麼性交的，可我看到他們掏出生殖器爬在羊的後面，但懵懵懂懂的我看也不是不看也不是，反倒自己感到不知所措，後來才知道這是獸交。在農村這樣的事情非常多，我聽到過與牛、羊很多這樣的事情。至於男女通姦的事情就更普遍了。到了勞動時大家在一起生產隊長就說一些下流的黃段子，還不時在女人們的屁股蛋上揪一下，被揪的女人故意尖叫一聲，惹得人們哈哈大笑。

對於解放以後農村道德迅速滑坡的主要原因是，過去的地主富農大多數是農村的社會精英，他們有文化，崇尚忠孝仁義禮智信，以宗祠文化凝聚家族成員，維護社會穩定，這些人善經營、勤儉持家，代表了農村的先進生產力，為富不仁的只是極少數。可是，解放以後地主富農和其家人被無限上綱、殘酷鬥爭，勤勞致富或傳承下來的財產被強取豪奪。而那些所謂的貧下中農，其中有些掌握了權利以後，成了當地的地頭蛇，在農村打罵群眾，欺男霸女，一個小小的生產隊長或會計，生產隊裡有點姿色的女人差不多被其玩了個遍。當然也有一些大公無私的農村幹部，在農村心繫群眾，勤勤懇懇為老百姓任勞任怨地服務的。

這個「狼鷹」後來當了生產隊長，雖然能力一般，可他為人謙和，勞

動踏實，經常與社員們打成一片進行勞動，我感覺這樣就非常好。而他的同胞兄長就不一樣了，一天到晚吊著個臉，不是罵張三就是訓李四，自己一天到晚氣得呼呼喘氣，可沒有解決半點問題。

我們團結大隊第二生產隊有個五保戶的妻子人們稱呼她為「哇達拉」。因為她是南方一帶的人，說起話來「哇達拉，哇達拉」，所以人們給她起了一個這樣的外號。這個女人是西路紅軍在甘肅河西走廊失敗後，被當地民團團長領到崖頭坪的一個女紅軍。甘肅省臨夏地區是馬步芳的老家和大本營，馬家隊伍裡大多數軍官都是臨夏人。西路紅軍經過河西時，馬步芳一方面調兵遣將圍追堵截西路紅軍，一方面讓地方上的民團也去了河西走廊與正規軍一起圍剿西路紅軍。西路紅軍失敗後，年輕的女紅軍就成了馬家隊伍各級軍官和民團首領的戰利品。這個「哇達拉」就是這個民團團長領到村子裡面來的。剛來的時候「哇達拉」是個小姑娘，這個民團團長就把她嫁給了民團團長家的一個長工，這個長工就是這個五保戶。這個五保戶人長得很猥瑣，而且特別老實，「哇達拉」就成了村裡很多人的性伴侶。解放後雖然很多過去的窮人分得了有錢人家裡的田地和房產翻身了，可是五保戶家裡還是很窮，而且兩口子一直沒有孩子。「狼鷹」家和五保戶的家是隔壁，我經常看到「狼鷹」給五保戶家裡挑水。「狼鷹」每次挑完水出門時「哇達拉」就送出門外。多少年來「狼鷹」就好像是五保戶和「哇達拉」的孩子一樣，當我要離開崖頭坪時一直是這樣。「狼鷹」這個形象一直刻在我的腦海裡，他的樂觀、無私，他的豁達、善良，他助人為樂的品質是那麼光鮮靚麗，這就是我以後為什麼也會幫助那些弱勢者的原因，因為我的心裡一直矗立著這樣一個榜樣。

第十五章　我的教學生涯
是從社請教師開始的

　　1971年「913」事件以後鄧小平開始復出，全國上下也在糾正一些極左的做法。由於我高考成績優秀，雖然沒有被大學錄取，可在整個臨夏回族自治州地區出了名。縣上領導給公社打招呼讓適當發揮我的作用，我就是在這個時候1974年被劉集公社團結大隊聘為社請教員的。

前為大隊書記趙生榮，後為趙旭和堂弟趙生強。

　　團結大隊小學在團結大隊第二生產隊集中居住的地段，與崖頭坪穆斯林的拱北相鄰。拱北是崖頭門宦始祖與先賢的陵墓。學校建在這裡有一種神聖感。學校雖然占地面積不是很大，但裡面有籃球場和幾個用水泥做成的乒乓球台，鑽天的白楊樹圍繞著高高的圍牆。大門開在東面，正好對著一家常年守護拱北姓韓的穆斯林家庭。

　　我當上大隊的社請教員後父母親很是高興，也感到非常驕傲。母親說：「雖然教的是小學，但要教好每一堂課還是不容易的，你千萬不能誤人子弟。」我說：「媽媽您放心吧，我一定能把孩子們教好。」

我去後擔任的是三、四年級複式班的數學、語文和五年級的語文、數學的教學。所謂複式班就是把兩個或兩個以上年級的學生編成一班，由一位教師用不同的教材，在同一教室裡對不同年級的學生進行教學的組織形式。教師對一個年級的學生講課，同時組織其他年級的學生在同一個教室裡自學或做作業，並有計畫地交替進行。這種複式教學是由一定地區的教育條件和經濟條件落後或不平衡而產生的，它有兩個不同年級班互相影響的不足，但它有共同利用教育資源，在教育資源短缺的情況下，利於普及教育。這種複式教學不僅我們團結大隊小學施行，全公社其他小學也是利用僅有的教育資源這樣做的。複式教學的主要特點是：直接教學和學生自學或做作業同時進行。這種複式教學的特點是它的優點，但也是它的缺點。對於我們教師來說，由於學科頭緒多，講課時間少，教學任務重，因而備課時對教學過程的組織、教學時間的分配和教學秩序的處理等，有更複雜的要求。

　　我每次給三年級學生上課時，就給四年級的學生布置了作業讓他們做；給四年級學生上課時，就給三年級的學生布置了作業讓他們做。在給一個班級學生上課時，我讓另一個班級的學生做作業，上課時我讓做作業的同學不能影響上課的同學。然而說是容易做起來就難了，好動的孩子們做完作業就想玩一玩。當然也有一些愛學習的學生，當我給一個班上課時，做完作業的學生他就聽另外一個班級的課程。我教的學生中就有三年級學生學習了四年級的課程，他反倒要比四年級的一些學生掌握得好。至於唱歌課，我就讓幾個班的學生坐在一個大教室裡，我給他們一起教，讓他們一起唱。

　　對於教學當老師，不知為什麼我從一開始就喜歡這個職業，這也是為什麼幾十年來不論是教小學還是中學，不論是教中專還是大學，我教什麼課都能很快上手，而且在哪個學校裡任課，我都是這個學校裡最好的老師的原因。

　　我教三年級這個班的時候，有個特殊的學生，這個學生小名叫「如

意」，人們稱他為「尕如意」，他的姓名叫「趙永和」。按輩分這個學生還比我要大一輩呢。這個學生是個天生的聾啞人，他只能看別人的口型來與人交流。我給「尕如意」帶了課以後，我發現這個學生不僅字寫得工整，而且特別愛動腦筋。只要有時間他就緊緊地追著我問，不是問語文上的問題，就是求算數上的知識，就連我回到家吃飯時他都要追到我家裡來問。剛開始我與他不知怎麼交流，時間長了我們之間就有了一種默契。對於他的問題我一般都是很認真地去進行解答的。我教他識字認字和將課文讀下來，我給他說數學當中的各種運算技巧和方法。關於數學當中的各種運算技巧和方法，對於一個聾啞人來說，我主要通過實際例子讓他掌握的。時間長了我發現這個學生特別聰敏，只要我教過的課文他沒有不會背的，只要我給他教過的數學他都能舉一反三進行運算。因為班上有這麼一個特殊學生，所以我在上課時儘量在黑板上多寫、多做，讓「尕如意」能跟上我們的進度。那一學期「尕如意」在期中和期末考試中都是全班第一名，成了我教學生涯中最大的驕傲。

三年級的語文正是學生們學寫作文的開始，它是一個人在學習成長過程中承上啟下非常關鍵的一個環節。萬事開頭難，怎麼讓學生把過去的造句與寫一段完整的事情結合起來，這是三年級語文教學當中最難突破的難點。我在教學中一方面繼續抓好學生的造句，另一方面我在課堂上讓學生自己敘述一段事情然後讓他們寫出來。例如，在收麥子的時候，我讓學生說一說家裡人是怎麼收割麥子的，鼓勵他們大膽介紹，我則在黑板上將其寫出，根據學生的介紹把割麥子的情景敘述出來。或者讓他們介紹家裡餵豬時的過程，讓他們說我把他們的敘述寫在黑板上，將餵豬的過程完整記述出來，並將豬搶吃食物的動作活靈活現地寫出來。

剛開始我只要求學生能將一件事情按時間、地點、人物、原因、結果等敘述出來，等到基本掌握後，我就讓他們將這些事情儘量改得生動活潑起來，而這種修改讓學生大膽用形容詞將情景寫得越美越好。我告訴他們剛開始寫作，不要有什麼條條框框，不要怕把形容詞用錯或者用得過分，

這也不能寫，那也不能寫，怎麼能寫出好文章呢？只有大膽地用，大膽地寫，以後才知道把握用詞和用句的適度。不敢寫、不能寫容易束縛一個人的思維和手腳？語言成了習慣是很難改過來的。

我在課堂上問了學生餵羊的事情，並且在課堂中練習了餵羊的記述，下來我就給學生布置作文〈我在家裡餵小雞〉。這樣學生剛聽我講了怎樣寫餵羊，馬上模仿再寫餵雞就容易得多了。我為什麼不布置餵豬的作文呢？很多漢族學生也舉了餵豬的事例，但我考慮這裡有很多穆斯林家中的孩子，我作為老師必須尊重穆斯林的禁忌和習慣。有時候上了新課，然後結合新課的內容，布置和新課一樣的作文。這樣學生有模仿的樣板，寫起來就相對比較容易一些。我總結說，模仿是最好的老師，尤其對於剛開始寫作的小學生來說模仿特別重要。模仿也有一個漸進的過程和層次高低的區別。在小學作文教學中，先有形模仿「依樣畫葫蘆」，後離開特定的範本無形模仿；先單一模仿一些簡單的動作，後綜合能力、多種技法結合進行訓練；先套用前人現成的東西，後將別人的東西吸收消化為自己的東西。我發現這種讓學生模仿後作文，是指導學生學習作文非常好的一種方法。

在講數學的時候，我非常注意學生的運算能力的提高。有些學生馬馬虎虎，在做數學的時候經常把題抄錯，有些則將乘法口訣背錯，或犯一些非常低級的錯誤。針對這種情況我首先告訴學生，做數學來不得半點錯誤，從小要養成好習慣，否則長期這樣錯下去，差之毫釐則會失之千里。在戰場上有時候就是因為一、兩分鐘的時間而決定戰爭的勝敗；農田裡澆灌水的時候，就是因為修渠時沒有注意一個小小的洞眼，當水經過渠道時而使整個渠道垮塌。我給學生講了一個我們大隊的一個復轉軍人，因為大夫在給他做手術時將一塊紗布忘記取出留在了他的肚子裡。做完手術後由於內臟感染發炎，他高燒不退，最後給他重新進行了手術，雖然這個復轉軍人撿回了一條命，可由此讓他澈底地改變了命運，回到崖頭坪後幾乎不能幹強體力的勞動，這在農村就成了一個廢人。我給學生舉了這些實例後，學生們知道做任何事情都要一絲不苟，然後我教他們如何檢查錯誤，

如何防止由於馬虎而造成的數學錯誤。

對於我們當老師的來說指導學生作文要扶而後放。「扶」是攙扶，即給學生以必要的指點和啟發；「放」是放手，即讓學生自主作文，有更多的自由馳騁的空間。小學作文教學是一種雙邊活動，教師和學生必須互相配合。有的時候為了能給學生以更好的攙扶，我親自「下水」寫「下水作文」，寫「下水作文」就是讓我們當老師深知作文的甘苦，也就知道如何在這篇作文裡取材布局，遣詞造句，在哪裡入手更為貼切，在何處收筆更為恰當，知其然又知其所以然，而且非常熟練，非常敏感，幾乎不假思索，自然就能左右逢源。

由於我親自寫「下水作文」，就知道寫作的甘苦和文章的結構規律，給學生指導作文時，我就能夠說到點子上。於是及時地引導學生，有的放矢指點幾句，這全是最有益的啟發，最切用的經驗。學生只要用心領會，努力實踐，就會心領神會，寫一次作文就有一次進步。

我在團結小學教作文的時候，給學生布置的作文儘量貼近農村學生的生活，讓學生有話可說，有情可抒。每次給學生布置作文後，幾乎每篇作文我都要親自去寫，然後指導學生去作。由於自己「下水作文」做得好，雖然自己辛苦一些，但我掌握了作文的規律，就知道怎樣去指導學生去作文了。怎樣開頭，如何結尾，事情的敘述怎樣展開，場景怎樣描寫，遣詞造句怎樣運用。所以說，我雖然寫「下水作文」，費勁、費時，可它給我帶來的好處就是得心應手，我可以隨便舉出實例來，我可以出口成章，得體的詞彙在我的嘴裡脫口而出。由於我方法得當，貼近學生的生活實際，在我的作文教學當中學生們不是怕作文，而是喜歡作文，每個星期一次作文他們都盼著上作文課的這一天。

在每次布置了作文以後，我發現「尕如意」寫得特別認真，對場景的描寫非常細膩。「尕如意」雖然是個聾啞人，老天爺關了他的一扇門，可是又為他打開了另一扇門。我發現他對一些生活中的事情觀察得特別到位，每篇作文中他都有一、兩個細節寫得非常生動。對於這些我在作文本

上用紅筆將其畫出來，他看後非常高興，以後的作文裡他的細節部分越來越好，很多時候都成了全班交流的典範。「尕如意」這個樣板帶動了兩個複式班同學的學習積極性，這兩個班不僅在三年級或四年級本班同學中互相切磋，而且三年級和四年級這兩個班的學生也在暗中互相比拚。我根據情況進行誘導，我選出兩個班比較優秀的作文讓同學們在班上自己讀出來互相交流，還將優秀作文貼到教室後面學習專欄進行觀賞。

「尕如意」不僅語文學得好，數學也特別靈。上課時他雖然聽不見，可他對我寫在黑板上的例題特別關注，每次我剛把題寫到黑板上，他就開始做了，他若哪一道題不會做了，就急著將手舉了起來。我叫起他後，他就用手比劃著讓我將題給他解答。對於他的問題我還是和對待其他同學一樣，不急於做出來，而是引導他自己進行思考。這樣做後他不僅將我教過的例題能夠舉一反三，而且很多我沒有涉及到的一些問題他也會做了。數學中的應用題，則需要語文知識進行理解，對於一個聾啞人來說，確實有很大的困難。我首先引導他多看例題，然後結合例題做一些作業裡的習題，這樣做得多了，慢慢地他就可以舉一反三了。

在我的教學生涯中，我認為不管是什麼樣的孩子，愛是最好的教育，而表達愛最好的方法是喜歡、獎勵與讚賞。可我接觸過很多老師，由於個人經歷了人生的波折，這些老師往往會變成嚴苛、冷眼的人，這樣在內心形成許多的標準，並以這些標準來評價另一個人。用這些標準來衡量身心成熟的大人有時都感到難以負荷，何況是對一個稚嫩的孩子，尤其對一個殘疾孩子這種古板的教學方法就會害了孩子。

在我教學的這些日子裡，「尕如意」成了我家裡的常客，他每次都帶著問題來。「尕如意」進到我家時，他一般不敲門，只是一個人悄悄地走進來。很多時候，我正看著書突然扭頭就見了他，但我對「尕如意」這種行為並不反感。我說：「你來了。」他看著我的臉，然後點點頭。我看見他來了，馬上放下手裡的書。我讓他坐在我的身邊，我先回答他的問題，回答完問題後，我就給他教一些由於課堂中他聽不見而留下的難點。「尕

如意」家裡是貧下中農，我們家是地富反壞右家庭，村裡有些人就開始議論了，有一次在大隊的批鬥會上，有一個大隊幹部說，現在兩條路線鬥爭非常激烈，我們崖頭坪有些階級敵人和我們在爭奪下一代，階級敵人在拉攏腐蝕貧下中農。這樣的話我已經聽得多了，我聽了這個話後並不感到奇怪，這樣的事情我也經過的多了，我根本不害怕他們的無中生有和打擊報復，我照樣在教我的這個特殊學生，並且給他吃大量的小灶。「尕如意」也很爭氣，他的學習越來越好，成了我在整個劉集公社教學中的驕傲。

在我們團結小學也有弟兄姊妹名字為中、華、民、國的，他們分別叫趙永中、趙永華、趙永民、趙永國的。此事讓我想起我當年在蘭州電力小學上學時，同學裡有一家弟兄姊妹李建中、李建華、李建民、李建國的。李建民這個女同學從小學三年級就和我在一個班上，他哥哥李建中原先在農村奶奶家，小學五年級時才轉到了我們這個班。由於他們家裡弟兄姊妹幾個名字連起來是中、華、民、國，文化大革命時就給他們的父母上綱上線，貼出了很多大字報，他們的父母也被揪了出來，在我們同學中也將此事議論紛紛，為這件事我的這幾個同學還被逼迫改了名字。可在崖頭坪就沒有發生這樣的事，趙永中、趙永華、趙永民、趙永國還在上他們的學，誰也沒有為此事而大驚小怪。

這個時候劉集公社農業學大寨也搞得轟轟烈烈，為了對劉集公社的農業學大寨進行報導宣傳，每個大隊和學校這時都抽時間排練節目，準備在公社進行彙報演出。劉集公社團結大隊讓我具體負責宣傳工作，我們團結小學準備參加公社學區八個小學的演出比賽。我當時兼團結小學的音樂老師，這樣抓學校的宣傳隊的任務就落到了我的頭上，我首先在一年級到三年級中選拔宣傳隊員。我們當時準備的節目有唱歌、舞蹈，還有八個樣板戲的選唱。我們有舞蹈《我是公社小社員》和《送公糧》等。

舞蹈《我是公社小社員》裡有小演員韓水清（韓珊紅）、趙玉環、趙永蓮、趙桂堂、趙小紅、趙小平等。參加完比賽後，這些節目在大隊生產隊的田間地頭和農業學大寨的工地進行巡迴演出。這些小演員們背著我親

自動手做的小背簍，手裡拿著用木板做的小鐮刀，她們露出粉嘟嘟的笑臉，一邊跳一邊唱：

> 我是公社小社員來，
> 手拿小鐮刀呀，身背小竹籃來。
> 放學以後去勞動，
> 割草積肥拾麥穗，越幹越喜歡。
> 哎嗨嗨哎嗨嗨，
> 貧下中農好品質，我們牢牢記心間。
> 熱愛集體愛勞動，我是公社小社員。

孩子們跳得歡快活潑，農民們還從來沒有看到過這麼好的節目，一炮打響家長們個個伸出大拇指讚不絕口。

我用電影《青松嶺》主題曲〈長鞭一甩叭叭響〉編了舞蹈《喜送公糧》，我親自給舞蹈伴唱，讓學生們用舞蹈進行表演，由於這些節目貼近生活，農民們看了非常喜愛。我母親是學聲樂的，母親遺傳了我一副好嗓子，由於招工、參軍、招生根本沒有我，母親就讓我練聲，準備以後萬一有機會就報考文工團，所以我的歌唱得特別專業。這一次學生演《喜送公糧》，我的歌聲甜美悠揚，把農民們喜送公糧的歡快喜悅唱得如臨其境，加上小學生們跳得活潑可愛，舞蹈一結束掌聲雷動。可是，下來後有些社員告訴我，你們的表演是假的，你問一問隊裡的人們哪一個願意把辛辛苦苦種的糧食交給國家，《喜送公糧》了你吃啥？我當時無言以對，農民們一年到頭收穫的糧食本來就不多，交了公糧後確實分得糧食不多，整整要挨半年的餓，哪有什麼《喜送公糧》？

在演出節目的日子裡，學生高興，家長歡欣，多少年過去了，過去的學生見了我，當時學習的情況很少談起，可他們念念不忘當年那些唱歌跳舞節目的演出。

我的努力不僅在大隊生產隊有了很好的反響，這些節目參加學區比賽後也非常成功，得到了公社和大隊領導的肯定，學校校長領回獎後高興地表揚了我。

　　由於我熱愛教學工作，對孩子們有一種愛心，一當上教師馬上在教學中嶄露了頭角，得到了當地各民族家長的讚揚，這樣就讓一些人產生了嫉恨，也讓與我一起工作的一些老師產生了嫉妒，也給我以後從學校裡被清理出來埋下了伏筆。

　　我教的五年級有一個姓馬的保安族男學生，兩個回族男學生李生剛和馬光正，漢族學生則有叫海泉和長命財的兩個男生和一個女生，總共六個學生。雖然五年級只有六個學生，然而麻雀雖小五臟俱全，一樣的上課，一樣的輔導，一樣的布置作業。雖然批改的作業少，但是由於人少，上起課來就沒有那種互幫互學競爭的氣氛。但就是這樣我仍然想辦法，怎樣才能使我的教學生動活潑。我在上課時儘量不直視學生，而是望著空蕩蕩教室的後面，我的心裡教室裡的學生是坐滿的，我面對的是坐滿教室的學生。我的聲音特別宏亮，我滔滔不絕地講述著課本裡的內容，學生們看到我這麼投入，這樣進入角色也被感染了。文化大革命時，城市學校只教毛主席語錄、老三篇和符合政治形勢的篇章，也學一些簡單數學，可是在農村有些學校當時教學就比較好一點。這是因為一來有一些城市裡的優秀教師被下放到農村，壯大了農村學校教師隊伍。二來農村山高皇帝遠，很多學校還是延續文化大革命前的一些教學課程。我在講語文時就選了很多以前的古文來講。

　　我在講〈守株待兔〉時，先讓學生把課文背會，然後我再給學生進行講解。這是文革前課本上的一篇古文。

　　　宋人有耕田者。田中有株，兔走觸株，折頸而死。因釋其耒而守
　　　株，冀復得兔。兔不可復得，而身為宋國笑。今欲以先王之政，治
　　　當世之民，皆守株之類也。

我給學生唸了課文後，然後和學生一同進行翻譯。宋國有個農民，他的田地中有一截樹樁。一天，一隻跑得飛快的野兔撞在了樹樁上，扭斷了脖子死了。於是，農民便放下他的農具日日夜夜守在樹樁子旁邊，希望能再得到一隻兔子。然而野兔是不可能再次得到了，而他自己也被宋國人恥笑。而今居然想用過去的治國方略來治理當今的百姓，這都是在犯守株待兔一樣的錯誤呀。

　　因為當時的課本上沒有這些內容，我事先將課文寫在黑板上，讓學生抄到本子上，然後讓他們進行了背誦，所以此時我引導學生翻譯時，一些難以理解的字句就突顯了出來。例如「田中有株」的「株」字，怎麼翻譯好呢？地裡面的「株」翻譯為一截樹樁就比較好，因為翻譯為樹就不好，農村學生都知道怎麼能讓樹長在地中間呢，翻譯為一截樹樁農村的學生對此很容易理解。「折頸而死」的「頸」為脖子，扭斷了脖子死了。在翻譯時，古文中每一句都有個關鍵字，例「因釋其耒（音同『壘』）而守株」，「釋」為「放下」，「耒」為農具，抓住這兩個關鍵字講清楚，學生很快就將此句翻譯了出來，農民便放下他勞動的農具日日夜夜守在樹樁子旁邊，就淺顯易懂了。

　　在教學過程中有很多學農的任務，這是上面指定的。我們每個星期都要帶領學生去參加農田基本建設，低年級小學生們體力很弱，幹活的事情主要由我們老師和四、五年級的稍大一點的學生去做。可是管理學生的任務很重，學生們到了勞動現場都很興奮，他們爭著搶著去幹活，活幹不了多少，卻不小心就讓學生受傷了。於是我就成了全校的護理員，每次到工地我都背著一個簡單的醫療箱，我除了要管理我所帶的班級之外，我還承擔著全校的醫護任務，不管哪個年紀的學生受了傷，我都去給他們進行包紮和處理。我想，農村的學生時時都與農業生產聯繫在一起，有必要再浪費這麼多時間下到田間進行學農教育嗎？我有了這種想法無意識中流露了出來，這也是為什麼以後要將我從學校清理出來的原因。

我在教學中一直在結合農村的現實情況。農村的學生一般比較樸實，大多數孩子回家後都要做很多家務農活，他們沒有時間做大量的家庭作業。尤其我的五年級幾個男學生，他們都已十七、八歲了，和我的年齡差不多，他們除了幫助家裡幹一些農活外，還要餵羊、挖野菜、到山裡砍柴背柴，幹得都是成人的勞動。我由於就在農村，我在生產隊勞動時，除了生產隊高強度的勞動外，每天還要給家裡挑滿一缸水，還要剁了豬草煮了後拌上麩料餵豬，所以我深知我的學生回到家是沒有時間做作業的。通過教學我也知道，教材裡的東西實際上並不多，根本不需要讓學生花費大量時間聽老師嘮叨，關鍵還是要通過練習使書本知識變為自己的知識。我針對這種情況，儘量做到精講多練，講一講，練一練，再講一講，再練一練，讓學生在學校裡把所有作業做完。我採取這種教學方法後，不但沒有影響學生的學習質量，反倒因為我的精講，讓學生在注意力最集中的時候聽了我的關鍵講解，讓他們在聽完課後及時總結練習，加深了他們對所學理論的理解，鞏固了所學的知識，而後通過我布置的作業，乘熱打鐵做作業就顯得不是很困難了，若再有問題，儘量在學校裡就給他們解決。

　　對於我的這種教學方法，剛開始學校校長不是很認可的，他們習慣了要給學生布置大量家庭作業，認為我不給學生布置家庭作業或少量布置家庭作業是誤人子弟。過了些日子校長找我談話，我就給他說了為什麼我要這樣做，我說我每次給學生布置的作業比別人要多，不過讓他們儘量在學校完成了，並且保證期中考試時拿成績來說話。校長臨走的時候說，你的想法很好，也有一定道理，但話不要說得這麼死，我們整個公社學區有統一的要求，不是你想怎樣就要怎樣，還要顧及全面，不要因為你一個人影響了我們整個學校的評分。

　　我對校長的說法並不認同，農村學校教學必須符合農村的實際情況，我想既然我已經這樣做了，我就要堅持到期中考試，讓學生的成績來說話，我做得到底對還是錯，到那時就一目了然了。

　　領導談完話後，我還是堅持我的做法，但我在學校裡幾乎整個身心

都投到了課堂裡。不但上課時充分利用一切時間讓學生學練結合，而且自習課當中，學生做作業，我就在學生身邊及時給以答疑。校長給我談過話後，好像也在等期中考試的結果，他再沒有找過我，因為他看見我從早上進了學校，直到學生放學，我一整天都呆在教室裡。

這件事的結果不出我的所料，期中考試全學區進行抽考，我們團結小學我所帶的三、四、五年級語文、算數評分分別為第二和第一。

事實說明我的教學方法是符合農村教學實際的，可是年底評選優秀教師時，我不僅沒有被評為優秀教師，而且由於給學生布置作業太少，還被人揭發在學區進行了通報批評。這件事對我打擊很大，我不服氣去找了學校領導。領導說，你的教學方法很好，但我們是學區領導的，教學上的事情要服從上級領導。我下來後一起的老師對我說，給誰說也沒用，領導讓你怎麼做你就怎麼做，不要自作主張。什麼是好？什麼是對？領導說好就是好，領導說對就是對。你做得再好，領導不承認，那就是不好；你做得再不好，可是領導說你好，那就是好。你不要太固執，要學會變通，要學會服從領導，不然你就是累死，你就是在全學區教課教得最好，那又能怎麼樣呢？領導不說好，也是瞎子點燈白費蠟。

我同事的話對我觸動很大，但我不服氣，我不相信世界就這麼是非不分、黑白顛倒，我要用自己的行動說明一切。自此後我對自己的教學更上心了，除了上課輔導之外，業餘的時間我都在認真備課，琢磨教學方法。我除了弄懂弄通我所教的教材之外，我還儘量讀一些其他方面的書籍。

「要給學生一杯水，老師要有一桶水。」這句話曾經在教育界一度非常地流行。意思是老師要比學生懂得更多更豐富的知識，才有資格成為一名教書育人的老師。每個人的知識都是有限的，但是教師肩負解惑職責，為了幫助學生理解某一問題，首先自己必須有著深刻的見解，這樣的見解是建立在對這一問題的相關知識的很多方面。在教育格言中，我最喜歡的是這句話——「捧著一顆心來，不帶半根草去。」這是陶行知先生的話。教育者是無私的，作為老師，只要站在講台上，就要想辦法進入忘我的境

界，去奉獻我們自己的青春和熱血。無私地奉獻是我們的職責，是我們的本分，這是我們當教師的應該做的。

可是，每日裡我去到學校上課，經過巷道到學校就會碰見往日裡和我一起勞動的社員，也會遇見那些曾經專政我們的生產隊長和一些極左的貧下中農，他們看見我有意識地朝地下吐一口痰，陰陽怪氣地說道：「尾巴翹起來了。」所以我去學校時就不從我們隊裡的巷道經過，儘量避開這些人繞道去到學校裡。

可我熱愛我的這個工作，我想不論遇到什麼困難我都要把教學工作做好。我在農村當老師的時候學生中很多與我的年齡相差無幾，我是把他們當作自己的兄弟姊妹一樣，只要他們進步了，我就有一種成就感，我為此而感到無比地欣慰。雖然每天的教學工作是平平淡淡的，但我喜歡這種平淡。我不認為我是什麼人類靈魂的工程師，我只是愛他們的一個大哥哥罷了。

第十六章　初登鑽天嶺

　　我到崖頭坪時這裡人們燒水做飯一般都用的是柴禾，尤其在家喝茶刮碗子在火盆裡燒的還是挖來的老樹根。柴禾易燃，但不耐燒，可是樹根燒起來就不一樣了，越老的樹根燒起來越是耐燒。於是，這裡的人們就千方百計想辦法，上去山、下水溝去掏挖一些老樹根。可是柴禾燒了樹還可以在根上發芽生長，但樹根燒了這樹就全死了，連個發芽的機會都沒有了，對生態的破壞就更為嚴重。農村人生活油鹽醬醋茶不能沒有火，做飯、燒水必須要有火，填炕、取暖沒有火不行，火是千千萬萬普通老百姓的生命之源。

　　要生火必須要有柴禾，可崖頭坪大都種植穀子和麥子，這些作物產的柴禾少，雖然也種植玉米，但種的少，所以總感覺莊稼秸稈沒怎麼燒就沒了。這樣家家戶戶一年四季燒水做飯就到山上去砍柴，去到乾河灘去掃草渣，到山裡砍柴是主要的燃料來源。

　　我們崖頭坪人砍柴、背柴都是到積石山的崔家峽裡去砍的。甘肅省河州（臨夏回族自治州）24關裡的崔家峽關就在這裡。它北距大河家約30公里。關口曾建有石柵一道，現在已經沒有了。我們到崔家峽砍柴經常經過崔家峽關。據當地人說，崔家峽裡的樹木在1958年大煉鋼鐵以前，樹木茂盛，鬱鬱蔥蔥，森林不僅覆蓋了整個積石山，而且樹木一直長到崔家峽門外面。人們去砍柴不用進到山裡面，走不了多少路，不用上山在峽門外面就可砍到柴，砍了柴走不多遠就可以背回家。可是大煉鋼鐵時，人們一天二十四小時瘋狂地砍樹大煉鋼鐵，或是將樹燒成木炭。山外的樹木砍完了

就到山裡面去砍，山下的樹木砍完了就到山上去砍。大煉鋼鐵熊熊的爐火燒著石頭和廢鐵，村裡村外高爐林立，人們深入山裡大燒木炭，在一個冬春季節爐火就吞噬了整個崔家峽裡裡外外的樹木。崔家峽從溝裡到溝外、從山下到山上茂密的樹林沒有了，參天的大樹和剛生長的小樹整個兒化成了灰燼。我們要砍柴，必須步行到峽谷深處，然後攀爬到深山頂端或一些危險不易人去的地方才可以砍伐一些不大的小樹。

砍柴的這一天，我們雞快叫時就起床了，我穿上用麻布做的麻布衫，腰裡纏上一根帶木環的繩子，腰間別著斧頭和鐮刀，再拿上母親做的穹鍋饃就出發了。我先出去叫起砍柴的同伴，然後相約一起往山裡進發。

我和隊裡的幾個人走得很快，大約行走一個多小時我們來到了崔家峽谷。只見峽谷中到處都是一些牛一樣大的石頭，清澈的峽水在石縫中急湍地擠過向峽口方向流去。抬頭遠眺，綠油油的山上長滿了小草，小草中夾雜著一朵朵盛開的鮮花。極目向上望去越往山頂樹木越密，可樹木茂密的地方下面都是壁立千仞的懸崖絕壁。

景色秀麗的崔家峽，峽谷裡是潺潺的流水，從山頂到山腳下披著深深的綠裝，天空露出一條藍色的彩帶，在裂開處山的頂端有一株株倒掛的松柏樹，遠遠看去就像一個個耍雜技演員優美的形體。這些松柏樹和樺樹是被保護的，我們只能砍伐一些楊柳樹。我們在峽谷中繼續往前走到砍柴的地方與我們從家到峽門口差不多一樣遠的距離。

大約走了兩個小時我們到了砍柴的山下，我抬起頭往上看，氤氳中只能隱隱約約看見山起伏的形體。我將乾糧藏到一個石頭下面，和一起的農民兄弟向山頂爬去。山雖陡立但沿途都有手抓的樹枝，我們攀爬得並不艱難，此時我們儘量不往下看，只盯著上邊要達到的目標。我此時一方面注意上面石頭的滾落，一方面小心腳下將石頭踩下會砸了後面的同伴。我們打著呼哨，用呼哨互相傳遞著訊息，不一會兒就登上了一個巨石的上面。這塊巨石插在山的身體裡面，上面有柳樹、楊樹、松樹、還有樺樹。松樹和樺樹是保護植物不讓砍伐，於是我們都揀大一些的柳樹將它齊根部砍

斷。然後十幾株柳樹連葉子一起將其捆成一捆，砍了五捆後我就將五捆柳樹用繩子將其紮成一個大捆，紮成的這大捆就是一個大大的圓轂轆。我把大轂轆靠在一株樺樹的後面，我先是用兩腳蹬著將繩子扯緊，我的繩子上因有木條環，腳蹬使力後很容易拉緊，紮緊後我將繩子打了死結挽好。我往山下喊了一聲「下來了！下來了！」這聲音在山谷中碰撞迴響，響聲一直傳到山下。我接著將五捆柳樹紮成的大轂轆推下山去。大轂轆先是滾下了巨石懸崖，然後彈跳著，滾動著，急速地朝山溝滾去。

　　這時候的我則緊跟五捆柳樹紮成的大轂轆往山下走去。此時我已經有了經驗，我用繩子將這五捆柴紮得很牢實，我不怕大轂轆半山腰散了架，以往的幾次狼狽都是大轂轆上的繩子脫落，捆好的柴撒滿了山坡，我一點一點又將它們收集起來，讓我疲於奔命欲哭無淚。可今日裡大轂轆歡跳著直奔山下而去，我看著滾動奔跑的大轂轆是那麼自豪和喜悅。我扶著耳朵漫了一首「花兒」，多麼悠揚動聽的「花兒」喲，它像那甜蜜的冰糖從我的嘴裡出來，嫋嫋餘音盤旋在整個峽谷中，讓山林裡的鳥兒都停在枝頭和我一起歡唱。

　　　　上去高山望平川，
　　　　平川裡有一朵牡丹；
　　　　看去容易摘去難，
　　　　摘不到手裡是枉然。

　　上山容易下山難，下山時路上的險峻才顯了出來，我牢牢地抓著樹枝，腳下蹬著哪怕一點點石頭。因為我的手裡始終有樹枝可抓，就像戴著保險帶一樣，山雖險陡，可我下得並不太慢，此時我還要時時防備山上被別人蹬下來的石頭。到了山下，柳樹上的樹葉已經在滾動的過程中脫落了，只有樹幹和樹枝。我將細細的柳枝在火上熏烤後撺了一下，這樣它就有了韌性，然後我重新用撺了的柳枝將柴捆紮得緊緊的。五捆柴重新紮後

變成了四捆，可它更緊湊了。我把繩子分成兩股鋪開，將四捆柴放到上面擺起來，繩子上面有木環，我將繩子從木環穿過去，將四捆柴紮好。

做完這一切後，我在石頭洞裡掏出我藏了的乾糧，我沾著甘甜的峽水吃了起來。崔家峽的峽水我已喝過多次，可每次喝都有不同的感覺，峽水不僅清涼甘甜，而且喝進喉嚨還有一種潤喉滋肺的療效，所以當地中醫給人們開了藥方後，要求必須用崔家峽水來進行熬煎。另外，這峽水裡生長著一種娃娃魚，當地人稱牠為「接骨蛋」。一般本地人骨折後，就生吃這種娃娃魚。後來我查了一下資料，傷筋斷骨100天，骨折後恢復需要一段時間，這說明骨折後除了多休息，同時要補充鈣、鐵、鋅、硒等微量元素，這些元素都會參與人體的代謝活動，從而合成骨膠原以及肌紅蛋白。而這種娃娃魚確實有一些這樣的元素，說明「接骨蛋」是一種藥物，牠的療效證明是有的，但是不能胡亂地去吃，可以把娃娃魚和其他的骨頭熬成湯，這樣對於補充鈣的效果是非常好的，還應該多吃一些新鮮的蔬菜和水果，平時要多晒太陽，牠對骨折患者來說很重要，而且可以吃一些動物的骨頭，肉類一起燉湯來喝。當地人告訴我娃娃魚對粉碎性骨折有痊癒效果，但是正確服用後才能發揮到牠應有的作用。可這裡的人們從峽谷裡的石頭底下抓了「接骨蛋」，不管自己有病無病，直接將「接骨蛋」生吞進肚子裡。

入鄉隨俗在這種環境中我也是這樣生吞娃娃魚的。我在吃穹鍋饅時發現了一隻「接骨蛋」，牠在一塊石頭的下面，我走過去翻起石頭猛地將牠捏在了手上。我用兩隻手抓住牠，牠的四個爪子還在掙扎，可我已經將牠放進了嘴裡，「咻溜」一聲牠還沒來得及在我的嗓子眼停留，被我活活吞進了肚子裡。肚子裡的「接骨蛋」不知是否還在游動，我沒有一點感覺，吃飽喝足我頓感身體能量倍增，剛才由於上山砍柴身體的疲乏沒有了。我將四捆柴靠在後背上，兩根捆柴的繩索往左右兩個肩膀上各套一根，站立起來讓四捆柴緊緊地貼在我的脊背上。我在崎嶇的小路上背著柴往峽口走去，行走了大約四百米我就將柴搭在像板凳一樣的石頭上，我坐在石頭上

面，重量由於放到了石頭上我就可以稍微休息片刻。然後我和前後背柴的夥伴們乘休息的空間唱了一曲「花兒」：

刀槍矛子甭害怕呀！
九龍的口兒裡站下，
尕妹是宮燈阿哥是蠟呀，
紅燈裡把蠟兒照下。
……

四捆柴壓在我身上，就像一架山一樣沉重，我走走停停，停停走走，休息一會再繼續趕路。大西北的春天還是冷風颼颼，可我渾身冒著熱氣，汗珠子不斷地往下掉，我身上的黑棉襖已經完全溼透了。我咬著牙往前走，這裡沒有任何人來接替我，我只有自己堅持前行，好在雖然路途遙遙但走四百米就會有一個休息的石頭，我休息一會就去向下一個石頭走去。走一走，歇一歇，往前走總有希望，而且一點點往前走離家的距離越來越短。可是雖然離家的距離越來越近了，但我的身體裡的力氣好像要被榨乾了。

我望了望天，天上的太陽好像沒有絲毫躲避的樣子，它還是那樣曝晒著，紫外線很強的陽光像要把我的汗水完全擠乾才肯罷休。但我想看準了目標，就得往前走，唯有堅持熬得住，才能到達目的地。我的頭上滴滴答答地往下落著汗珠子，汗珠子到了臉上就順著面頰流了下來，汗水糊住了我的眼睛。身上背負的柴禾越來越重，可匆匆的腳步卻離家越來越近了。快到家門口的時候，我幾乎是拚盡全身力氣一步一步往前移著走的。當我跨進我家院門將柴放在地下的那一時刻，我長久地靠在柴上，等汗水稍稍變冷時我才站了起來。

家裡除了我砍柴背柴以外，父親有時也和我一同去到山裡割草砍柴。有一次我和父親在一個小山梁上割了柴草，然後背著柴草從山上的小路往下走。我們走得很小心，柴草的重量壓在脊背上，山高坡陡往下看有一種

說不出來的恐懼。我讓父親跟在我的後面，讓他一邊走，一邊用手抓住路邊的樹枝條。我們走得很小心，一步一移慢慢地向山下走去。當走到半山腰時，父親腳下一打滑，他先是坐了下來，可他沒有告訴走在前面的我，而是自己掙扎著要再站起來，可沒想到他身體往前傾使得勁太大了，一下向前栽去，翻了一個筋斗後正好碰到了在前面走的我。我一把將父親連柴帶人抓住了。

好險啊！還算父親和他身上的柴草沒有滾起來，若不是我靠在山坡上將父親死死抓住，他和柴草一同從幾百米高的山上滾下去，我真不知道會是什麼後果。從那以後我堅決不讓父親上到山上去，讓他在山下面等我，可他對我一個人上山又不放心，他總要讓我在他能夠看到的地方。可這根本不可能，上到山上哪裡有柴並不是早早就可計劃好的，有時候我為了砍到柴，會攀登到非常險峻人不易上去的地方。

我們全家一年燒的柴禾就是這樣在農閒的季節裡主要由我背回家的。當地的農民為了顯示自己的勤勞，都將背回家的柴高高地立在牆邊，誰家的柴禾多，哪家砍的柴禾粗長，當進了這家門就可一目了然。這種炫耀既有一種顯示勤勞勇敢的意思，更有一種展示貧困中不屈不撓的樂觀向上精神。

崖頭坪除了進山砍柴禾以外，人們還到山裡面偷偷砍伐蓋房子的檁子和椽子，也有直接去背大梁的。這些檁子和椽子一般都是松木的，要到比崔家峽還要遠的鑽天嶺去砍伐。

積石山脈由巨大的花崗岩體組成山體，基底是早元古界花崗混合片麻岩和少量橄欖輝石岩，從外面看積石山高聳挺拔，鬱鬱蔥蔥。巨大的山體其間有大墩峽、崔家峽、大峽、吊水峽、小關峽，相傳穆王乘八駿之騎西遊經此地，留穆姓看玉人在此製作玉璧。故在玉礦遺址曾發現白色軟玉礦石，其質溫潤，色如和田白玉，系透閃石質軟玉。鑽天嶺就是積石山上的一個山峰。在鑽天嶺的跟前是孟達天池。孟達天池位於青海省東部的循化撒拉族自治縣東部，2000年4月批准為國家級自然保護區。被譽為「青藏

高原上的西雙版納」、「青藏高原的璀璨明珠」，是青海省避暑、療養和旅遊的勝地。

孟達天池就在我們大河家積石山上，面積約300畝，池水清澈碧澄，與藍天一色，群峰倒影，隨波微動。湖中水鳥飛翔，魚兒舒然遊動。以孟達天池為中心的重點保護區，涵蓋的面積9544公頃，主要保護對象為森林生態系統水源涵養林。有植物509種，其中有：巴山冷杉、青岡、華山松、遼東棟等十幾種喬木，還有人參、三七、貝母等名貴藥材。此外還有大量的珍稀動物。林區內，怪石嶙峋，瀑布垂掛。

我在崖頭坪時與本隊一個信仰佛教、外號叫「大把式」的一個叔輩去了孟達天池。那時的孟達天池只是藏族人的一個聖地，還沒有成為國家級的自然保護區。我們去後有很多藏族人圍著湖磕著長頭，他們五體投地轉湖是很虔誠的，藏族人是把孟達天池看做神湖。我們上去燒了紙錢，磕了頭，我當時確實被大自然的鬼斧神工所震撼，因當時的心境和現在完全不一樣，根本沒有欣賞大自然美的心境，可是後來回到城市後在全國去了很多旅遊勝地再去了孟達天池，發現孟達天池的美麗風景確實有它說不出來的獨到之處。

那是1974年的冬天，我跟著當地的農民上了一趟孟達天池跟前的鑽天嶺。我們是半夜雞還沒叫時出發的，我肩上搭著繩索，腰裡別著斧頭。大約早上9點左右我們才到了鑽天嶺的山下。這裡因為離村莊住戶路途遙遠不似崔家峽在大煉鋼鐵時將樹木砍伐盡光，山上山下都是各種樹木。一片明媚的陽光照著蒼綠的峭壁。峭壁上倒掛著一棵棵松樹，山坡上有紅豔豔一片一片的紅樺樹，有挺拔傲立的松柏樹，也有堅硬似鐵的青楓樹。樹的空間長著綠油油的小草，小草中點綴著一朵朵各種顏色的小花，有的發藍，有的微黃，有的深紅，有的絳紫，有的則似一隻翩翩起舞的蝴蝶，是那麼美麗可愛。

我蹲了下去先用手掬著喝了兩口清冽甘甜的峽水，雖然它沒有崔家峽水醇香，但它比崔家峽水還要甜美。喝了水我就急不可耐去往山頂攀爬。

這裡確實不似崔家峽的山體，壁立的山峰直插雲霄，從山腳到山頂全是蒼黑的岩石，怪石林立，草木纏人。岩石上的縫隙裡到處長著枝椏彎曲的野生雜木，我是沿著一條山溝往山頂攀爬的。這條被水沖刷形成的山溝，溝的邊沿是陡立的石壁，石壁上有一條自然形成的小道。小道雖然在石壁上面，看上去非常危險，但因它的上下邊沿有樹枝可抓，且密集的小樹就長在小道邊上，起了一種天然的屏障。我在上山時走得很快，兩隻手互換著往前挺進。腳下雖然離懸崖絕壁就在咫尺，可是有天然的小樹阻擋，心裡還是踏實的。

鑽天嶺不但山路險峻，而且高聳入雲，我和一起的同伴大約爬了將近半個多小時才到達離山頂很近的一塊黑石頭的上面。這裡有一株株挺拔的松樹，而且都是可以做大梁和檁子的樹木。我走到幾株碗口粗細的松樹旁邊，這些松樹是可以做檁子的。我的斧頭非常鋒利，沒費多少功夫就將兩棵松樹砍倒了。我剁掉松樹的枝葉，然後將沒有了枝葉的樹幹向山下滑去，我也緊跟其後往山下一邊走一邊滑往山下走去。因為是下山，我是特別小心地在靠崖坎裡邊點往下走的。到了溝底我用鐮刀剝了松樹的皮，然後在檁子的前端打了眼。做這一切我是那麼地老練，因為在瑪柯河林場半年多的伐木中，我已經學會了砍伐樹木的本領。

將兩個檁子打了眼後，我就開始用穹鍋饃蘸著峽水吃了。母親的穹鍋饃做得非常好，裡面卷了清油和苦豆子，吃起來鬆脆甜香。我知道母親將一家人嘴裡省下的穹鍋饃帶給了我，母親說我是家裡的主要勞力，她每次都是將家裡最好吃的留給我吃。

吃完穹鍋饃，我將繩子穿進兩個檁子前端的窟窿眼裡，然後將繩子套在我的肩膀上，拉著兩個檁子往峽口走去。從鑽天嶺山下到峽口全是冰雪路，檁子在冰雪路上滑著走要比背負著輕鬆多了。在這一段路上我走的很快，幾乎是慢跑著往前走的。

檁子在冰雪路上滑行，好似鴨子在水上浮水，一會兒直行，一會兒從石頭空間穿過，一起一伏不斷前行。我用繩子牽著檁子在走，由於在冰雪

路往下走，並沒有多麼費力。這樣我就一直把檁子拉到了峽門口。出了峽門是一座土山，由於沒有了冰雪路，檁子只能背在身上。我是第一次背檁子的，我感覺檁子受力面積小，壓得我的脊背格外的疼痛。可是我已經不似剛來農村時那麼嬌氣了，我咬著牙在前進，哪怕腰快折了一樣，我還是撅著屁股朝前行走。翻過土山是開闊的乾河灘，這裡遍布著大大小小的石頭，由於沒有了冰雪路，檁子只能背在身上。

　　我將黑棉襖疊放到後脊背腰上，將兩個檁子橫跨到我的後脊背上。雖然有棉襖襯到腰上，但因為檁子在腰上的受力面積小，墊得我腰上的皮肉疼痛難忍。我只有咬著牙繼續往前走，我知道沒有任何人可以接替我，就是再疼痛我只有自己堅持往前走才能回到家裡。兩個檁子太沉重了，它墊著我的腰，我感覺腰上像被刀割了一樣，可我的腳步並沒有減慢，我知道只有往前衝才能使到家的距離慢慢縮短。

　　這時候就聽見前面的夥伴漫起了「花兒」，夥伴們都是在休息的間隙裡冒上一、兩聲的。這裡的人們在艱難的時候，苦中作樂都會唱起「花兒」，因為只有「花兒」可以消解他們的痛苦，也只有「花兒」才可以讓他們看到生活的美好和希望。

　　　　一張皮子者喲纆呀兩張的鼓，
　　　　哎喲——阿呀哥的肉——
　　　　高山上就打鑼者哩！
　　　　又受吧孽障者喲又受苦，
　　　　哎喲——阿呀哥的肉——
　　　　閻王爺就睡著者哩！

　　此人一唱，我也接了上去唱起了「花兒」：

　　　　尕雞娃瘦了者毛長了哈！

變成個四不像了呀！水紅花。
大哥哥去哩呀妹子坐呀！想肝花哩！
衣裳破了者人窮了哈！
小妹妹看不上了呀！水紅花。
大哥哥去哩呀妹子坐呀！想肝花哩！

　　我一唱完，好似半夜裡公雞的啼鳴，引得前前後後四面八方都響起了「花兒」的歌聲，有男有女，有老有少，此起彼伏，宛轉悠揚，整個兒唱成了個「花兒」的世界。這裡有對苦難的訴求，有對愛情的哀怨，人們在平日裡的喜怒哀樂都融在了「花兒」裡，而更多的是人們對命運的無奈和對苦難的傾訴。

十月的梅花將開來，
白鶴展翅者飛來，
活著是帶者個書信來，
死了是托者個夢來！

　　這種帶有悲涼色彩的「花兒」，實際上已差不多是自我的發洩了，當然也有痛快淋漓的痛罵，和大膽追求火辣辣的愛情表述。

這一朵雲彩裡有雨哩，
地下的青草長哩。
坐下的地方上想你哩，
由不得清眼淚淌哩。

　　我和眾多背山的農民們一邊走一邊唱，不知為什麼，歌聲一起路上背

檁子、椽子和大梁的艱辛舒緩了許多。我從農民兄弟和姊妹們的「花兒」裡看到了他們的大膽，平日裡感覺還有些木訥的農民唱起「花兒」來卻是那麼情思悠悠、酸澀綿長。我不知道他們是如何投入到「花兒」裡的，但我可以從他們的「花兒」裡感覺到，他們是用心來唱這些「花兒」的，「花兒」裡飽含著他們對苦難生活的無奈，也滲透著他們對美好愛情的嚮往。剛來農村時我和這裡的農民完全是兩張皮。雖然我幹著農民同樣的勞動，吃著和他們一樣的飯菜，可我不瞭解他們的感情世界，也無法深入到他們內心與他們暢所欲言的對話，更無法理解他們的喜怒哀樂。可是自從我也唱起了「花兒」，也和他們一樣扯著嗓子吼「花兒」的時候，我好像與他們的心貼得近了，他們也願意與我談一些他們心裡的哀怨和悲傷了，包括他們現實中所遇到的感情困惑。

有個比我小幾個月的年輕人，他告訴我他喜歡上了鄰近村子裡的一個姑娘，這個姑娘也非常喜歡他。可是，他們家裡窮，他哥哥還沒有定親，全家人都為他哥哥準備彩禮，他們家是不給他說親的。他說，他想當招女婿，雖然他們家堅決不同意，可他要招到那個村裡去，他要去和那個姑娘過一輩子。他問我怎麼辦？我雖然比他大，可我沒有一點兒男女方面的知識，我沒有辦法對他說出個所以然來，我只是給他說自己喜歡了就大膽地去追求。他說，他也是這麼想的，可那樣就和家裡鬧僵了，他告訴我他不想與家裡人翻臉，又不想失去那位姑娘，他現在心裡特別矛盾。

今天他也和我們一起來背山了。他唱得「花兒」特別哀怨：

月亮上來蒲籃大，
亮明星上來哈——尕花兒——碗大。
刀子斧頭哈不害怕，
只害怕你把腦——尕花兒——閃下。

我一路上咬著牙往前走，因為兩個檁子墊在腰上好似要把我的腰壓折

了一樣。此時的乾河灘刀子風颳得割人臉，可我的臉上一直滴著汗珠子。我的頭有點暈，但我不敢想我快堅持不住了，我害怕只要自己稍微鬆懈一口氣，我是連一步路都走不下去的。我就是這樣自己給自己鼓氣，一步步往前走的，因為我的心裡目標越來越近了，家就在前方。

然而脊背上的兩個檁子卻有意識地拽著我，讓我步履緩慢，雖然有棉襖襯到我的腰上，但兩個檁子還是使勁地墊著我的腰，讓我疼痛難忍。可我不能停止前進的步伐，只有往前走才能到達目的地。

經過堅持我終於到家了，我和背上的檁子一同坐到地上，當我的屁股著地的那一瞬間我完全散架了。我就那樣靠在地上，直到母親過來拉住我的手，我才長長地舒了一口氣。我想站起來，可腰鑽心地疼，我齜了一下牙。母親看我這個樣子，用手擦著我臉上的汗珠子，她揭起我的衣裳，只聽她心疼地喊道：「腰上的皮都磨掉了，你怎麼走回來的？」

我笑了笑對母親說：「沒關係，一會就好了。」我故意挺起胸膛，在母親的跟前表現我已經長大了，已經是家裡的頂梁柱了，我已經成為一個堂堂的男子漢了。可我說是說，此時我才感覺到腰上的皮肉鑽心地疼痛，可我不想讓母親難受，我裝作沒事一樣往屋裡走去，而且臉上充滿了微笑。

第十七章　我一個人半夜裡挖水

　　崖頭坪這地方人多地少，為了養活這些人超過百分之九十都是大水田地，這些田地分布在崖頭坪和劉集河的河灘裡，只有不到百分之十的是靠天吃飯的山旱地。這些大水田地冬天需要進行保墒灌水。莊稼播種後麥子拔節時就要開始往地裡灌水，一直灌溉到麥子成熟時。玉米地裡更是需要不斷地澆灌水。秋收過後若是天旱年間也要往地裡灌了水後才可進行犁地。於是挖水、守水、灌水就成了這裡的人們必不可少的一項勞動。

　　澆水季節到水源頭挖水是非常重要的一項工作。一是必須保證天亮按時要將水引到田地裡；二是保證水在沿途流通時安全運行。由於從崖頭坪到水源地要經過一條山溝，半夜裡從山溝經過不要說有狼等野獸外，山溝裡還冷風颯颯讓人頭皮發麻。往日裡有很多社員到源頭挖水，除了不能準時將水挖下來，就是挖下來的水沖毀了渠道和農田，給生產隊造成了巨大的損失。另外，挖水是個吃力不討好的活計，挖水人的辛苦誰也看不見，遇到困難只能自己克服解決，沒有任何人來幫助你。於是生產隊裡人們嘴上不說，可是誰也不願意幹這種危險辛苦又出力不討好的事情。

　　從新疆下來的生產隊長趙生貴想到了我。一是一個右派狗崽子無法推卸這個責任，讓你去幹，你只能無條件地接受；二是我家裡有一個鬧鐘，我可以定時保證將水按時引到田地裡；當然主要是我幹任何事情都一絲不苟非常認真。

　　我接到這個挖水的任務後，馬上做了一些準備，我將表定到了凌晨三點。起床後我漱了口，將臉一抹拿了一把鐵鍬就上路了。出了崖頭坪就

進入了一條洪水溝。洪水溝不是很深，裡面坑坑窪窪，只有一條小道，溝裡面風很急打著呼哨，而且樹影婆娑，陰氣森森，四面八方到處看都是晃動的黑色影子。我沒有任何選擇餘地，只能硬著頭皮進入洪水溝。我將鐵鍬頭搭在自己的脖子上，鍬頭鋒刃朝外，我是怕狼從後面突然咬住我的脖子。因為這裡的人們告訴我狼是從後面將兩爪搭在人的肩上，當人一回頭就會咬住人的脖子的。我大步地往前走，並沒有多少害怕。可是空寂的山溝裡還是顯得一個人的孤單，呼呼的風在耳邊吹著，走在路上總是聽見後面有腳步聲跟著我。可我回頭看去並沒有什麼，只是自己的腳步聲追著我往前走。我望了望天，天上一縷淡淡的灰色雲彩在星星中穿梭，星星好似不讓黑雲阻擋想方設法跳出來把光亮進行閃爍。陰鬱的沉默在昏暗的天空下，山溝裡不時有鳥發出一聲長長的哀鳴，搧出撲啦啦的響聲。我每次進到這條山溝，都要唱一、兩首「花兒」。我先是拉了一聲長調，然後輕輕地漫起了「花兒」：

> 天上的雲彩地下的霧，
> 地溼者霧不散了。
> 尕妹是神仙者阿哥哈渡，
> 陰陽的路不斷了。

為了壯膽一曲唱完我又接了一曲：

> 萬掛石崖的太子山，
> 白雲在半山腰裡。
> 遠遠來了者沒見下面，
> 難心者怎回去哩？

我的「花兒」唱得好，這在崖頭坪已是人人皆知。今夜裡我在這空

曠的山溝裡放開嗓子唱更是回聲嘹亮，讓整個山溝充滿了我的「花兒」。這裡沒有任何一個人，這裡只有我急匆匆的腳步和帶有滄桑的悠悠「花兒」。不知為什麼，只要我唱起「花兒」，嘹亮的歌聲在山溝溝裡迴響，魑魅魍魎紛紛離去，周圍的恐懼就沒有了，我的身上好像增添了無窮無盡的力量。

走在這條山溝裡我儘量不去多看，也不去多想。多看就會有無數的鬼魅齜牙咧嘴，多想就會聯想到許許多多可怕的事情，生怕有一隻狼突然在我的眼前出現。我只是硬著頭皮儘快通過陰森可怖的山溝。風嗚嗚地在溝裡穿過，周圍的小樹和崖坎上的小草發出唰唰的響聲。多少個日子裡我就是這樣，一往無前直奔目標，至於路上有多麼危險根本就不去想它，因為現實條件就是這樣，沒有誰能夠代替我，我必須自己去面對來自四面八方的挑戰。

大約走了一個小時就到了水的源頭。小河裡的水流打著旋在歡快地跳躍著，不待停留奔跑著向下游流去。我看了看流水的方向，水流湍急匆匆而下。我搬起一塊大石頭堵在了小河的中央。這塊石頭一堵水位立馬提高，石頭的兩邊水更急了，我又抱起一個石頭堵了上去，這塊石頭一堵引水的渠道裡馬上有了緩緩流淌的水流。我繼續在小河裡扔進石頭，由於那個大石頭堵在小河的中間，其他石頭就很容易站了下來，它們斜斜地把河水堵進了渠道。往渠道裡流進的水不能太多，太多了沿途渠道飽滿就增添了許許多多的危險，當然流進渠道的水也不能太少，少了一方面流速太慢，另一方面到了大田就不夠人們去分著澆水。

渠道裡的水走得很快，我跟著水頭往下游走一走、跑一跑，一刻也不敢停止。渠道裡有些地方被雜物堵塞，我就將其清理疏通，有些地方渠道邊沿已被損壞，我就抓緊將其修補。不知是水跟著我走，還是我跟著水跑，總之我們都是那麼歡快，我們像一對多年未見的朋友攜著手一起向崖頭坪奔跑。這時我突然看見一個像狗一樣的動物在我的前方，兩團熒熒的綠光直視著我。我的第一反應就是我遇到狼了，我頓時感到汗毛豎了起

來。我手裡提著鐵鍬，我調整了一下方向，我讓脊背對著崖坎，直接面對著狼。狼和我對峙了大約兩、三分鐘，不知是牠看我從後面無法偷襲，還是我提著鐵鍬讓牠不能下手。狼也朝後退了幾步，然後掉轉頭匆匆離我而去。我見狼已跑了，我不敢耽誤趕快沿著渠道去追趕水頭。渠道裡的水一直往前奔跑跳躍，我追了好大一段路後才又見了水頭。我還是謹慎地與水頭一起向前，我害怕哪段渠道會被水沖毀，不敢有一絲懈怠。狼突然地出現讓我朝前走的時候總有一些擔心，但渠水奔跑不允許我有絲毫的猶豫，我只能跟著水頭朝前走，哪怕前面有再兇猛的動物我只能勇往直前。不知為什麼當我往上走準備挖水的時候，心裡始終有一種忐忑不安和害怕，當將水挖到水渠裡後並且碰見了狼，我反倒不是十分地害怕了。我總感覺到這水好像就是我的同伴，它就在我的身邊，我好像還可聽到它喘息的聲音。當東方發白時水進了崖頭坪，這時水也加快了步伐，它好像已經急不可耐了，直奔澆灌的田地而去。我趕忙將手聚成喇叭的形狀，面朝東方的光亮站在場邊大聲喊道：「水下來了！水下來了！」

多少個日子裡，在這個場邊上只有生產隊長才可行使這樣的權力進行喊叫，可是今天一個右派狗崽子卻喊得那麼響亮，他的聲音穿透夜空傳遍村莊，在悠悠的鄉村飄蕩，而且他是挺著腰板在這裡喊的。人們聽到喊聲紛紛從家中走出，扛著鐵鍬急匆匆往地裡跑去。自從母親將我帶到這個世界，我在人前面是不敢出聲的，任何一個人都可以打我罵我，所有的招工、招生、參軍、入團、入黨都可以忽視我的存在，我是一個另類，我是沒有權利享有一個人起碼的權利。我在任何情況下都不能提出異議，更不敢大聲表達自己的意願。可是今天我卻站在生產隊長的位置，將全生產隊的人喊了出來。「這是我的聲音嗎？」當我呼喊後我自己都開始懷疑這是不是我的聲音，我能有這麼大的膽子發出這個聲音嗎？我將水頭引到了一塊地裡。澆水的人聽到我的喊聲後一個個都趕了過來，我和他們一起讓水流入田地後，我才扛著鐵鍬向上游走去。我是到隊長分配我的一段渠道守水去的。

到了我守水的地段，我沿著我所守的渠道來回反覆走了兩遍，確定沒有大的問題之後，我才坐在了一棵楊樹下面。我掏出穹鍋饃大口大口地吃了起來，然後取出隨身帶的水壺「咕咕咕」地猛往肚子裡灌。多年的農村生活，我已經完全成了一個地地道道的農民，被強紫外線太陽曝晒和經瑟瑟的寒風勁吹，我的臉紅裡發紫成了典型的紅二團，一雙粗糙的大手上布滿了厚厚的老繭，破舊的草帽一直陪伴著我，現在就在我的身旁。我吃飽喝足後又往渠道上走了一圈，然後坐在了楊樹下。我掏出了一本剛借來的小說，這本小說的名字叫《牛虻》。

這是英國著名女作家艾塞爾・伏尼契〔編按：Ethel Lilian Voynich，另譯艾捷爾・伏尼契，主要以小說《牛虻》（The Gadfly）聞名〕寫的一部小說。我剛拿到手的時候，對小說內容我讀時並不是很理解，加上每天勞動斷斷續續地看，總是對故事不是很明白。可我反覆地看後，我喜歡上了這部小說，今日裡我又捧起了它。

去水源半夜裡挖水辛苦、危險，可是就有這個好處，可以在水渠沿線守水。守水是個運氣活，有了好運氣一天可以坐在樹底下看書。遇上運氣不好時，不是這裡決堤就是那裡漏水，心驚膽戰還要累得半死。可我卻不願意一直坐著，我坐一會就去到水渠上來回進行檢查，檢查了之後再取出書來匆匆看上一段。

《牛虻》講述的是一個資產階級革命者的故事。書中的主人公牛虻原名亞瑟，生長在豪門富家，從小養尊處優。他在大學裡參加了祕密革命組織青年義大利黨，後來經人告密，亞瑟和一些黨內同志被捕。當亞瑟出獄後，他的行為受到黨內同志鄙棄，恰在此時又得知自己是神學院院長蒙泰尼里的私生子。雙重打擊下，亞瑟的精神失常，留下字條偽稱自盡，本人則偷渡去了南美洲。在南美，他墜入了「真正的地獄之中」。他做過雜工和賭窟僕人，被一名水手打成殘疾，傷癒後又到雜耍班子充當小丑，受盡恥笑和侮辱。非人的遭際極大地改變了亞瑟的相貌，以至十三年後他當年的戀人和他的父親面對他竟然認不出來。

精神的變化也是巨大的，回到義大利後，他由於在社會底層的歷練變得伶牙俐齒，被人稱為「牛虻」，而他自己卻把這個綽號當作筆名在各大報紙上發表政治諷刺文章。最後在一次偷運軍火行動中，牛虻在蒙泰尼里主教的同意下，被判處槍決。但在牛虻死後不久，蒙泰尼里也因「心臟動脈瘤破裂」而突然去世。

　　牛虻的經歷對我震動很大，讓我引起了強烈的共鳴。牛虻是一個飽受磨難的人，可他始終沒有屈服於命運。他在種種磨難的打壓下仍能站起來同教會作不妥協鬥爭，力圖喚醒對教會心存幻想的人們。然而我卻在不公的命運下，就有一種埋怨，也有一種退縮。我感覺我對自己的命運無能為力，我試圖改變自己的命運，可是命運總是與自己開著玩笑，讓我逐步對自己的努力產生了懷疑。我經常問自己這樣的努力能有什麼結果？一個被社會打入另冊的右派狗崽子能跳出血統論的怪圈嗎？我雖然在這部小說的故事裡沒有理解多少，但我主要看重了牛虻不畏艱險、不屈不撓的精神，這種精神是一種外來的動力，也是一種默默的源泉，讓我知道這個世界上還有比我命運更悲慘的人，也讓我懂得在前進的道路上有無數的艱難險阻，對於一個強者絕不能輕言放棄，必須與命運抗爭。

　　我坐在水渠邊沉浸在《牛虻》的故事之中，天上的太陽火辣辣的，可我坐在樹下，我在這裡可以獲得蔭涼。此時我突然發現樹邊的渠道裡的水流越來越小，我站起來急忙向上游奔去。大約走了十多分鐘，這是另外一個守水人的地段，拐過一道山彎我發現在一處山崖底下那個守水人卻躺在一塊平石頭上閉著眼睛用手捋著自己的生殖器。那人一邊捋，一邊忘情地發出呻吟的聲音。他是在那裡進行自慰。我過去大喊一聲：「還在刮橡子呢，水把渠道沖毀了。」

　　那個人聽到此話被驚了一下，猛地坐起來紅著臉說道：「在哪裡？」我沒有理他，提著鐵鍬就往上游跑去。

　　這時我看見一處渠道被水沖毀，洶湧的激流發出震耳欲聾的聲音，將渠邊的農田直接削下去了半邊。我趕快朝遠處的人們喊了起來，「快來人

呀，渠道在這裡沖垮了。」我一邊喊一邊在毀壞的渠邊觀察，但我不知從何處下手，就在這時我覺得我站的土地忽然往下沉去，我隨著垮塌的農田被泥漿卷到了溝底。接著上面的泥水劈頭蓋臉朝我砸來，好在我已經被水沖到了一個石頭邊上，我站了起來。我望了望溝坎邊沿，溝坎上邊已經來了幾個人。他們喊著我的名字，可我的腿卻不聽使喚了，走一步就鑽心地疼痛。我使出全身力氣連滾帶爬往上移動。這時我看見生產隊長趙生貴從溝坡上跑了下來，他抓住我的手，讓我的一個膀子搭在他的肩上，我渾身是泥漿，也給趙生貴弄了一身泥漿，我們兩個泥人就這樣搖搖晃晃爬到了溝上邊。

趙生貴一上來就對那個刮橡子的小夥子喊道：「到水源口把水先挖斷。」

我對水源口比較熟悉，我說：「我也去吧。」

趙生貴說：「能行嗎？」

我說：「可以。」

我雖然說可以，但被摔了的腿還是疼得鑽心，我是咬著牙到了水源口的。我將堵在小河中的石頭移到渠口處，然後和刮橡子的那個守水小夥子用鐵鍬鏟了土將水源處的水完全堵死。做完這一切後，我趕忙往沖毀的渠道處走去。這時候我突然覺得我的腿疼痛得更厲害了，剛才還可以咬著牙往前走，而此時卻邁不開腳步。但我已被艱苦的環境磨練得對這些疼痛可以忍受了，我堅持著一踮一踮走了下來。

我看到趙生貴領著一些人在原渠道的靠山崖的裡邊又開了一道渠，然後用木夯將新的渠道砸實，再挖了些草皮貼到渠底和渠的兩邊，做完這一切生產隊長趙生貴讓把水再挖下來。

可這時我已走不動了。但我還是咬著牙想往上走，趙生貴對那個刮橡子的小夥子和另外一個年輕人說道：「你兩個去挖水吧。」

這時趙生貴過來說道：「能走嗎？不能走讓人送你回去。」我說：「隊長，不用了。我坐一會就好了。」

趙生貴說：「那好吧，你就在這裡守水。」

我每次在水源處挖水，先挖了整個渠道三分之二的水放下去，當這些水通過新的渠道安全後，我才逐漸將水放大。所以說，我每次挖水雖然沒有整渠的將水挖下來，可我挖的水能夠比較安全的流到地裡。當渠道裡的水緩緩地朝下游農田流進去後，我看到那些飢渴的麥苗張大嘴巴吮吸著甘甜的渠水，這時候我才根據水的情況適當將水加大流量。

這一次經常板著面孔的生產隊長趙生貴終於露出了笑臉，他說：「旭旭，你尕娃現在厲害了。你這次處置得非常好，渠道雖然被沖垮了，可由於你發現得早，及時喊來人，沒有耽誤多少時間，水又流下去了。」我聽到這話笑了，能從這個生產隊長嘴裡聽到對我的誇獎實在不容易。因為多少年來生產隊裡有很多人一直把我們一家不當人看，鄙夷歧視當作包袱，諷刺挖苦，隨意打罵已成了家常便飯，他們將我們這些半路出家的農民都看成廢物一樣。農民們很現實，他們只想著自己碗裡的飯會不會被別人分著吃，他們實際上不是很在乎什麼右派還是左派，這個生產隊長是根本瞧不起我們這些人的。

可是今天趙生貴當眾表揚了我，而且要讓人送我回家，我說：「不用了。」回來的路上，我幾乎是一瘸一拐移動著下來的。回到家裡母親看著我腫得像柱子一樣的大腿，心疼地用溫水給以熱敷。這次傷了腿我在炕上整整躺了一個多星期，也讓我的心裡對生產隊長趙生貴改變了原來的看法。原來我的思想裡這是一個活閻王，一個打罵群眾的冷血動物。四清運動中人們就說他是一個打罵群眾工作方法簡單的活閻王。

可我現在覺得生產隊長趙生貴是一個思想開放，富有創意的農民，他過去在當地做了什麼我不是很清楚，可自從他從新疆回來後，辦窯廠，修道路，鼓勵人們到外面搞副業。雖然這人主觀武斷，工作方法簡單粗暴，曾為一些事也和我發生過矛盾，可我對他並不記恨，我直到如今還是認為他是當時一個真正腳踏實地為改變崖頭坪第一生產隊貧困落後面貌的當家人，是一個農村少有的人才。

我躺在炕上望著窗外的朦朦朧朧的天，天剛下過雨，烏雲還沒散去，夕陽迫不急待地想要衝出烏雲，在奮力驅趕著周圍的障礙物，漸漸地太陽從烏雲的縫隙一點點穿出，桔紅色一點點染紅西邊的天。窗外的山上溼漉漉的，放牛的牧童、五顏六色的帳篷，不遠處山坡上有幾頭牛在啃著鮮嫩的綠草。多麼詩情畫意的世界，多麼浪漫催情的季節。可是，貧窮和飢餓卻緊緊扼著勤勞樸實農民的脖子。

　　三年大饑荒雖然已經過去多年，可是人們一直餓著肚子，一年的辛苦頂多只能吃半年的口糧，人們大多數時間在忍饑挨餓。我到了一些農民的家裡，一家人只有一床張著窟窿眼睛的破被子，女孩子五、六歲了還光著屁股在地上奔跑。這樣的人家多了，有一家人穿一條褲子的，有一年四季沒有吃過一頓飽肚子的，有吃飯時只撒一把鹽的。由於飢餓我走起路來腳下輕飄飄的，好像踩著棉花，我的頭經常發暈，頭腦發木，像癡呆人一樣。我們一家跟著父親到這裡接受貧下中農的監督改造，可貧下中農自己都不明白為什麼讓這一家人發配到了這裡。我在這裡感受到的是一種對我們莫名其妙的鄙夷和仇恨。而這種仇恨不僅僅是出自於這裡的一些農民，城裡的那些親戚見了我們好像見了瘟神一般，唯恐影響了他們的利益。

　　從渠道回到家裡我就整個兒走不成路了。可我還沒有在家裡躺幾天，生產隊長就已經往我家裡來了不知有多少次。生產隊長來後我不吭聲，他轉一圈就走了，我知道他是來看我好了沒有，我躺在炕上他就感到很不舒服。

　　休息了一個星期後，我又一瘸一拐地去挖水守水。我看到渠裡的水平靜地緩緩流淌，我就在渠道邊上來回巡視。哪裡有水漫上來了我就用土將渠道填高一點，哪裡出現了暗洞滲漏，我及早用草皮將洞穴堵住並且搗實。我知道這些水看起來平靜，可是平靜處隱藏著危機，稍有不慎就會讓水把整個渠道沖毀。水太可怕了！自從來到農村經過多次與水打交道，我喜歡上了水，它可以沖刷掉我一身的汙垢，讓我神清氣爽；但我對水也產生了恐懼，它看似平靜發起怒來卻驚天動地。每年的8、9月份劉集河裡的

水被山洪裹挾沖毀了河灘裡一塊塊平整的土地，山洪怒吼晚間將大石頭衝擊滾動，發出轟隆隆的聲音。

　　我是喜歡水的，不管每天有多累，我都到崖頭坪下面的劉集河邊，脫得一絲不掛沖洗身體，有時還到崖頭坪對面嶺上陽窪水庫裡去游泳。水給我帶來了喜悅，也讓我每天與黃土打交道的歲月裡將破爛的衣裳洗得乾乾淨淨。雖然這次因為水我的腿子受傷了，可我還是離不開水。陽窪水庫修在一條半山溝裡，它是陽窪大隊的人們利用雨水積蓄在一條山溝裡修的一個小水庫。抽水機從水庫抽了水解決了陽窪大隊許多乾旱田地的灌溉。我得知這裡修了水庫後，跑到水庫裡去游泳，剛開始我在水庫裡游泳，人們感到非常好奇。後來他們也嘗試著在水庫邊上洗腳、搓身。當地的農民看到我在水庫裡一會兒揮著手臂奮力向前，一會兒躺在水面怡然自得。他們覺得游泳就像走路洗澡那麼簡單。當他們看到我來回自如地戲水，以為游泳是一種簡單好學的運動。

　　緊接著天氣炎熱割了麥子後，他們就跑到水庫裡去游泳洗澡。可是，正當他們在水庫邊浸泡玩耍時，悲劇發生了。一個人從岸邊不小心滑進了水庫，另外一個人伸出手就去救援，沒想到這個人不僅沒有救了一起的同伴，他和被救的人都滑向水庫的深處。先是水面上幾隻手在晃動，兩個人的頭在水面上探了幾下。兩個人朝水面外伸了幾下手，就沉了下去。這兩個人在水庫被淹後，因為跟前沒有人，悲劇發生後村裡人還不知道。後來人們看到了他們脫在水邊上的衣裳。當村人將他們打撈上來，兩個人被泡得頭顱發脹，翻著白眼，鼓鼓的身體。全部是旱鴨子的陽窪大隊一下淹死了兩個人。這以後陽窪大隊再也不讓人到水庫裡游泳了。可因為這件事，讓我的心裡始終覺得對不起這兩個樸實的農民，要不是我到水庫裡游泳，他們是不會到水庫裡將生命早早結束的。

第十八章　一次被迫的相親

　　水資源衝突是一種涉及獲取水資源的爭端。水資源之爭可能在國際邊界或國家、州和地區之間發生，在農村因為水資源的利用經常發生公社與公社、大隊與大隊、村莊與村莊的紛爭。

　　大河家地區在我生活勞動的那些年，就經常因為用水發生村與村或者大隊與大隊之間的打鬥。崖頭坪這裡就發生為了水與別的村莊的紛爭。當我的傷養了一段時間能夠到地裡幹活以後，生產隊長又讓我早上去到渠水源頭挖水。這天我挖了水，還沒走到地頭水就斷了，我以為是不是上邊哪裡渠道被沖毀了。可是，我沿著渠道走到水源頭時原來是下游大河家公社克新民村的幾個人把我們的水堵住，讓小河裡的水全部流到下游去了。那幾個人看我扛著鐵鍬，對我惡狠狠地說道，不許動這水。我想，這河裡的水不是一直在灌溉農田嗎？怎麼就不能動了呢？可我不敢問為什麼，我只有如實地向生產隊長進行了彙報。隊長一聽這還了得，公社給團結大隊總共才給了八天的灌水時間，給我們第一生產隊分到的只有兩天，兩天時間遠遠不能灌溉完生產隊的土地，怎麼突然間又殺出了這麼個程咬金，要搶我們的水了。生產隊長馬上吆喝出來全生產隊的男人，這些男人們有的扛著鐵鍬，有的拿著鋤頭，氣勢洶洶地就往水源頭趕去。

　　我們浩浩蕩蕩地到了水源頭，剛才那些人都走了，這裡只留了兩個守水的人，他們是下游大河家公社克新民大隊的兩個臉紅撲撲的壯年漢子。團結大隊第一生產隊的男子漢們仗著人多勢眾，七、八個人上去就搬起石頭投到了小河裡，準備將水挖到崖頭坪這面的渠道裡來，沒想到此

時克新民大隊守水的兩個人裡一個人直接跳進了水裡。他一邊喊一邊將崖頭坪人扔到河裡堵塞河道的石頭搬了開來，拿著一把鐵鍬做出要拚命的架勢來。我此時才看清這人大約四十多歲，國字臉，黑裡透紅的臉是那麼堅毅。他說：「你們要幹啥，要搶水嗎？今天只要我在水就別想被你們挖過去，你們誰再動一動我們的水，我這命就不要了。」他的這一舉動確實把人們給鎮住了，我們的生產隊長說道，今天是我們灌水的日子。國字臉說道：「日奶奶，我不管你們是怎麼定的，我只是個守水人，守水是我的職責。領導讓我守水，這水就不能有一滴流出去，若想挖水找我們的領導說去。」說著這人乾脆站在了我們崖頭坪渠道的渠口處，手裡拿著被磨得鋒利無比的鐵鍬。這不是要玩命嗎？我們生產隊的隊長一看若要來硬的，今天非出人命不可，於是說道：「找他們的領導去。」一邊說一邊領著人們走了開來。事後才知道這人原是馬步芳的兒子馬繼援部隊裡的，曾在抗日戰爭時英勇地殺過日本人。雖然戴著一頂歷史反革命分子的帽子，可在這麼多人前面他根本不害怕，而且眼露凶光讓在場的人們都心生畏懼。

後來水的問題通過雙方領導協商解決了，可這個守水人臨危不懼的形象給我留下了深刻的印象。

1975年10月以後在全國範圍內開展「反擊右傾翻案風」的政治運動，對鄧小平以及其他一些中央領導進行批判，使一度好轉的政治、經濟形勢急劇惡化。反修防修以階級鬥爭為綱的聲浪越發高漲。我所在的公社和生產大隊，一會兒批林批孔，一會兒又批宋江，將文化大革命繼續深入開展的形勢下農業學大寨運動又上了一個台階。這個農業學大寨運動是統治者的靈丹妙方，就是要讓農民們一天到晚疲於奔命，讓你再也沒有精力去幹其他任何事情。在這個大批判運動中在我家院牆的外面用白石灰寫著「打倒孔老二！」的巨型大字。大隊和生產隊認為我們一家就是本地的孔老二，聯繫實際對我們一家進行批判鬥爭。崖頭坪在大隊和生產隊除了鬥爭我的父親和母親以外，也對我的祖父進行更加猛烈的批判鬥爭。

這段時間我對外面形勢的變化特別關注，我在廣播上聽到了兩個決

議。第一個決議的內容是：根據偉大領袖毛主席提議，中央政治局一致通過，華國鋒任中共中央第一副主席、國務院總理。第二個決議的內容是：中央政治局討論了發生在天安門廣場的反革命事件和鄧小平最近的表現，認為鄧小平問題的性質已經轉化為對抗性的矛盾。根據偉大領袖毛主席的提議，政治局一致通過，撤銷鄧小平黨內外一切職務，保留黨籍，以觀後效。中央人民廣播電台向全國廣播了這兩個決議後，我馬上有一種不祥的感覺，我感到這樣下去對於我們這些出身不好的人來說再也看不到一點希望了。果然時間不長我就聽說和我一起在1973年考大學的李靜在甘肅省白銀市被抓了，說她參與了北京天安門廣場的「四五運動」。對此消息我沒有證實，自從1973年參加完高考以後我再也沒有見過李靜，我整日裡在生產隊的農業勞動中疲於奔命，僅有的一點時間回家後還要餵豬砍柴，我幾乎和外界完全斷絕了聯繫。我的印象裡只是那個圓圓的臉龐和文靜的笑容，雖然那次高考時我們只是打了個招呼，隨便閒聊了幾句，可我不知為什麼睡夢裡總是夢見這個文靜的姑娘，她就像影視劇中的美麗的狐狸精一樣勾了我的魂，她總是在我不經意間出現在我的眼前。此時雖然我沒有在驚濤駭浪的漩渦中，但我確實感到有一種「山雨欲來風滿樓」的感覺。

政治形勢的惡化在農村就是鬥爭會開的多了，可是更為可怕的是我們家又斷了口糧。沒白天沒黑夜的農業學大寨運動，加上飢餓的到來，我感到整日裡昏昏沉沉，走幾步路就想坐下來休息。就在這一年的3月份，我們生產隊大多數家庭也開始沒有糧食吃了。我們家從城市到了農村，不似本地人多少還有些積蓄，我們家一窮二白什麼都沒有了。我真不知別人家是怎麼過的，我們家每年生產隊給我們分了糧食後，時間不長就會沒有糧食吃了，有些人說我們不會精打細算，可我想我們一家也就是只吃了個飯，沒有任何大吃大喝浪費的情況，總不能將自己的腸子紮起來不吃飯啊？我想，主要還是別人家多少有點積蓄的原因。我們家沒有積蓄，斷了糧就要去借，借了糧第二年剛分了口糧，就要還掉一大部分，剩下不多的糧食時間不長又吃完了，沒有了吃的再去借，我們家就是年年陷入這樣一

種惡性的循環。而且剛開始跑到親戚家裡厚著臉皮借糧,親戚們還多少給我們借一點,可到了後來親戚處借糧也越來越困難了。我每天喝著些菜糊糊拌麵湯,走在路上兩腿發軟,有時連高一點的臺階都邁不過去。然而最怕的是坐下來,因為坐下來站起時兩眼發黑,天旋地轉,就感到身體站立不穩。

這是剛過完年的一天,生產隊長趙生貴托親戚關係與積石山下的大山莊取得了聯繫,借了不多的一些糧食。那天生產隊派我們到大山莊去拉糧食,我聽到此消息異常地興奮。我們走的時候天藍藍的,一輪太陽高高掛在天上,我也沒穿棉襖,高高興興地拉著架子車與社員們一起往大山莊走去。可是走到半道上時天空就暗了下來,烏雲低低地下沉著,紛紛揚揚的冷雨夾著雪花飄落了下來。因為我們走得急,運動的我們還沒有感到天氣的寒冷。可是到了大山莊颳起了急驟的西北風,這裡正在積石山下,漫天的飛雪包擁了整個世界。風越颳越大,呼嘯著,風攪著雪花將天地融成了一片。

這一天我從家裡出發時,穿的衣裳本來就單薄,冷雨已將單衣溼透,呼呼的寒風颳起時我已沒有任何抵禦的能力。不多一會我就被凍得渾身發抖,臉色發紫。我在地上來回走動,不斷地跳躍著,兩隻手使勁地搓著我的身體和凍得冰涼的臉龐。我拉起一個糧食口袋裹在了身上,可是風雪無孔不入,它從四面八方向我進攻,我根本無法招架。我從來沒有經過這麼寒冷的天氣,我上牙打著下牙,意識開始模糊,覺得我就要快被凍僵了。可我沒有一點辦法,由於給我們借糧食的一方,他們生產隊糧食也已發生了危機,他們生產隊有些人阻撓不讓給我們借糧食。這樣我們只有耐心等雙方領導進一步協商,可是我已經等不及了,寒冷的雪風圍著我打起了旋轉。我覺得我就要被凍死了,我使勁地在原地奔跳,恨不得有個擋風的地方鑽到裡面。

就在這時我們生產隊的趙全能走了過來,這是我們本家的一個堂哥,我稱呼他為「全能哥」。他把自己身上的一個沒有袖子的羊皮夾襖脫給了

我。他說：「穿上。」我看了看他的臉，他的臉有些模糊，不待我說出話來，他已將羊皮夾襖套在了我的身上。雖然已被凍得冰涼的我一時還緩不過來，可我覺得心裡和身上比剛才要暖和了很多。我看著全能哥，我不知用什麼語言來感激他。全能哥話不多，患有肺結核，平時幹不了強體力活。他們家中有三個女兒，這在把男孩看得比天還要大的農村，因為沒有了兒子使這個農村家庭被現實的窮困和對未來的渺茫，擊打得在人前面抬不起頭來。不孝有三無後為大，村裡人對他們一家都有些看不起。我也因為他患有肺結核，平時與全能哥很少接觸。可今天在我凍得快要發僵的情況下，這件羊皮夾襖穿在了我的身上，而且是全能哥親手套在我的身上的。我不知說什麼好，我用萬分感激的眼神看著全能哥。

這時候借的糧食也裝好了車，我們拉著糧食開始往回走，我們小跑著往前趕路，由於我開始了活動，加上全能哥的羊皮夾襖我覺得我慢慢緩了過來，身上也開始暖和了。全能哥給我穿上羊皮夾襖這件事雖然是個小小的舉動，可他對我的恩情比什麼都要珍貴。多少年過去了，在積石山崖頭坪的很多事情我已經淡忘了，可全能哥在那天脫下羊皮夾襖穿在我身上的的事情讓我一直難以忘懷。可是文革結束父親的右派改正我從崖頭坪出來以後，因為工作繁忙我再也沒有見過全能哥，後來聽說他去世了，這讓我的心裡留下了終生的遺憾，因為我還沒有來得及去報答他對我的這次恩情，他就匆匆地離開了這個世界。

這一年我要離開崖頭坪的想法突然變得那麼強烈。多少個日日夜夜裡，我逆來順受，我沒有多大的理想和抱負，只是不甘心就這樣默默一生被黃土掩埋在這裡。因為我在農村看到那一個個鮮活的生命到頭來都被生活磨成了只會勞動幹活的啞巴，我這個右派狗崽子在這裡實際上不如一條狗，狗在這裡多少還有點尊嚴，可我被那些貧下中農像階級敵人一樣整治。

剛來農村的時候年齡小，對時光的流失我並沒有感到急迫，可是隨著我年齡的增大，不要說外面的人開始議論紛紛，就是家裡人也準備給我在

農村成家了。我們第一生產隊有個進財阿爺，因為經常讓我父親給他部隊裡的兒子寫信，他主動給我父親說，他要給我介紹一個他們親戚裡的一個女孩。父親回來給我說後，剛開始我只是找藉口應付推脫，但家裡人一天天的壓力，就讓我產生了要離開這個家的衝動，我不想在這裡娶妻生子，我不甘心就這麼被現實逼迫著過老婆娃娃熱炕頭的生活。因為我是個右派狗崽子，在這裡人們把我和五類分子一樣的對待，我不願我的孩子再和我一樣被歧視壓迫。我知道地富反壞右家庭的子女也不願意嫁到五類分子家裡來，很多地富反壞右家庭的兒子只有勉強去找非聾既啞嫁不出去的殘疾姑娘。然而我總有一種不甘，我一直在奮鬥學習努力，我想我是可以為這個社會做出更多貢獻的。可我又想我走後父親母親和我的祖父怎麼辦？我在這裡還可以為他們遮風擋雨保護他們，當我離開後誰去抵擋那些極左分子對他們的打擊和迫害。於是，我就這樣一天天推著，父母親給我張羅婚姻時，我就用各種理由搪塞他們。

　　那是一個下雨天。天剛下過雨，烏雲還沒散去，夕陽迫不急待地想要衝出烏雲，在奮力驅趕著周圍的障礙物，漸漸地太陽從烏雲的縫隙一點點穿出，桔紅色一點點染紅西邊的天。果然父親和母親準備給我相親了，家裡人要讓我在這裡娶妻生子了。村裡人給我父母親出主意，家裡窮可以用妹妹和別人換親嗎？這種所謂的換親，又稱「交換婚」。是指男子以自己的姊妹給女方的兄弟作妻，以換取女方作為自己的妻子的婚姻方式，俗稱「姑嫂換」。這種婚姻方式違背當事人的意願，帶有嚴重的包辦、強迫性質。這種「姑嫂換」來源於古老的氏族外婚制，即兩個氏族之間互換姊妹為妻或互換女兒為媳，在封建買賣婚姻時代曾非常盛行。在文化大革命這個貧困的年代，這種兩家互換姊妹成親的「姑嫂換」，在大河家地區當時迫不得已也在悄悄流行。可我們家裡實在太窮了，很多人給父親母親建議讓我們也來個「姑嫂換」。我聽到這個建議後，我堅決不同意。我不僅自己不願意在這裡成家，我也不希望妹妹在農村結婚成家。

　　我本來就不願意在這裡永久以一個右派狗崽子待下去，更不想就這

樣成為一個老婆娃娃熱炕頭地地道道的和四類分子一樣的賤民。因為我的頭腦裡始終嚮往著繼續學習，在這裡的每一個人給了我太多的事例，那些地主富農佝僂著腰，在鬥爭會上被人們隨意打罵，他們的子孫後代被人歧視，是生產隊裡最底層的賤人。生產隊裡的牛馬騾驢還有人愛護喜歡，可誰又把我們這些五類分子家庭的人當作人一樣看待，多少年來在茫茫的黃土裡不知掩埋了多少苦苦掙扎的奴隸生靈。

可是，隨著我年齡一天天的增大，我必須儘快做出抉擇。夕陽以勝利者的姿態露出笑臉後，向我揮揮手慢慢躲到地平線下了。天色晚了，一張大幕網罩了整個村莊，農村的夜晚顯得格外寧靜。我又打開書本準備學習，可是拿上書本心思就跑到了遠方。我想，這樣學習有什麼用處？國家能用你嗎？公社大隊能用你嗎？生產隊裡能用你嗎？生產大隊安排你當了一段時間社情教師都被無緣無故給取消了，在這裡再會有什麼前途？你是一個右派狗崽子，在農村地富反壞右的狗崽子，他們的境遇與地富反壞右差不了多少，你願意就這樣隨波逐流將自己的一生掩埋在這裡嗎？

我的頭腦裡出現了一個人，這就是第三生產隊的趙生甲。趙生甲出生在一個富農家庭，他的父親「老富子」是個地地道道勤勞樸實的莊稼人。人們說，老富子的富農是吝嗇細出來的。老富子解放前時從來沒有好好吃過一頓臊子面，一年到頭就是洋芋疙瘩加個黑麵窩窩頭。由於老富子勤儉持家，一家人辛勤勞動讓這個家庭過得殷實富裕。可是，解放後老富子家被劃了富農成分，老富子還戴了一頂富農分子的帽子。趙生甲出生在這樣一個家庭在那以階級鬥爭為綱的年代，趙生甲的情況就比我好不了多少了。趙生甲雖然不似我連高中都不能上，他在劉集中學上了高中，而且上學時品學兼優，門門功課在班上都是數一數二，他的優秀吸引了同班的一個貧下中農的姑娘，兩人情投意合可以說是郎才女貌。

這樣一對鴛鴦在當時的環境裡就非常扎人的眼，人們說這姑娘傻呀，一枝玫瑰插在了糞堆上，嫁給一個富農兒子能有什麼好的結果。果然這一對鴛鴦就被無情棒打散了，而且揮舞大棒的就是劉集中學的一位老師。這

位老師找姑娘談話，說你怎麼這麼傻呢？貧下中農和地富家庭還談什麼愛情，嫁給趙生甲你一輩子就完了。這姑娘聽了老師的勸告，離開了趙生甲。長得一表人才的趙生甲後來找了一個五大三粗的農村女人。這對趙生甲就不錯了，農村地主富農家裡的兒子，貧下中農是不願意到這些人家去的，大多數最後娶的不是聾就是啞，能找一個沒有缺陷的姑娘算是不錯了。有一次第三生產隊背糞從我家門前經過，我看到了趙生甲女人的近距離面孔，初次見面讓我吃驚不小，這女人面目醜陋，渾身髒汙，和趙生甲真是不能相提並論。兔死狐悲趙生甲的命運讓我看到了自己今後的歸屬，我越發不敢在這裡成婚了，然而年齡卻逼著我，周圍的環境和家裡人也在催促著我，可我想到今後的日子就不寒而慄。

進財阿爺介紹的姑娘要讓我見面了。我們家裡窮，我連個像樣的衣裳和鞋都沒有，怎麼去相親呢？進財阿爺的大兒子在部隊當兵，進財阿爺把他兒子留在家裡的軍大衣和一雙大頭皮鞋借給了我。那天一米八的我穿上軍大衣和大頭皮鞋，立馬顯得更加高大魁梧了。我們是在女方家村莊外的一個山坡上見面的。陪姑娘來的是姑娘的一個離異在家的姊姊。姑娘離我遠遠的，我只看清了她大體的模樣，她低著頭背著身子沒有看清她的面容。姑娘的姊姊很熱情，她坐在我的身邊，我望一望不遠處的姑娘，和她姊姊說著話，我和她的姊姊就這麼一直聊著。我本身就不太善於表達，加上從來沒有這麼近距離地與一個女人單獨說過話，好在沉默被她姊姊打破了，她一直主動地問我，主動地和我閒聊，在這期間姑娘和我沒有說一句話，我也沒有正面好好看看她的面容。

相親之後聽說姑娘家沒有意見，尤其她的姊姊看上了我。我不知道這對我來說是喜事還是壞事。當這門親事離我越來越近的時候，我卻下決心要離開這個家了。我在保安族居住的高趙家有一個保安族的朋友馬成龍，我給他說了我的情況後，他說你願意不願意上新疆，到了新疆誰也不管誰。他說那裡有生產建設兵團，像你這麼好的身體到那裡肯定是歡迎的。他對我說，你先過去，然後再接你們一家人都上新疆。在這個時候我也和

在甘肅省清水縣插隊剛被抽到清水縣當營業員的姊姊進行了聯繫，想再轉到蘭州四中在清水縣的知青點去，在那裡設法被招工，因為將近十年在積石山的經歷告訴我，一個右派分子的狗崽子，在這裡只能像奴隸一樣遭到人們的歧視和壓迫，在這裡再也沒有被招工的機會了。

我坐上了去甘肅省清水縣的火車。這是我第三次坐火車了，前兩次是我在大串連時與同學們一起扒火車去北京、去天水時坐的。那年我只有十二、三歲，我和同學們在大串聯快結束時上了去北京的火車，半路上被送了回來。回來後我們不死心，又扒了一輛空罐子貨車。貨車是往東面開的，我們稀里糊塗也不知道它要開往哪裡，後來貨車在甘肅的天水火車站停了下來，我們也就在天水市玩了幾天。這次扒貨車是個冬天，空罐子裡寒冷異常，我就是在這個貨車上被凍成了關節炎，以後的日子裡只要天氣變化，我的腿就會刺骨的疼痛。

可這一次我坐的是去甘肅省天水市的客運火車。上了火車大多數都是沒有買票的知識青年。我身無分文也沒有買票，我想等我以後什麼時候有錢了，我一定會還給國家。上車沒有多少時間，查票的就過來了。我說：「插隊的。」因為我聽到前面一個知青就是這麼回答的。查票的列車警察嘴裡咕噥道：「插隊的還有理由了。」查票的聽我這樣說後沒有糾纏我，向下一個車廂走去。因為他們知道插隊知青大多數是身無分文的年輕人，而且查票的人家裡也有插隊知青，他們都對插隊知識青年抱有一種同情心。

我本來是對到甘肅省清水縣插隊落戶抱有很大希望的。我想到了清水縣插隊後再被抽出去，因為這是我們蘭州第四中學的插隊點。可是到了這裡根本不是那麼一回事。當年我直接從學校是可以到這裡插隊的，過去了這麼多年沒有人再會接受我這麼一個漂泊的靈魂。於是我的最後一點希望也破滅了。回來的時候姊姊給我買了火車票，可我的心情與來時截然相反，我迷茫的眼睛望著遠去的姊姊，我澈底絕望了。

上了火車我看見一個中年婦女站在我的旁邊，我把位子讓給了她，我想她坐一會我再坐，可沒想到這女人坐到我的座位後，好像這個位子就是

她的，我站在她跟前七八個小時她好像什麼也沒有看見一樣。這時我才覺得，十年的時間人心已經變了，我已經和這個社會格格不入了。

突然兩夥插隊知青在火車上打了起來。剛才還沒有發現拿有武器的知青，這時候紛紛掏出匕首和棍棒，只見棍棒飛舞，整個車箱裡亂成了一鍋粥。兩夥人從我們這個車廂打到了另外一個車廂。又從另外一個車廂打到了我們這個車廂。我在積石山待的時間久了，我已經對現在的城市不認識了，我像一個傻子一樣眼睜睜看著眼前發生的一切。我望著被黑夜籠罩的窗外，在城市看星星是件十分奢侈的事，可在今晚的火車上，我看到了星星。這些星星就像崖頭坪的星星一樣是那樣地明亮。我興奮地想喊叫，遠處滿眼的星星，是那樣清澈、純淨、深邃的天空，星星大大小小布滿天空，就像鑽石一樣眨著眼一閃閃點綴著黑色的蒼穹，它是如此地清晰、透徹、明亮，從地平線的一頭，一直延伸到另一頭。

正在這時幾個提著棍棒的知青從別的車廂又一次跑進了我們的車廂，他們是被另一夥知青追趕的。他們慌不擇路從我們這節火車車廂的門上跳了下去。我望著火車窗外，窗外漆黑一團，我真擔心這幾個從火車上跳下去的知青，他們摔傷了沒有？我知道他們不被另一夥知青打急的話，他們是不會做出如此冒險舉動的。

這樣我就又從清水縣到了崖頭坪。到了崖頭坪，我覺得我再沒有過去的那種學習熱情了。在這裡一面是步步緊逼的農村婚姻老婆娃娃熱炕頭，一面是在「以階級鬥爭為綱」形勢下，我一個右派狗崽子要被人們世世代代歧視壓迫。我感到自己是那麼地無助，沒有一個人給我以開導，沒有一個人對我伸出援助的手，我只能舉著雙臂在茫茫的夜空中揮舞著雙手。明明是黎明前的暗夜，卻顯得越發沉靜，在那茫茫的夜空黑魆魆地暗無天日，我始終看不見東方那顆閃爍的亮明星。

第十九章　我被第一次批鬥

　　1975年，毛澤東批判鄧小平的《以三項指示為綱》時，指出「安定團結，不是不要階級鬥爭，階級鬥爭是綱，其餘都是目」。在文化大革命時，每一個人的命運都是與全國大的形勢緊緊聯繫在一起的，上面稍鬆一點下面的人就感到寬鬆了許多，反之上面一緊下面的左派馬上變了臉形勢就陡然緊張了起來。反對復辟，重新強調以「階級鬥爭為綱」，這就是當時的基調。就在這一年，我這個右派狗崽子被從團結小學莫名其妙地清理出來了，沒有任何理由，直接通知我到生產隊去參加勞動。當然這件事還與我們生產隊那位復轉軍人隊長有關，這位復轉軍人隊長自回到農村以後，他的眼裡所有的地富反壞右和其家屬都為敵人，當然我們一家就是他所要被專政的階級敵人，於是他認為我這樣一個右派分子的狗崽子怎麼能夠到教書育人的學校裡去當老師呢？這個人就打著貧下中農的旗號三天兩頭到大隊進行反映。

　　另外，生產隊裡一些人早就對上面甩下來這麼一個大包袱心生不滿，而這個大包袱唯一強勞力的我又到了學校，這就讓這些人很不舒服。生產隊給我劃著工分，我卻去了學校教書，他們不願意看到我離開生產隊，他們覺得我一走就是讓貧下中農來養活我們這一家閒吃飯的。可是我到了學校教書以後，我教書教得好，學生和學生家長非常滿意，我多才多藝愛護學生，而且沒有一點老師的架子。可在上面形勢一緊後，那些看著不舒服的人就慫恿大隊領導將我這個右派狗崽子從學校清理了出來。因為他們的心裡我們一家是被專政的階級敵人，右派分子的兒子怎麼能到學校裡去教

育貧下中農的子女呢？我在擔任團結小學社請教師時，沒有拿國家一分錢，只是記著些工分，但對於這些人看著就非常不舒服。可對於我來說，我雖然只是個從生產隊裡抽出來的社請教師，我卻對教師這份工作看得很重。我熱愛教育，我熱愛我教的每一個孩子。可是在崖頭坪一些人把學校看成了一個休閒之地，他們認為學校裡不需要風吹雨淋，那裡沒有強體力的付出，所以許多嫉妒我的人認為怎麼能讓一個右派狗崽子到學校裡去享清福，而讓貧下中農來養活這一家人呢？

我被從學校清理出來沒有任何理由，只說生產隊要讓我回隊裡勞動。可大隊做出這一決定後，我所帶的幾個班學生們聽到後當場大哭了起來，大隊裡有很多家長也不答應了，這些家長聯合起來就去找大隊領導。我所帶幾個班級的學生也聯名向大隊反映要我繼續當他們的老師。大隊剛開始是敷衍搪塞，後來看家長和學生要求強烈，於是大隊回覆這些家長，這是公社的決定，是公社不讓右派分子的兒子到學校裡去毒害貧下中農的子女，不是他們大隊的意思。

我雖然嘴上沒有說什麼，可我對這件事情也有看法，我沒有任何教學失誤，而且自從我到團結小學以後，全身心投入到學生的身上，在教學中取得了很大的成績，由於我的努力團結小學也在公社裡小有名氣，讓公社和學生家長對團結小學的態度發生了一百八十度的改變，都認為團結小學確實辦得好。我想對於我的付出和取得的成績不給以表揚就可以了，憑什麼要把我從學校裡清理出來？可在這種大背景下很多事情是沒有理由可講的，也不需要給任何人解釋，尤其像我這樣一個右派狗崽子，「以階級鬥爭為綱」就是最好的理由。招工不予招收有理由嗎？沒有。考大學我是全臨夏州考的第二名，沒有錄取，有理由嗎？沒有。這次將我從學校清理出來，有理由嗎？同樣沒有。讓我到學校裡去教書，大隊對下面有解釋，將我從學校裡清理出來，大隊也有說辭，總之，我只是他們手中的一個螞蟻，讓你在學校裡待了一段時間就是對你的最大恩賜，今日讓你出來也是貧下中農的權利。

我被通知再不用去學校了。家裡人知道我心裡難受誰也不來打攪我。這樣我倒頭在家裡美美地睡了一個整天，傍晚快吃晚飯時母親才來叫醒了我，這是我來農村後從來沒有過的一次。母親還擔心我想不通呢，可不知為什麼這件事我很快就想通了。多少次的招工，剛過去的高考，被刷下來哪有什麼理由，誰讓我是一個右派狗崽子呢。我從學校裡出來後，我所任課的學生和學生家長感到惋惜，但生產隊裡有一些人卻幸災樂禍說出一些風涼話來，而更多的人則是馬上變了臉。昨日裡還笑臉相迎，今日裡馬上又是一個臉色。當然我已經習慣了人們勢利的眼色，城裡的那些往日的親戚朋友誰把我們當人來看，唯恐與我們一家劃不清界限而讓他們沾了我們一家的晦氣。我到甘肅省清水縣去找姊姊，路過蘭州，母親讓我到幾個近一點親戚家裡去，看望一下他們，當時母親還讓我給他們帶了農村的一些土特產，雖然禮物薄，可這禮物是我們從嘴裡省出來的。可是，當我進到這幾個親戚家裡，他們連那些禮品看都沒有看一眼，鄙夷的眼神讓我感到心寒。這些親戚不僅沒有問一下我們在農村到底生活怎樣，給我連一杯水都沒有倒，就讓我從他們家裡走了出來。

　　我原來以為不讓我當教師到生產隊勞動就完事了，萬萬沒有想到一天下午生產隊裡要開會，讓人們到法師爺的院子裡去。這個法師爺解放前家裡貧窮，靠當法師跳神捉鬼掙一些收入養家餬口，可到了解放後翻了身，分了地和房子，家裡一個兒子還當了軍官，此時既有政治地位，也有經濟地位，在生產隊裡家中經濟條件是比較好的。我那天到了會場上，這是一個農家四合小院，小院的北房房子比較高，房檐下有很多鴿子落在大梁上和台階上。我進去後給一些平日裡關係比較好的人打招呼，可這些人對我都很冷淡，我以為我好長時間到學校裡教書，可能與他們疏遠了，就找了個僻靜的地方坐了下來。會議開始了，先是生產隊長說了一些當前隊裡的一些生產情況，可說著說著這個生產隊長把話鋒一轉，膀大腰寬的副隊長站到我的跟前突然大喝一聲：「站起來！」我被這突如其來的喊聲驚了一跳。雖然當年在蘭州四中上學時，開大會時隨時都有同學被突然大喝一聲

後扭了胳膊，坐噴氣式飛機押到批鬥台上。可是，今日裡這個生產隊的副隊長對我大喝一聲時，我還是吃驚不小，隨著喊聲這個生產隊的副隊長抓住我胸前的衣服。我感到莫名其妙，周圍幾個人配合著一下將我拉了起來。我還沒有站穩，這個副隊長夥同七八個人一起連推帶搡把我搡到院子中間，厲聲喝道：「站好！」

這個副隊長姓石。在第一生產隊漢族裡主要兩大姓氏，一是姓趙，二是姓石。趙家因為較早來到崖頭坪，傳承下來的基業比較厚實。石家由於貧困到了這裡，並和趙家攀了當家家務，都按同樣的輩分排序，互稱兄弟叔伯。石家解放前多是給富戶人家打長工和短工的。解放後趙家裡有幾戶人家劃了中農和富農，而石家則全是貧下中農。由於這兩大姓氏解放前經濟條件相差懸殊，解放前趙家大多數都是殷實人家，石家則窮得叮噹響。解放後石家翻了身腰桿子硬了，而且分了趙姓人家的地和房屋，於是石趙兩家無形中就有了一種隔閡和矛盾。當然不僅如此，還有很多點點滴滴的小事，趙石兩家的積怨冰凍三尺非一日之寒，是多少年的風風雨雨造成的。

我被拉著站起來後，接下來就是對我推搡打罵，還有事先安排好的幾個人一個接一個地發言。每一個人發言都是指著我的鼻子謾罵一通。過來過去就是右派狗崽子不在生產隊好好勞動改造，還要騎在貧下中農的頭上作威作福。我心裡想，右派狗崽子到學校當老師就是在貧下中農的頭上作威作福，這裡面還有你們的孩子呢。在我們第一生產隊每次開會過來過去就是這幾個人發言，這些人過去曾在鄉村擔任過鄉村基層幹部，見過一些世面，比起一天到晚在土裡刨著吃的農民來說，油嘴滑舌耍嘴皮子的功夫自然就強多了。這幾個人每次發言先是一頂頂大帽子，然後就是大聲的喝斥。一個人發完言，另一個人就領著人們喊起了口號。不過喊的是「打倒劉少奇！打倒林彪！」好在沒有喊「打倒趙旭！」

這裡跳得最凶的是一個叫石尕寶的，他不但用指頭指著罵我，還做出不斷地要撲過來打我的架勢。石尕寶這個人實際上本質不壞，只是頭腦簡單容易被人操控利用。他還和我一同到窯街煤礦搞過副業。可是石尕寶脾

氣比較暴躁，在家裡心情一不好就打老婆。在農村打老婆還被看成男人們的一種本事，男人們信奉的是「打倒的媳婦，揉好的麵」，一個男人要在家裡立威，首先要把女人打服，要能管住女人。石尕寶第一個老婆在世時就經常遭到他的毒打，第一個老婆死後，娶了這個耳朵有些聾的老婆後，還是經常遭到他的隨意打罵。由於石尕寶膽子比較大，而且喜歡咋咋呼呼，這樣村裡好多人的紅白事情上都離不開他。對我印象最深的是，我們生產隊有個女人外號叫「賽力散」，這還是石尕寶的一個嬸嬸。這個女人的前夫傳言是被她毒死的，她嫁到了崖頭坪後去世了，人們就說這個女人嘴甜心苦心腸毒，在陰間會害別人的。於是在掩埋前開棺時，我親眼看到石尕寶將一塊事先準備好的石塊放在了「賽力散」的胸口上，據說是要將這「壞」女人壓迫住，防止她出來禍害別人，而且將她埋在了一個遠離村莊比較荒僻的地方。

我被生產隊批判鬥爭，我始終不知道我到底做了什麼錯事或壞事，直到如今我還是不知道我到底做了什麼，可那幾個人就那麼東一句西一句地對我進行批判鬥爭。幾個人不時推搡著我，並且不時地給我以冷拳。對我的批判鬥爭，這是事先安排好的，這幾個能說會道的過來過去就說了一些雞毛蒜皮的事，把我和幾千年以前的孔夫子聯繫在一起，我成了這裡活生生的一個「孔老二」。

這些發言的人聲音都很大，說到激動處可以說是聲嘶力竭。隊裡大多數的人都沉默著，人們想這個旭旭不就是當了一段時間老師嗎？當老師也是大隊抽著去的，也不是他自己不想勞動跑著去的，早知道是狗崽子你們就不要讓人家當老師，如果確實做了錯事批判鬥爭還罷了，可當了個老師就要批判鬥爭確實說不過去。這些人說著說著看隊裡的人們反映冷冷淡淡，隊長就一改話題安排起了生產任務。但我一直在院子中間站著，我莫名其妙地被這些人打罵了一通，他們發洩著對上面甩下這個包袱的不滿，讓我在從學校回到生產隊後首先給了我一個下馬威。

我在會場中央大約站了一個多小時。後來聽說，本來他們在鬥爭會上

要對我實行武鬥的，要將我打得服服帖帖。可那天鬥爭我時，碰巧劉集中學的數學老師孫熙到我們隊裡下隊勞動，他不知道要鬥爭我，聽說要開會就走了進來，開會前他過來和我握了手，並且坐在了開會會場裡，這一下把嚴肅的準備好的批判我的鬥爭會給沖淡了，也讓這些人收斂了許多。這個孫熙老師家庭出身也不好，解放前家裡有大片的土地，他的父親號稱孫半川，半個川道的土地都是他們家的，是個大地主人家。我對這個孫熙老師是很崇拜的，他教數學很有經驗，我當時要求上高中，其中一個原因就是我想到劉集中學在這些優秀教師跟前學知識和文化。沒想到今日裡卻和孫熙老師在這個尷尬場面見面了，而且讓他看到了這些人對我的批判鬥爭。

這次對我的批判鬥爭，澈底打碎了我過去的一些不切實際的幻想。原先我還把自己當作一個知識青年一樣，心想著只要我好好表現，我是會有好的前途的。可是這次鬥爭會讓我澈底絕望了，我在這裡就是一個被人隨意打罵的狗崽子。人的生命就這麼一次，可人的一生可能經過千千萬萬個不確定性，尤其在波濤洶湧的政治風浪中，我一個右派狗崽子在這風浪中很多時候是身不由己的，我不知道明天又有什麼事情發生，我不明白前面的路上還有多少溝溝坎坎等著我去跨越。也就是從這次鬥爭會我澈底下定決心要離開崖頭坪的。

經過這次鬥爭會後，生產隊把我抓得更緊了，哪裡有苦活累活就派給我，所有上面要抽調我的事一律不讓去。通過這次上面抽調我當教師，他們知道若對我不採取措施，上面還會把我抽調出去的，這樣他們就要把這一家人的包袱永遠地背在身上。

每日裡高強度的勞動讓我筋疲力盡，可我晚上還是掙扎著爬起來看書學習，然而我確實太疲倦了，我拿上書還沒有看上幾行眼睛就睜不開了，我使勁地掰開眼睛，用冷水澆澆頭繼續看書。可還是眼睛往一塊闔沒法看書，於是我就只好躺下睡一會，可這一睡就又到了生產隊長喊著要出工了。每天我都在這樣掙扎著，睡下爬起來看一會書，我對學習的熱情之火沒有因為對我的批判鬥爭而熄滅。有一次我一直學習到了快雞叫時才躺著

睡下，可剛躺下時間不長生產隊長就喊叫著出工了，我什麼也沒有聽見，父親和母親知道我一晚上沒有睡覺也沒有叫我。

這天當我醒來時已是快中午時節了，我翻身起來胡亂吃了點東西，就跑去上工。到了工地生產隊長黑著臉，我推著架子車裝上土就跑了起來，這一天我不但沒有掙到工分，反被罰了二十個工分，還被生產隊長當著全隊人的面大罵一通。可我並沒有生氣，而且覺得今日裡的太陽特別明亮，因為昨晚的學習是那麼開心，我將一道好長時間沒有克服的難題給解決了。

那些日子裡我一直在漆黑的夜晚掙扎著爬起來學習，每日裡我就像在黑色的大海裡摸索。我點的是煤油燈，雖然家裡連買煤油的錢都沒有，可我爬起來學習時母親從來沒有埋怨過我。太陽還是早上八點鐘就升上來了，它一掃夜晚的黑暗和昨日的迷茫，把天空洗刷得格外明淨。我每天擠出時間進行學習不僅僅讓我知道了很多過去未知的世界，關鍵是它讓我的心裡點燃起了一盞對生活嚮往的明燈。

有一天我在一個社員手裡借了一本長篇小說《軍隊的女兒》。這本書封面已經被撕去，可書還算完整。我是無意間借到這本書的。那天我看見一個社員拿著這本書，對於一個見到書就癡迷的我來說，我拿過來先是掃了一眼，直覺告訴我這是一本好書。我對這個社員說：「能借我看一下嗎？」他說：「可以呀。」我拿到書當天晚上就看了起來，我是用了十個晚上將這本書讀完的，因為每天我強迫自己看兩個小時，兩個小時後繼續睡覺。

《軍隊的女兒》書中的主人公是一個和我當年來到農村時一樣大的一個姑娘，她叫劉海英。她比我剛到農村時稍大一點十五歲參加支邊，她懷揣著當一個拖拉機手的夢想，來到那一望無際蒼茫荒涼的地方。可是在防洪中她突然聾了，什麼也聽不見了。對於這個純潔嬌小的身體一切還沒有開始夢想就要化為泡影了。可是她沒有氣餒，她的耳朵雖然聽不見了，可她並不甘心命運對她的殘酷安排，她學著用眼睛觀察世界，她用眼睛慢慢看懂了別人說話。後來她為了保護國家財產八一棉掉進水裡昏迷，病魔折

磨得使她成了一個癱瘓人。可她就是到了這種困境中仍然沒有因為今後的生活而傷心，她勇敢地與病魔抗爭，她的努力終於成功了，經過治療她不癱了，並且戴上助聽器她也不聾了，她可以聽見外面的聲音了。

我看著書中的文字，我一次次地流著眼淚，我為劉海英的事蹟而感動。她堅強的意志、堅定的信念、不變的理想、無私的精神讓我的心久久不能平靜。她不是璀璨的明珠，也不是一過即逝的流星，更不是大名鼎鼎的人物。她和我一樣也是一個平平常常的一般人，所以她對我的震撼非常大。我想小小的劉海英可以，我比起她來起碼有健康的身體，我的耳朵不聾，身體不癱，她可以做到的，我為什麼做不到呢？

榜樣的力量是無窮的。自從看了《軍隊的女兒》這本書後，確實讓我在人生的迷惘中清醒了許多，過去雖然自己在堅持學習，但為什麼學習我一直不是很明白。過去的我認為在這個世界裡自己是最不幸的，可看到劉海英我覺得世界上還有比我命運坎坷許多的人。但是劉海英這個弱女子因為懷揣著一個當拖拉機手的夢想，在為了實現夢想的路上她聾了、癱了，可她憑藉堅強的意志最後還是站起來了，最終實現了她的夢想。我想對我來說，我有正常的身體，我不聾不癱，我為什麼就不能從困境中走出來，實現自己的夢想呢？雖然我對無緣無故地遭到批判鬥爭不能理解，可我並不恨這些人。我見了他們還是稱他們爺爺、叔叔、阿姨或哥哥、姊姊，就像根本沒有發生過這件事情一樣。他們好像也沒有發生過那天對我的批判鬥爭和打罵，每日裡的太陽還是早上從東面升起，一切都是那麼平靜。我看著西面天上被火燒得通紅的雲彩，它像一面紅色迎風招展的旗幟，讓天空變成了血的顏色。殘陽慢慢在西面山上墜下發出最後的輝煌，它發出的聲音像陳舊的牛車擠出的呻吟，它的頑強掙扎是那麼悲壯。

給我開了鬥爭會後我還是在進行學習，這就讓那些給我開鬥爭會的人感到非常氣憤，他們想一場鬥爭會沒有打垮我這個狗崽子。然而這件事卻讓我越發感到孤獨，心中的疑惑也越來越多了。在這種孤獨中，我越發懷疑自己。我想，我到底做了什麼，為什麼我一生下來父輩的原罪就會時

時伴隨著我？我確實不知道的事情太多太多，關於宇宙、生命、歷史、科學、宗教和人類世界的現狀。我開始對現實質疑，開始懷疑我從小心中的偶像，毛主席他老人家發動的文化大革命到底是對還是錯？

　　我始終在想，那天鬥爭會上將我一把拉起的那個副隊長，平日裡我是那麼尊重他。我稱他為「存來哥」，他姓石，也是生字輩，所以我叫他哥的。我從來沒有得罪過他，他為什麼要對我那樣。我梳理了一下，我剛來農村時一次在麥場上人們摔跤，人們說我很會摔跤，讓存來哥與我摔一下。存來哥那時四十歲剛出頭，我只是一個十五歲的年輕小夥子。存來哥膀寬腰細仗著是正有力氣的壯年人，晃著膀子就走到了我的跟前，他一下抓住了我的肩膀。我本來是不願意與存來哥摔跤的，他怎麼說也是一個副隊長，我對他還是有敬畏之心的。可他看我年紀小，非要拉著我與我較量。我看到這個架勢，退也沒有退路，我沒有給存來哥回旋的機會，抓住他的一條胳膊，猛一蹲，將存來哥背到了脊背上，將他的胳膊順勢一拉，他就從我的頭上飛了過去。存來哥被摔到幹場上後，惱羞成怒，他爬起來直衝我而來，我先是避了一下他的鋒芒，然後一個大掃腿夾住他的一條腿，順勢一頭將他頂翻在了地上。這一次存來哥摔得比前一次還要重，後腦勺著地。我趕忙過去將他扶了起來。自從這件事後，隊裡的人們都說我會武功，沒有人再提起與我進行摔跤比賽了。這事情已經過去多年了，是他記我的恨報復我嗎？我想，不可能。存來哥耳朵有點聾，經常做木匠活，手上的力氣大，是個非常憨厚的農民。肯定是隊裡有些人早有預謀，他們要給我個下馬威，讓存來哥出頭將我拉起來的。

　　鬥爭我的那天，我看了存來哥一眼，存來哥望著我的眼睛把頭低了下去。他在迴避我的眼神。這些人要鬥爭我，可他們沒有什麼好說的，過來過去就那麼幾句。唯一還和我沾點邊的就是，你不安心在隊裡好好勞動上躥下跳，你要繼承你先人們的衣缽，想繼續騎在我們貧下中農的頭上作威作福，剝削我們貧下中農。我不想對他們解釋什麼，對這些人一切解釋都是多餘的。可我不明白我怎麼上躥下跳了？又不是我自己要求到學校裡面

教書的，是大隊抽出我讓我到學校裡去的。

　　趙、石兩個家族是第一生產隊兩個大的漢族家族，趙家以我們家為核心，是最早到崖頭坪的，由於我的先人們善於管理農業，而且看重家中孩子們的教育學習，這樣趙家家業興旺、人才輩出，崖頭坪幾乎好一些的大水田地都是我們家的。另外，我曾祖父趙懷俊自考了秀才後，長期在地方上辦私塾，尤其對地方上少數民族鄉紳子女一視同仁，深得地方上人們的信賴和尊敬。我祖父趙吉堂更是在大河家魁峰中學教書，深受學生和老師們的讚譽，並且在地方事務中主持公道，趙家人在解放前是很風光的。

　　而石家來崖頭坪較晚，大多數家庭解放前生活貧困，心理上總有一種受人壓迫的感覺。解放後石家人翻身了，然而人數比起趙家人要少，在趙家人為主的崖頭坪總是不能成為當地漢族裡的主人，心中總有一種說不出來的怨氣。趙、石兩家輩分排序一樣，都互相按懷、廷、永、生等稱兄道弟，或叫爺稱爸。在我們第一生產隊有個天閹人是石家永字輩的，我稱呼他為「爸」，也就是叔叔的意思。他小時候睪丸被家裡養的貓給吃了，也就是在幼兒時就成了閹人，說起話來一口娘娘腔。每到傍晚休息時，在巷道裡人們聊天，他就說：「舊社會我們一年四季閒得沒事幹，年輕人就嫖粉找相好的。農忙時給東家幹活，我們要挑選人家的，對我們不好的人家再有錢我們也是不去的。那個時候東家要看我們的眼色做事，每次幹完活回家，東家讓我們隨便吃，吃飽喝足了還要給我們裝上很多好吃的，讓帶回家裡讓家人吃。解放後說我們貧下中農翻身了，翻了個什麼身呀，現在吃的沒吃的，喝的沒喝的，一年四季還要累個賊死，沒一天休息的日子。」我聽到這話就很緊張，只有貧下中農才敢說實話在這裡滿嘴放炮，若是地富反壞右家裡的又不得活了。

　　給我開了鬥爭會，我糊里糊塗受了批判之後，我的生活並沒有發生大的變化，我還是每日裡出工勞動，勞動回來就抽時間看書學習。隊裡的人們時間長了發現我整日裡只是埋頭幹活，也與人多不說話交流，慢慢地也對我放鬆了警惕，心想你下了工愛怎麼學習就怎麼學習去吧，你學習再用

功學也白學，不論你怎麼努力，你這個孫猴子也永遠跳不出我們貧下中農如來佛的手掌心。

這樣平淡的日子過了一段時間後，在臨夏州一中當英語教師的小姨告訴我，小姨夫所在的臨夏州歌舞團要招個男歌唱演員，讓我試一下。我母親是學聲樂的，她曾經教我如何高位置發聲，怎樣狗喘氣練習換氣，怎樣張開嘴巴打哈欠開嗓子演唱，加上我遺傳了母親的基因，天生有一副好嗓子。我在家裡和勞動時經常哼唱一些歌曲，我聽到這個消息後非常平淡。因為我有招工和招生被政審下來的經歷，也對這件事沒有抱多大的希望，所以並沒有多大的壓力。

到甘肅省臨夏回族自治州參加預選，我純粹當作一次放鬆玩耍，因為從來沒有休息天的強體力勞動讓我感到疲憊和乏味。

第一階段的考試要從一百多人中進行篩選，我隨便唱了三首歌曲就被選中了，輪到我和臨夏回族自治州一個機關幹部來參加第二階段的考試，也就是說要在我們兩人中選拔一名男歌唱演員。

考試的那天臨夏州歌舞團的領導都來了，歌舞團的團長就坐在台下我們的眼前。我們兩人按規定每人先唱了一首美聲歌曲，再唱了一首甘肅臨夏「花兒」。接著我們各自選一首自己最拿手的歌曲進行展示。我站在台上，我看到主管業務的副團長望著我笑了一下，然後他和團長不知說了什麼，團長在我唱的時候格外留意。我唱的是〈沿著社會主義大道奔前方〉：

　　長鞭哎那個一呀甩吔

　　叭叭地響哎，哎咳依呀

　　趕起那個大車出了莊哎哎咳喲

　　劈開那個重重霧哇，闖過那個道道梁哎

　　哎哎咳咳依呀哎哎咳咳依呀

　　哎哎咳咳依呀哎哎咳呀，要問大車哪裡去吔

沿著社會主義大道奔前方哎

哎喲喂哎喲喂，哎喲喂哎喲喂

沿著社會主義大道奔前方哎哎咳喲

長鞭哎那個一呀甩吧，叭叭地響哎

哎咳依呀，車輪那個飛奔馬蹄兒忙哎咳喲

立志那個戰惡浪啊，哪怕那風雨狂哎

哎哎咳咳依呀哎哎咳咳依呀

哎哎咳咳依呀哎哎咳呀，要問大車哪裡去吧

沿著社會主義大道奔前方哎

哎喲喂哎喲喂，哎喲喂哎喲喂

哎咳喲喂哎咳喲喂

沿著社會主義大道奔前方哎咳喲，哎

……

　　這首歌我非常熟悉，在學校教書時我給學生教過，另外讓學生演節目時我給他們伴唱過。所以我唱得輕鬆自然，而且飽含感情。我唱完後自己就覺得比較滿意，兩位團長和其他團員給我報以熱烈的掌聲。

　　當我走下台時，團長拉著我的手使勁地晃了一下，但我卻表現的相當冷靜，我並沒有抱多大的希望，出了門我趕忙坐了一輛去大河家的順車就往家中趕去。我是不敢說我去考演員的，我給生產隊先斬後奏請了病假才得以到這裡來考試的。

　　事情果然不出我的所料，過了幾天小姨托人捎來話說，兩位團長都看上了我，可是經上面政審給打下來了。她讓我不要灰心，說我底子好千萬不要放棄，繼續練習發聲，等待以後的機會。我已經對招生、招工和各種上面選人不抱任何希望了。我知道我是一個先天的棄兒，在出生的第一天起，這個社會已經將我判了死刑。可我卻不願意向命運低頭，我不甘心像

這裡的人一樣找個老婆，生個娃娃去延續自己的生命。那個生產隊長罵我是「命比紙薄，心比天高。」可我不這麼認為，我想只要自己努力學習，不管今後的結局如何，總有一日蔚藍的天空太陽會發出光芒的。

1976年是極不平凡的一年。對於中國人民來說可謂災難深重：中國三位重要政治人物相繼逝世、東北隕石雨、唐山大地震，「以階級鬥爭為綱」像一把利劍高高懸在人們的頭上達到了極端的地步，黎明前的黑暗烏雲密布籠罩了整個中國大地。

就在這個時候奶奶從蘭州來到了積石山。這就是我的外祖母寶香蘭。奶奶以六十多歲的高齡獨身一人來看望我們了。奶奶來後告訴我們外祖父在1976年4月7日去世在了蘭州市西李家灣。我聽到這個噩耗放聲大哭了起來。外祖父文革期間被下放到甘肅省西和縣幹校進行改造，精神上受到了極大的摧殘和折磨，他是在西和縣突然生病轉到蘭州市的。從小他那麼地疼我愛我，這麼長時間了我們竟然對他的去世一點也不知道。我拿出我到了農村後外祖父寄給我的那些書來，我撫摸著我的那些精神食糧，就像外祖父就在我的身旁，他沒有離我們遠去。奶奶來後告訴了我們許許多多在農村聽不到的消息，她說現在形勢在變，他讓祖父和父親把自己的冤情向上面反映。

然而父親此時什麼也不相信了，他已經不相信天上會掉下如此美好的餡餅了。1957年的反右運動已經讓他對誰也不相信了，20年的悲慘經歷更是讓他對上面不抱任何希望。這樣祖父和父親向單位的申訴材料只有我來寫了。

我過去是不知道祖父和父親到底犯了哪一條王法，根本不明白什麼是右派分子。只是對父親心裡有一種埋怨，你為什麼要反對共產黨，為什麼要反對社會主義。我一次次地在心裡說，由於父親的反黨反社會主義讓我們子女們一生下來就打上了深深的烙印，就成了右派狗崽子。可自從我給祖父和父親寫了申訴材料後，我才知道父親是因為給共產黨和單位領導提了意見才被打成右派分子的。我對父親說：「你為什麼要給共產黨和那些

領導提意見，你不說話不成嘛？」父親告訴我，「我也不想提什麼意見，可那時候不說話不提意見就過不了關。何況我是甘肅省電業局的部門領導。在反右運動以前開展了以反對官僚主義、形式主義和主觀主義的整風運動，我要給我們的科員傳達黨的方針政策，動員科室裡的人們大鳴大放幫助共產黨開門整風。別的人提意見有分寸，也不太露骨，可我太老實，我在老老實實地幫助黨和領導，我當時是發自內心的想讓共產黨好讓國家進步，所以我說得酣暢淋漓，我毫無保留地把所有意見統統說了出來。誰知道一夜之間形勢反轉，反右運動開始後我平時開玩笑的話也成了反動言論，我就成了電業局最大的右派分子。」

「甘肅省電業局讓一個姓侯的畫家給電業局揪出來的右派分子畫了一張『群丑圖』，我是那『群丑圖』裡的第一人。我被打成右派分子還與我當時的驕傲也有關係，解放初期國家確實是尊重知識、尊重人才，我不但在電力技術上被重用，而且一直負責甘肅省的電力基建和電力計畫的工作，我當時有點飄飄然了。別人不敢說的話，我卻大膽地在會上說，別人擋都擋不住，現在想起來我還是太驕傲了。」

我聽了父親的話後並不這樣認為，我說當時不是動員人們給黨和領導提意見嗎？您為了國家的進步和領導改正他們的缺點，提出合理化建議，這沒有什麼錯呀。我說這不是您的驕傲，您沒有驕傲什麼，敢於說話就是驕傲，小心謹慎就是謙虛，這是不正常的。

給祖父和父親單位連續寫了幾十份申訴書，可信發出後就如石沉大海，一直沒有回音。於是我再寫信再發出，仍然是石沉大海。父親本來就不相信他的右派問題能夠解決，他早已絕望了，上面連個回音都沒有，他更加失去了信心。父親說：「再不寫了，再不寫了，寫了也沒用。」可我還是勸父親繼續寫，奶奶從蘭州來信，也讓我們繼續申訴。

就在這時，有一天我在公社農業學大寨基地吹麻灘河灘勞動，突然聽一個從崖頭坪來的人說，我妹妹出嫁了。這個消息對我來說簡直是晴天霹靂。太突然了！我不願在農村娶妻生子，我也經常對妹妹說不要急著嫁

人，等待機會。可我給妹妹說不上等待什麼機會？隨著時間一年年的過去，妹妹的年齡也大了，她的出嫁是非常正常的一件事，可我從妹妹的出嫁感到我好像已經抵不住了來自各方面的壓力。按照我們一個被貧下中農專政的家庭，妹妹能找一個帶工資的老師，這已經是很不錯了。我雖然給妹妹多次說讓她不要急於出嫁，可我給妹妹指不出一條光明的路來。我只是說，我們不要急於就在這裡落地生根。

由於妹妹的出嫁，我也看到了自己今後的身影。我已經二十二歲了，這在農村已經是大齡青年了，在這裡和我一樣大的年輕人都已成家有孩子了，周圍的人都在逼我認了這個命吧。貧下中農的女兒不會嫁給你，你就找一個地主富農家裡的姑娘吧。何況你看了的那個姑娘家裡成分也不高，只要他們家裡願意，娶過來再說。

可自從我聽到外祖父去世後，又聽到了妹妹的出嫁，我好像看到了我今後的命運。有一天生產隊停電了，線路出了問題。這個電是流經我們崖頭坪邊緣劉集河安裝的小型發電機發出的，每當生產隊的線路出了故障或者哪家電路有問題我就自告奮勇去給他們解決，時間長了人們就把我當成了業餘的電工。有一次由於雷電造成全大隊停電，我上到大隊房上檢查電路時，因生產隊對我進行批判鬥爭，白日裡大隊又對祖父和父親他們這些階級敵人進行鬥爭，生產隊幾個對我們一家經常打罵的人故意在我們跟前唸了一段報紙上的語言，「批判資本主義思想和資本主義道路，注意揭發打擊那些不願接受改造、繼續進行造謠破壞的地、富、反、壞、右分子的活動。」此時我的腦海裡突然劃過一個念頭，我想用手吊到電線上就這樣結束生命。這種想法只是瞬間的一個念頭，只是在我腦海裡閃了一下，可我最終還是沒有邁出這一步，因為艱苦的生活讓我已經變得堅強了，我確實有了一定的韌性。

第二天起來我急匆匆奔向農業學大寨的工地，天空依然是蔚藍色的，就像一塊晶瑩碧透的藍寶石沒有一絲雲彩。我對著長空深深地吸了一口氣，活著真好，我想我怎麼還會有那種了斷生命的想法呢？是不是自己太

自私了。母親不是對我說過，人生不可能永遠處於低谷，人生也不可能一直處於高峰，到了低谷時不要氣餒，到了高峰時不要驕傲。可我對母親的說法總是有些懷疑，現實生活讓我看不到一點希望。我的心在掙扎，是隨波而去向命運低頭，就在這裡娶妻生子，就這樣渾渾噩噩過一輩子呢？還是繼續堅持學習，等待時機呢？心中兩種聲音在搏擊打架，一會兒前一種聲音站了上風，一會兒後一種聲音壓住了前一種聲音。

　　我忽然對昨晚閃過腦際的怯懦而感到羞愧。我問曾經萬念俱灰的自己這是我嗎？一個天天堅持學習，對未來始終抱著夢想的我，昨天晚上怎麼突然有了那種想法。我在心裡念著父親給我抄錄巴金的《燈》：「這些深夜還燃著的燈，它們默默地在散布一點點的光和熱，不僅給我，而且還給那些寒夜裡不能睡眠的人，和那些這時候還在黑暗中摸索的行路人。」「我自己也有過這樣的經驗。只有一點微弱的燈光，就是那一點彷彿隨時都會被黑暗撲滅的燈光也可以鼓舞我多走一段長長的路。」在閉塞的鄉村，聽不到外面的任何消息，當時奶奶對我們的鼓勵，她對形勢的分析，現在想起來在那個時候確實是我心中一盞忽明忽滅的燈光，讓我在黑暗中始終心裡還有一點希望。

第二十章　我參加了1978年高考

　　1977年在中國發生的事情，最重要的莫過於12月，全國高考在中斷12年後恢復舉行。這一年的7月，中共十屆三中全會決定恢復鄧小平中共中央副主席、中央軍委副主席、國務院副總理、中國人民解放軍總參謀長等職務。8月初，鄧小平主持召開科學和教育工作座談會，與會者紛紛主張立即恢復高考，建議如果時間來不及，就推遲當年招生時間，得到鄧小平的明確支持。從8月中旬開到9月中旬的高等學校招生工作會議，最終達成共識，改變文革時期「推薦上大學」的招生方法，恢復高考。10月，國務院批轉教育部《關於1977年高等學校招生工作的意見》，正式恢復高等學校招生統一考試的制度。

　　這一年當我在消息閉塞的偏僻農村突然在廣播上聽到要恢復高考了，這振奮人心的消息讓我激動的整夜沒睡著覺。我當時的激動主要是想只要大學門敞開，我就有上大學的希望。可是當時在基層仍然是以「階級鬥爭為綱」，父親右派分子的帽子還重重地扣在頭上，被貧下中農專政家庭的黑網罩在我們一家的頭上，生產隊那些耀武揚威的所謂的貧下中農把我們一家階級敵人繼續牢牢抓在手裡，我是家裡的主要勞動力連請假報名的權利都沒有。可是，就是在這樣的情況下我已經感到局勢開始變了，雖然我不知道今後的形勢如何發展，可我確實感受到了春天的氣息。

　　當時間的鐘聲敲響1978年的時候，對於中國人民來說，這是充滿希望的一年，當時的形勢變化得越來越快，這時候雖然仍是以「階級鬥爭為綱」，可在公社大隊再沒有對祖父、父親進行批鬥。祖父、父親和母親雖

然還是在農田裡彎腰勞動，但人們對他們的態度卻悄悄在發生變化。那些日子裡，我借來大隊的報紙，看到在幾十年政治運動的滿目瘡痍中，共產黨裡以胡耀邦、趙紫陽等一批正直忠勇之士挺身而出，響應歷史的呼喚大刀闊斧地掀起了真理標準的大討論，大規模平反冤假錯案。我想起了奶奶到崖頭坪來時說過的話，「你爸爸的右派問題有希望了，你們一家遲早會被平反的。」

就在我給祖父和父親的單位發出多封申訴信後，1978年年初甘肅省電力局兩名人員終於來到了崖頭坪。當大隊領導領著這兩人踏進我們家低矮的房屋時，父親呆呆地站在地上顯得不知所措。父親已經和上面來的人說話不習慣了，多少年奴隸般地被人歧視、打罵，突然有人伸出手要和他握手時，他真不敢相信這是真的。大隊書記和一些生產隊的領導也一改往日的態度，和我們平起平坐說起了話，讓我們一家人突然覺得有些受寵若驚。

那兩個人將父親的右派言論一條條落實，他們問父親這句話你說了沒有？父親站了起來說道，「說了。」這兩人讓父親坐下來說，可是父親已經習慣了被人喝問時戰戰兢兢地站在地下回答。他們又問那句話你說了沒有？父親說：「那句話是報紙上某某人說的，不是我說的。」父親是不會說謊的，他說了的話，他不改口。他沒有說過的話，他還是不承認。那兩個人後來對人說，我們是想讓老趙說沒有說，可他太老實了，我們反覆暗示可他還是說他說了。這兩個人對我們家裡人都做了登記，在我們家裡吃了簡單的飯後就走了。我們家那天給他們做的是包穀麵的饊飯，從別人家要了點醃製的鹹韭菜，母親還在裡面倒了一點熟清油。這對於我們家來說是非常好的一頓飯了，因為我們平時一般飯裡只是撒點鹽，可今天不僅有鹹韭菜，裡面還熗了油。

這兩人走後就沒有一點消息了，我還是每日裡早出晚歸參加生產隊的勞動，父親還是背著背筢到積石山下的村莊和田地裡去拾糞，祖父還是和四類分子們一起到地裡勞動。外面天翻覆地的變化，在這偏遠的鄉村裡只能稍稍感覺到一點氣息的變化。可就在這個時候，1978年文革後的第二次

考試報名了，弟弟是劉集中學的應屆高中畢業生學校給報了名，我跑到劉集公社去報名，這一次公社沒有為難我，什麼也沒問就給我報上了。報了名後我借來書重新翻開課本，我突然覺得我心裡一點底都沒有。1973年的那一次高考，因為我第一次參加考試，無知者無畏，反而信心滿滿。可經歷了無數的坎坎坷坷，多少年的希望、絕望、重燃希望、又是絕望，今日裡放開讓我參加考試，我突然覺得由於這兩年在農村逼著我要結婚生子，讓階級鬥爭的繩索勒住自己脖子的糾結下，我已經好長時間沒有看書學習了，雖然初中高中的課程我自學了，可放鬆了一段時間後要與系統在學校裡學習的學生在考場上一搏時，我預感到我已經與他們差距拉得非常大了。

我還是早出晚歸，每天在繁重的勞動後點上煤油燈盡最大的努力複習一個小時。可是，高強度的勞動讓我太疲乏了，一拿上書我的眼皮就往一塊靠攏。這些日子裡恢復高考的希望在遙遠的天邊升起時，我興奮得幾乎一夜無眠，可當要踏入考場時我卻沒有一點把握。這一次報了名參加高考有一個半月的複習時間，可對於我仍然要參加高強度的體力勞動，沒有一天休息進行複習。

自從家裡給女方送了彩禮後，我表面上應付著父母親，但在私下裡我已經開始謀劃著上新疆了。我聯繫了高趙家的保安族朋友。我是準備要先到新疆然後接家裡人都要離開這裡的。可是沒有想到形勢急轉直下，雖然父親還戴著右派分子的帽子，我還是一個右派狗崽子，可是人們對我們一家人的態度已經完全與往日不同了。

生產隊讓我擔任生產隊財務保管。這在過去是絕對不可能的，一個右派分子的狗崽子，在父親接受貧下中農監督改造的生產隊，在以往的日子裡怎麼會讓我掌管生產隊的財務大權。可是這件事對我一個要複習準備高考的人來說並不是一件好事，我除了參加勞動之外，隊裡倉庫的糧食和現金都是由我來保管。我第一次得到了人們的尊重，也獲得了人們對我的信任，所以我對人們有求必應，我是盡力要把工作做好的。我本來就沒有一點複習時間，每天的複習都是下工後擠出一點時間來，可現在我連休息的

時候都要被社員叫去。可就是這樣我還是每天擠出一點時間來複習，哪怕做上一道題我也沒有停止。

我們的考場在臨夏中學（現臨夏一中）。考試前我去了在這裡工作的小姨家，小姨是臨夏中學的英語教師。小姨名叫鄧光瑜，生於1939年，考入蘭州女中後品學兼優，而且是這裡的一枝校花，她和蘭州最有影響的蘭州大學副校長陳時偉的女兒陳緒明，蘭州名士水梓先生的女兒水天光是校友。1957年外祖父鄧春膏被打成右派分子後，1958年小姨高中畢業，考大學時由於在她的鑑定材料裡寫入「對家庭認識不夠明確。」也就是這樣一份與外祖父不能劃清界限的材料裝進了她的檔案，而後的嚴酷政審尚在高潮期，1958年的高考不予錄取。接下來的日子裡由於這份鑑定材料，每年的高考她都名列前茅，但都不予錄取。直到1962年外祖父摘了右派帽子後，才考入西北師範大學英語系，成了一名英語老師。

蘭州大學副校長、化學家陳時偉和蘭州大學化學系主任化學家左宗杞夫妻1957年雙雙被打成右派分子，他們的兒子北京大學物理系三年級學生陳緒光也在1957年被打成右派分子，陳時偉還被送到甘肅酒泉夾邊溝農場進行勞動教養。由於一家三個右派分子，陳時偉和左宗杞的寶貝女兒陳緒明，1957年高中畢業後，連續多年高考成績在蘭州市數一數二，因父母和哥哥為右派分子而進不了一所大學。1963年，甘肅省政府研究同意她被蘭州大學物理系錄取。1967年她畢業前夕，蘭州大學「67事件」後的兩三天的一個風雨交加的夜晚，陳緒明被揪鬥後失蹤了，至今沒有任何下落，人們猜測她是在大雨滂沱的夜晚跳進了蘭州滾滾的黃河裡。

水天光的父親是蘭州名士水梓先生，她是中央電視臺著名主持人水均益的姑姑。水天光生於1939年，屬兔。1959年水天光在蘭州女中高中畢業後，她和她的弟弟同年參加高考，由於姊弟倆檔案裡的鑑定材料不一樣，她被西北師範大學化學系錄取，而其弟水天行則名落孫山。水天光1964年大學畢業後，1965至1966年由學校組織參加農村「四清」運動，從事繪畫宣傳工作。由於其家庭出身不好，1967年分配到甘肅省定西地區臨洮縣當

中學教師。1976年春天的「批鄧反擊右傾翻案風」運動中，臨洮新添公社中學的黨支部書記認為水天光「公開反對《人民日報》社論〈翻案不得人心〉，叫嚷『翻案不得人心，這個案就是要翻』」。學校領導發動學生批鬥、毆打水天光，3月22日學校領導宣稱水天光失蹤，五十多天之後在洮河的淺灘里發現了她遍布傷痕的屍體。驗屍報告記錄，頭部、胸部留有「生前傷」，右肋部有鈍器傷。在她遺留的筆記中，她寫道：「家鄉的上空籠罩著陰雲，只有生命和鮮血，才能換來真理的聲音」、「說實話，我絕不隱瞞」、「在這狂吠聲中，我要讓人的聲音高高飛翔……」

1976年3、4月間，水天光在中國黎明前最黑暗的時候，被邪惡勢力的摧殘、迫害而跳河自盡，孤獨、絕望中結束了她短暫的一生。

陳緒明、小姨鄧光瑜和水天光，同是蘭州女中的校友，也是蘭州女中最嬌顏的三朵校花，她們分別在蘭州女中1957年、1958年、1959年高中畢業，三個人三種不同的命運，陳緒明和水天光都死在了文化大革命，陳緒明死在了文化大革命的初期1967年，水天光死在了文化大革命的後期1976年，殊途同歸都是因為父親是大右派，個人被摧殘折磨，過早地凋落，離開了這個黑暗世界的。

我是在小姨所在學校臨夏中學參加高考的，考試那天當我拿上考卷以後，真不知從何處入手進行解答，兩天的考試完後，我和弟弟以及好友韓季安去了甘肅省臨夏回族自治州臨夏市的紅園公園，我疲憊地坐在小湖的旁邊，我們三人在這裡合了影。這一年弟弟十五歲考入了蘭州醫學院，也就是現在的蘭州大學醫學院。而我這個拉扯家庭的主要勞力和韓季安則名落孫山。

韓季安是撒拉族，他的父親韓哲生為馬鴻賓管機要事務多年，後任八十一軍工兵團長，起義後任中國人民解放軍團長。是甘肅省人民政府參事室參事。他的叔叔是崖頭門宦的教主，韓季安文革中因其父親被錯誤處理而來到了崖頭坪。到了崖頭坪後韓季安和我經常談理想談人生，韓季安不僅游泳游得好，而且膽大心細口才頗佳。他說他的二哥當年在西北民族學

弟弟趙小虎、趙旭、朋友韓季安。

院畢業後，到隸屬甘肅省酒泉市的阿克塞哈薩克族自治縣插隊落戶，他的二哥用僅有的一點安置費買了一把小提琴和一副馬鞍子。可他說他的二哥想的太理想太浪漫，去後實際情況與理想大不一樣，牧區氣候惡劣生活非常艱苦，一天裡就可以經歷一年四季的天氣，很多時候是非常無助的。韓季安在崖頭坪時與我經常在一起交談，和我有很多共同的話題，而且我們互相借閱一些書籍。由於我們關係融洽，形影不離，一些人當著我們的面說，我們是物以類聚鳥以群分。韓季安在崖頭坪的時候就表現出敢作敢為的做事風格，思想也比較深刻。韓季安文革結束後，其父被落實了政策，韓季安步入仕途，曾擔任甘肅省臨夏回族自治州副州長，屁股決定腦袋，我覺得他變了，身上有了官氣，而且有了官腔，他沒有了原先思想犀利的銳氣。但農村艱苦環境的磨礪，讓他比較貼近基層，而且他大公無私為老百姓做了一些實事。

這次高考的失利，我總結主要原因有三點：一是我沒有系統在學校進行過初高中的學習，所以知識沒有體系，雖然自己自學了，而且由於是自己一點點啃下來的，但有些知識沒有完全吃透，基礎打得不夠扎實。另外，由於文革中書本奇缺，條件有限，很多題型我從來沒有見過；二是我

是家中的主要勞動力，沒有複習功課的時間，每天勞動回來後疲憊不堪，還沒有將書看完就去參加了高考；三是隨著年齡增大，環境逼迫我要在農村娶妻生子，而我則要與其抗爭，時時準備要離開視我們為階級敵人的崖頭坪，所以在後期確實心思混亂放鬆了學習。

1978年的高考雖然失敗了，可1978年7月父親被摘掉了右派分子的帽子。當父親接到他被摘帽的消息後，臉上沒有一點喜悅之情，他就像接到一個隨便的通知一樣。多少年來父親就是這樣的，他從來就不承認他是什麼右派分子，他只是按照共產黨整風運動的要求表達了一個知識分子對國家富強民主的願望。可我那天卻哭了，我不知是為父親右派問題的改正而高興，還是我們一家終於看到了光明，我捧著父親摘掉右派分子帽子的通知書眼淚止不住流了下來。母親看我高興得哭了，她也哽咽地將臉捂了起來。

現在看起來，當時和我們一家同樣悲喜交加的在全國何止千千萬萬。中國「五類分子」及其子女當時估計就有上億人。據中共中央公布的資料，1957年和1958年共劃右派552973人，1978年後「改正」552877人，不予改正96人，其中中央級5人，分別為章伯鈞、羅隆基、彭文應、儲安平、陳仁炳。為其中失去公職的27萬人恢復公職，重新安排工作或安置生活。同時，對劃為「中右分子」和「反社會主義分子」的31.5萬人及其親屬也落實了政策。為土改以來的地主、富農、反革命、壞分子一律摘掉帽子，其子女不再視為地、富、反、壞、右家庭出身。這意味著全國千萬公民以及他們的上億親屬不再貶為「賤民」，打入另冊。僅在農村，就有440萬人被摘掉地主、富農帽子。所以說，1978年文革結束後的「平反冤假錯案」和取消了以「地富反壞右五類分子」為代表的賤民階層，這是中國共產黨內以胡耀邦為首的開明改革派大刀闊斧撥亂反正的結果，此舉不亞於林肯解放黑奴。

接下來的日子我們殺了家裡養的豬。那天，昏睡的土地開始復活了，天空飄浮著淡淡的白雲，陽光灑在奔騰的劉集河雪白的浪花上，灑在那一

株株鬱鬱蔥蔥的柳樹、槐樹、白楊和蒼勁挺拔的大榆樹上。我們第一生產隊那棵大榆樹舉著高高的像傘一樣的伸開的枝椏供人們乘涼，它彎曲著它那堅韌的身軀一直延伸到麥場的邊沿，它伸展著像翅膀一樣不屈的樹枝，樹枝上一團一團的榆錢誘惑著我們。每當看到大榆樹我就想起母親給我們做得榆錢拌著乾麵的榆錢飯。這棵大榆樹人們說，三年災害時人們不僅捋了它的樹葉和榆錢，還剝了它的皮，人們用剪刀將樹皮剪成一個個小小的方塊，然後晒乾磨成粉拌了野菜一塊吃，大榆樹用自己的無私不知救活了多少忍飢挨餓的崖頭坪人。每當荒月裡我就去捋大榆樹上的樹葉，母親給我們做了瓊瓊飯，吃著真香。

殺豬的那天我來到了大榆樹下，我在樹下點了一根蠟燭，我跪在地下深深地給它磕了三個響頭。記得一個村民曾經告訴我，三年災害的那些年，到了後來連榆樹皮都被剝光了，他們家裡有親戚來，實在沒有辦法招待，就將枕頭裡的蕎麥皮取出做了飯，雖然蕎麥皮反覆進行了淘洗，還是洗不掉常年枕在頭下的分泌物，吃的時候汗油的味道特別濃烈。多少年來我們在家裡養豬都是為了賣了購進一點糧食，可是今日裡我們殺了豬請來了全大隊的老老少少，我們感謝這些鄉親們，是他們讓我們活過來了。現在想起來雖然來到崖頭坪我們一家人被人欺被人罵，在威逼繁重的勞動下接受貧下中農的監督改造。可到了這裡我們躲過了城市裡文化大革命的疾風暴雨，一家人都活了過來，這在嚴酷的文化大革命確實是不容易的。事後我想假如我們一家留在蘭州城裡，其後的「一打三反」運動和一次次腥風血雨般的階級鬥爭，祖父、父親、母親和我們最後都能平平安安地活過來嗎？

1979年7月6日中共甘肅省電力局黨組黨字下發甘電（1979）083號文件父親的右派問題正式得到了改正。文件是這樣說的：趙恒民，男，漢族，五十九歲，甘肅省臨夏人，文化程度大學，家庭出身富農，本人成分職員，1949年8月參加革命（系蘭州電廠留用人員，蘭州解放以前的工作經歷不算參加革命），曾任蘭州電廠技術員、甘肅電業局計畫科副科長、

基建科代科長等職。1957年7月15日經中共蘭州市委整風領導小組批准劃為右派分子，給予「撤銷原職，監督勞動」的處分，1969年由甘肅送變電公司遣送原籍，1978年7月摘掉右派分子帽子，現安置在甘肅送變電公司工作。

根據中共中央（1978）55號文件精神，以及本人的申訴，我們對趙恒民被定為右派分子的問題進行了複查。甘電（1979）083號文件羅列出父親一條條言論，最後結論及處理意見：

趙恒民同志由於放鬆思想改造，平時政治學習不夠，在反右前和鳴放中說了些政治性的錯話，經揭發批判，本人做過多次檢討，有了一定的認識。用中共中央1957年關於「劃分右派分子的的標準」衡量批判錯誤是應該的，但不應劃為右派分子，遵照黨的「有反必肅，有錯必糾」的方針和實事求是的原則，經局黨組1979年6月11日研究：趙恒民右派問題予以改正，恢復原工資級別。撤銷甘肅電業局整風辦公室1958年3月16日關於《右派分子趙恒民的政治結論》，按中央組織部的有關規定清理檔案。

當父親接到這份帶著尾巴的右派改正文件後，他因為被別人移花接木的所謂右派言論，像奴隸一樣被整整專政22年的冤屈終於澈底噴發了出來，這些日子裡父親只是默默地看著我們一家從農村又回到了城市，可今日裡父親終於忍不住了，他嚎啕大哭地緊緊摟著我，他說：「旭旭，是爸爸影響了你。」我說：「我的好爸爸您不要這樣說，您沒有錯，是他們冤枉了您，讓您受了這二十多年的磨難。」

正當我和父親一起哭的時候，母親流著眼淚說道：「今天我們怎麼哭起來了，我們應該笑，我們一家終於熬出來了。」過了一會母親又說道：「我們一家能夠活著回來太不容易了，我們應該笑，恒民你說是嗎？」

父親說：「光清你說得對，我們今天應該笑，笑我們一家終於活過來了。」母親這天給我們做了臊子麵，我那天吃了三大碗，多少個日子裡我們再沒有吃過這麼香的飯了。

中國像我們家一樣的知識分子家庭大多數家破人亡，幾乎沒有一家不

死人的，可是我們一家都活過來了，這不是天大的喜事嗎？只要人平安著
這比啥都重要。

　　是啊，終於活過來了。多少年過去後，我也總結出了一個成功的祕
訣，別人不理解的時候你堅持，很多人反對的時候你堅持，身處逆境的時
候你堅持，絕望的時候你堅持，天寒地凍的時候你堅持，孤獨無助的時候
你堅持。實在堅持不下去的時候再咬牙堅持一下。有一天你一定會發現，
堅持後的你將會成為不敢相信的自己。

　　……黃昏來臨了。蘭州幽暗昏黃的天空此時開始燃燒了，滔滔的黃河
水泛著璀璨的金光。太陽冉冉落下了西面的山崗，天上的紅色一直塗抹到
了天的邊沿。我望著馬路上川流不息的人群，人們看著我紅二團的臉從身
邊走過，我不知怎麼與人交往，我連自行車都不會騎了，從小生活在蘭州
城的我突然覺得我已經被這個城市拋棄了，我已經不認識了這個城市和這
裡的人。

　　星星亮起來了，它們在打顫，一輛汽車衝著我發出尖利的聲音，我不
知道在這裡往日疏遠我們與我們劃清界限的親戚、同學和朋友再能和自己
走到一起來嗎？樹蔭遮蓋的黃河大堤，大堤邊是一個剛關了門的茶屋，我
知道黑夜關不住太陽，到了東方破曉一輪燦爛的太陽還會升上天際，可我
此時卻對太陽失去了希望，我卻更留戀夜幕籠罩下的蘭州，因為在茫茫的
黑暗裡我的心靈才能寧靜，我才不至於看到那些在不同環境下的變臉。

　　我知道在崖頭坪的十年是上帝讓我經歷痛苦和不幸。那些傷害、奴
役我的人，讓我學會了堅強；那些欺騙、侮辱、瞧不起我的人，激發了我
從社會的最底層爬上來的勇氣；那些與我們劃清界限隨著政治形勢不斷變
臉的人，讓我看清了人性的複雜和黑暗，讓我有了寬容大度的格局。從十
四歲到二十四歲是人生中最美好的青春，可對我來說只有青春期而沒有青
春，我青春寶貴的年華被白白耽誤在了簡單重複的勞動之中，我沒有享受
過一個人在青春年華所擁有的愛情和浪漫。三年初中我沒有好好上過一堂
課，十年農村生活我的精力大部分消磨在了田間地頭，我在崖頭坪從少年

到青年苦難的經歷只能說明我沒有灰心放棄，由於我沒有放棄，讓我沒有像其他69屆初中生文革結束後再也無法繼續學習，但我喪失了一個人一生中最寶貴的黃金學習階段。

　　我抬頭仰望著天空，天空中一團烏雲從月亮身邊匆匆而過，星星眨著朦朦朧朧的眼睛，整個世界在蒼白的迷茫中掙脫羈絆在身上的枷鎖，滔滔的黃河嗚咽著浩浩蕩蕩奔跳著開始了新的征程……

1979年平反後的祖父
趙吉堂和父親趙恒民。

血歷史238　PC1103

新銳文創
INDEPENDENT & UNIQUE

一個69屆初中生的文革
十年

作　　者	趙　旭
責任編輯	尹懷君、吳霽恆
圖文排版	許絜瑀
封面設計	魏振庭

出版策劃	新銳文創
發 行 人	宋政坤
法律顧問	毛國樑　律師
製作發行	秀威資訊科技股份有限公司
	114 台北市內湖區瑞光路76巷65號1樓
	電話：+886-2-2796-3638　傳真：+886-2-2796-1377
	服務信箱：service@showwe.com.tw
	http://www.showwe.com.tw
郵政劃撥	19563868　戶名：秀威資訊科技股份有限公司
展售門市	國家書店【松江門市】
	104 台北市中山區松江路209號1樓
	電話：+886-2-2518-0207　傳真：+886-2-2518-0778
網路訂購	秀威網路書店：https://store.showwe.tw
	國家網路書店：https://www.govbooks.com.tw

| 出版日期 | 2023年12月　BOD一版 |
| 定　　價 | 380元 |

讀者回函卡

國家圖書館出版品預行編目

一個69屆初中生的文革十年 / 趙旭著. -- 一版.
-- 臺北市：新銳文創, 2023.12
　面；　公分. -- (血歷史；238)
BOD版
ISBN 978-626-7326-13-8(平裝)

1.CST: 趙旭 2.CST: 傳記 3.CST: 文化大革命

782.887　　　　　　　　　　112020582